JN058468

An Introduction to
Business Management

第2版

テキスト
現代経営入門

桑名義晴・宮下幸一 編著
桜美林大学ビジネスマネジメント学群 著

中央経済社

第２版へのはしがき

本書が発行されて４年が経過した。この間，大学で経営学を勉強する主に入学初年次学生のテキストとして利用されてきた。また経営の専門知識を学ぼうと意図した初心者向けのテキストとしても多くの読者を得てきた。

本書は経営に関わる諸問題を考える時の基礎知識を学び，現実の経営問題を理解し，その解決に向けた勉強を進めるための入門書として，現実の諸問題を踏まえて経営の基礎理論を学べるようにと編集している。

企業を取り巻く環境は日々めまぐるしく変化する。昨日の話題は今日には状況を変え，今日の話題は明日にはまた違った状況になっている。それでも企業はその活動を通して人類に豊かさを提供できるように日々たゆまぬ挑戦を続けている。しかしその一方で，企業の不祥事は依然としてなくならない。

明日の企業のあり方を構想することは極めて困難な仕事である。しかしやってはいけないことを学ぶことは容易にできる。企業の歴史や経営者の経験から，同じ過ちを繰り返さないための学びを得ることは，経営を学ぶ私たちに課された逃れられない命題である。本書はそうした勉強を支えてくれるはずである。

本書を引き続いて利用できるように，若干の見直しを図った。大きな変更点は次の２点である。第１に，第６章の「組織と組織のなかの個人」にネットワーク組織の論点を加筆した。今日の経営問題の議論には，オープン・イノベーションにみられるように，ネットワークに関わる研究が進んでいる。そのため，ネットワークの意味や本質が組織との関わりで理解できるように解説を加えた。

第２に，初年次学生向けのテキストであることを考慮して，独立した章で構成していた「新製品の開発と生産システム」と「市場の創造とマーケティング」をセットにして，「新製品の開発とマーケティング」にして書き改めた。これによって深い議論を割愛しながらも，製品開発とマーケティングを関わらしめながら論じることで理解しやすくした。

このほか，必要な資料データの更新や表現の見直し，誤植の訂正を行っている。本書が引き続き活用されることを願っている。

末筆になったが，本書の改訂版を送り出すにあたって，初版同様に市田由紀子氏（中央経済社副編集長）のご協力をいただいた。改めて感謝申し上げたい。

2020年３月

編著者

はしがき

戦後一貫して成長軌道を歩んできた日本経済は，1990年のバブル経済崩壊による平成不況とそれに続いた世界的景気低迷を受けて下降軌道に入り込んだ。そうしたなかで日本企業は，歴史的な大転換期を経験することになった。それはまさに20世紀から21世紀への時代の変革そのものであった。不良債権の増大と企業の倒産，継続的な円高による輸出の低迷と産業の空洞化，雇用の縮小と失業の増大，消費の低迷と物価の下落，所得の減少と生活不安，そして継続するデフレーションの流れ。「失われた20年」は，これからも日本人が常に確認し検証して歩まなければならない歴史の側面である。

この流れのなかで噴出してきたのが日本企業の多くの不祥事であった。食の安全を疎かにして利益追求に偏った食品会社，車の欠陥やクレームを隠し続けた自動車会社，耐震強度や耐火性能を偽装して設計・販売した建設会社や建材会社など，例をあげれば枚挙にいとまがない。これらの出来事は日本企業が今後取り組まなければならない経営問題を内在している。

確かに戦後の日本企業は，世界から称賛される優れた製品を日本特有の経営システムのなかで生み出してきた。多くの研究者は，これを「日本的経営システム」あるいは「日本的経営」として称賛してきた。しかし世界から称賛された日本的な経営システムも，世界的な景気低迷の流れのなかでは，その強みを発揮できなくなった。現在それがむしろ足かせにすらなっている。この流れから抜け出すために，日本企業には大胆な経営の転換が必要になっている。

21世紀の経済環境は，グローバル化とサービス化の流れのなかで進行している。世界の消費地のニーズに適合させた製品開発と生産の流れは事業のグローバル化を加速化させている。情報通信技術の進化はモノとサービスを一体化させて，従来とは異なる価値と需要を生み出している。日本企業はこうした新しい時代の流れのなかで，企業経営のあり方を模索し挑戦し続けなければならない。そのために今われわれが学ばなければならない企業経営のあり方とは，どのようなものなのであろうか。

本書は，経営系の大学に入学して，主に企業の経営を専門に学ぼうとする学生を念頭に置いて，経営問題の理解，その分析，さらにはその解決に向けた学習を始められるように，先学が研究し獲得してきた知識や理論を体系的にまとめて提供することを企図したものである。その意味では，本書は経営を学ぶ学生に向けた入門書である。しかし入門書ではあるが，経営問題の本質を理解できるように，可能な限り専門用語の概念的な解説に努めた。

また本書は，こうした経営問題に対する学生たちの知的興味を引くようにとの考えから，日本企業の抱えている基本的な諸問題を確認しながら，比較的新しい経営課題も含めている。例えば，ビジネスモデルやIoT，旅行・宿泊事業やエンターテインメント事業，さらには日本の経営者の経営持論についても触れてみた。これらは本書を手にするだけで理解するのは難しいと思われるが，授業での解説や参考文献などを通しての学習で理解できるようになるであろう。本書が，大学に入学し，学習意欲に燃えている学生たちの良きガイドブックになることを願っている。

なお本書は，桜美林大学ビジネスマネジメント学群の教員によって編集・執筆されている。大学生の入門テキストという位置づけのため，執筆に際しては平易な説明や解説に心がけるとともに，重複のないように可能な限りの調整を行った。しかし，それにもかかわらず，説明の不十分な箇所や思わぬ誤解があるかもしれない。また昨今の国際情勢に鑑みたとき，企業経営の研究は新しいパラダイムで問い直すことを必要とする時代に入ったようにも思える。読者諸賢の忌憚のないご批判やご指摘をいただきながら，適切な時期に改訂できればと考えている。

最後になったが，本書の編集に尽力してくれた中央経済社経営編集部編集次長の市田由紀子氏にお礼を申し上げたい。入門テキストを作るという困難で手間のかかる作業に辛抱強く付き合っていただき，また適切に導いてくれた市田氏の協力があって本書は完成している。記して感謝申し上げる次第である。

2016年3月

編著者

目　次

第1章　企業の概念と株式会社

Topic

大塚家具の株主総会

顧客との深い信頼関係と丁寧な接客サービスを強みに業績を高めてきた高級家具販売の大塚家具は，デフレーションの進行した21世紀の経営環境のなかで，イケアやニトリのカジュアル家具に市場を奪われた。こうしたなかで，会社の創立者であり会長の大塚勝久氏と社長で娘の大塚久美子氏との間で経営方針をめぐって対立した。

会長は従来どおりの会員制による高級路線を，社長はお客が気軽に入れる中級路線を主張した。両者での決着はつかず，判断は株主総会に持ち込まれた。取締役で社長の大塚久美子氏は会社側提案として大塚勝久氏の退任を要求，また会長で18.04％の株を所有する最大株主の大塚勝久氏は株主提案で大塚久美子氏の退任を要求した。

両陣営は過半数の賛成票を獲得するために株主の委任状争奪戦（プロキシーファイト）を繰り広げた。株主総会の議決権は１株１票であり，そこには委任状が含まれることを商法は定めている。両当事者は父と娘という親子であることも加わって，マスコミはこの経緯を追跡して大々的に報じた。また経営学的にも同族経営の顛末として貴重な事例を見るものとなった。

株主総会での議決は，大塚久美子氏側の会社提案が61％の賛成票を獲得して終結した。今，大塚家具は中級路線で顧客争奪戦に挑んでいる。

1　企業の成立

1.1　企業の成立

経営学は，企業を対象にした学問である。ここでは企業，仕事，組織といったことがキー概念として問われることになる。まずは“**企業**とは何か”という一般的な話から確認していくことにしよう。

経済の最小単位は家族によって営まれる自給自足の「家庭」である。古来において，家庭は家族による生産と消費の循環によって営まれた。ここでは必要な消費と必要な生産は一致していた。時には家族で消費できないほどの余剰生産物がもたらされることもあったが，それらは必要とする近所の家族に提供したり，お互いの交換において無駄なく消費された。

家族間の社会的関係の広がりは，生産物の計画的余剰が期待されるようになった。家族は得意とする生産物の増産を目指して効率的な生産を図り，やがて得意とする生産物に特化した「生産の分業」が生まれた。また生産の効率化は生産に役立つ「道具」の開発をもたらし，そこからは道具の生産を職業にした分業が生まれた。こうして分業は職業的にも行われるようになった。

生産の分業や職業の分化は，生産する者と消費する者の仲介を仕事とする「商人」を誕生させ，新しい職業である商業の誕生をみることになる。商業の発展は，生活圏内での循環を意図した生業的生産を，他地域の消費者に売るための計画的で効率的な生産へと変化させ，職業の専門化（専業化）を促すこととなった。

効率的生産を促進させた道具や機器の生産者は，生業的生産圏を離れて商取引のしやすい交通の要所に集まった。またそれに伴って生産物を取引する商人も集まるようになって都市が生まれた。こうして職人や商人の活躍の場は，主に都市を中心に作られていくことになる。西欧の歴史に現れた中世の都市は，こうした商工業の発達によってもたらされた。

都市が拡大し商業が盛んになるにつれて，職人の手によって作られた製品は商人を介して流通し，製品の購入者は消費者から商人へと移った。この変化は，職人にとっての生産が商人の発注に左右されるようになったことを意味している。それはまた売り手と買い手との関係の変化をもたらすものであった。つまり，支配と従属の関係が生まれてきたのである。職人は生産の独自性を失い，商人従属の賃金労働者へと姿を変えることになった。

このような職業形態では，生産に指導的な役割を演じ，かつ損益に責任を負うのは実際の生産者ではなく商人である。彼らは市場の情勢をみて生産物の品質や数量を決定して職人に注文する。生産のための道具や原材料は商人が提供し，職人はそれを使って加工する。商人はその生産物を引き取って販売する。その過程で商人は利益をより多くするために，より安い製品をより多く確保しようとした。そのために資金を投じて生産効率を高める努力を積極的に進めたのである。

商人は生産効率を高めるために生産工程を分業化させ，数百の職人を雇用する工場生産のスタイルをとるようになった。工場生産に進出した商人をとくに「問屋」と呼んだが，問屋は商取引で得た多額の資金を投資して生産を計画し，多くの職人を雇用して経営にあたった（本位田［1966］）。当初はまだ中心となる生産機械が発明されていなかったので，工場生産の担い手となったのは多くの手工（manu）であり，工場はマニュファクトリー（manufactory：手工場）の様相を呈していた。

手工場ではトップに事業資金の拠出者がおり，その指揮・命令によって数百人の労働者が分業で生産に携わるようになった。分業による作業の単純化は作業機械の開発を促した。作業機械が開発されて工場に普及するに及んで資金需要も大きくなり，資金を豊富に抱えた問屋や工場主は工場への投資を増大させて産業資本家となった。彼らの持つ資金は，手工業を革新する機械の開発と普及に大きく貢献したのである。

生産機械の開発を受けて，問屋や工場主は機械の導入を進めながらマニュファクトリーの規模を拡大した。マニュファクトリーへの機械の導入は工場のスタイルを大きく変えるものであった。それは結果として，マニュファクチャー（manufacture：工場制手工業）として発展したのである。例えば織物工場では手織機はほとんど影をひそめ，力織機を中心に前後の工程の機械化も組み合わされて一貫した機械生産工場に変わっていった。当然資金需要も大きくなり，1800年代初頭に設立されたイギリスのコルト紡績会社には，ロンドンのアトキンソン商会やマンチェスターのバートン商会が資本参加している。

こうして，家族の生活を営むための収入を得る手段として起こった経済活動は，経営を合理化する努力が進められるにつれて家族的経済活動から離れて，資本家，技術者，管理者といった専門家集団による独自性を持った企業へと発展し，組織的に経済活動を営むものとなった。

1.2 大量生産システム

1851年，ロンドンにおいて「産業製造品大博覧会」（第1回万国博覧会）が開催された。そこに展示された製造機械や製品は来場者を驚愕させた。アルフレッド・ボブスは観衆の目の前で信じがたい速さで錠前を作った。サミュエル・コルトは回転拳銃を，サイラス・マコーミックは刈取機を次々と作り上げた。彼らはアメリカで革新的な製造技術を開発してきた企業家であった。

彼らの持ち込んだ製品は，部品に互換性を持たせて正確に組み立てるという手法で作られた。またライフル銃製造のロビンス・アンド・ローレンス社は，銃を分解した後のバラバラの部品で完全に元通りの銃に組み立て直すという早業を披露して観衆を魅了した。これらの製造手法は「**アメリカ的製造方式**」（american system of manufactures）として広く知れ渡り，大量生産革命を引き起こすことになった。

この製造方法の最大の特徴は，部品に互換性を持たせて組み立てるという「互換性部品製造方式」の採用である。これによって廉価で高品質の大量生産を可能にし，アメリカに富の蓄積をもたらすことになる。それはシンガーのミシン，コダックのカメラ，フォードの自動車といったアメリカの製造会社に採り入れられて発展し，アメリカ技術の世界制覇という新しい時代を迎えることになるのである。

互換性部品製造方式は規格化製品を大量に生産することを可能にしたのであるが，それは生産されたものをいかに販売するかという新たな課題に直面することになった。アメリカ的製造方式の成功には，新しい販売方法の開発と市場の拡大が必要であった。大量生産方式を導入した大規模企業の登場は，道路網，鉄道網，港湾設備，通信網といったインフラストラクチャー（infrastructure）

の発展が期待された。それは大量生産のための原材料の供給と生産された製品の市場への流通なくして成り立たないからである。

アメリカ企業による生産・市場の拡大と流通網の整備は急速であった。生産現場では新しい工場管理の方法として「科学的管理」が導入され，大量生産に対応した計画的な販売管理の方法が模索された。19世紀の後半に生まれたデパートやチェーンストアは，新しい販売革命の先駆けであった。

インフラストラクチャーの整備と計画的な販売管理によって，多くの生産者から多くの消費者に商品は流通していった。アメリカ製品を普及させる努力は企業家や商人によって，アメリカ市場から他国市場へと展開した。アメリカ製蒸気機関車がイギリスに逆輸出されたのもこうした時期である（イギリスに渡った第1号は1899年）。19世紀末までに，アメリカの製品は広く世界に流れていった。その販売網はヨーロッパからアジア，アフリカ，オーストラリアに至るまで拡大された。

大量生産を可能にしたアメリカ的製造方式は，大量の規格化製品を生産するために，製造作業を細分化した互換性のある部品の生産とその組立によって可能になったのである。その発展はまた，新しい流通・販売方法の開発と新しい組織と管理を必要とした。

1.3　企業の発展と形態

今日では，企業は経済活動を営む主体として認識される。例えば「経済の発展は企業の生産活動によって生まれる」というように表現される。企業は生産という活動を営む主体であって，この主体は人が集まって目的を達成しようとする協働の行為で営まれる。

それぞれの企業は個別に特徴的な目的を掲げて，それを「事業」(business)として活動を行っている。その意味では，事業の内容が個々の企業の経済活動の内容を示している。企業は特徴的な事業を通して経済活動を行う人の集まり（組織）である。こうした経済活動を継続的に続けていくためには，原材料を買い入れてそれを加工して製品を作り，その製品を販売して利益を得て，その利益を次の製品を作るための原材料の購入に充てるという循環によって可能になる。

企業は利益を生み出すことによって経済活動の継続的な循環を目指すが，こうした企業は多くの場合，その設立当初においては事業主個人の自己資金と自己労働によって営まれる自営業である。協働するのはせいぜい家族や見習いの弟子である。こうした企業は「個人企業」と呼ばれる。

個人企業が事業を拡大するために資金を集め，また新しく事業を行うにあたって資金の拠出を受けた場合，そこでの元手になる資金（これを「資本金」と呼ぶ）は「出資」として，資金の拠出者に事業から得られた儲けである「利益」が分配される。こうした利益を目指す活動（営利性）を行う企業は「私企業」と呼ばれる。

しかし企業にはその事業目的によって，利益を求めない活動を行う企業もある。こうした企業は私企業に対して「公企業」と呼ばれる。公企業は多くの場合，必要な資金は公的機関や政府・自治体によって出資される。公企業も継続性が求められるが，事業の継続に必要な利益以外の余剰利益は最小限（非営利性）にとどめられる。私企業にも営利性を求めない「協同組合」や「相互会社」があるが，こうした会社は主に会員からの出資によって運営される。

私企業は活動資金としての資本を調達する方法によって，特徴的にいくつかに類型化される。これを「**企業形態**」と呼ぶ。企業形態は基本的には個人企業，合名会社，合資会社，有限会社，株式会社の５つに整理される（図表１-１参照）。これらの形態は企業の発展や規模と相関している。なぜなら，企業規模の拡大は大規模な資本調達を必要とするからである。ちなみにこの形態は会社

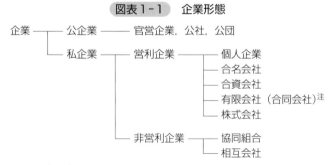

図表１-１　企業形態

- 企業
  - 公企業 ―― 官営企業，公社，公団
  - 私企業
    - 営利企業
      - 個人企業
      - 合名会社
      - 合資会社
      - 有限会社（合同会社）注
      - 株式会社
    - 非営利企業
      - 協同組合
      - 相互会社

注：2006年の会社法改正で変更された。

法によって規定されている。

個人企業は，事業主の個人的な出資力に依存しており，そのため出資の規模は制約的であり限界がある。したがって企業の規模も小さく，拡大するにも限界がある。その分，出資が事業主個人であることによって事業の運営は出資者個人に任されており，自由な裁量によって運営することができる。しかしその責任はすべて事業主が負うことになる。仮に企業が債務を抱えて倒産した場合には，その事業主は債務のすべてを自身が責任を持って返済しなければならない。これを「無限責任」という。

個人企業の限界を克服したのが共同出資者の受け入れである。個人企業は複数の出資者を得ることによって，個人の限界を超えて必要な資金を集めることができる。しかし複数の出資者による共同出資形態を採用したことは，確かに多額の資金調達は可能になったが，その分，企業の運営においても共同出資者の考えを考慮しなければならなくなった。共同出資者の考えを取り入れる運営の仕組みが「合議制」である。

合議制によって，事業の運営は個人から出資者全員の話し合いという形態に移行した。こうした共同出資者による合議制の運営形態をとる組織を「会社」と呼ぶ。会社の最も初期の形態が「合名会社」である。

合名会社の運営は合議制で行われるため，メンバーは信頼できる協力者に限らざるを得なかった。それゆえ共同出資者は大方において親族が中心となった。そのため会社の運営は親族というごく限られた協力者によって担われるという制約は依然として強く，会社運営の責任は個人から共同出資者に移行したものの，債務の履行に関する無限責任が義務とされた。つまり，会社の財産を超えて債務の返済が生じた場合は，全社員が連帯で個人財産を持って完済されるものとした。

無限責任という義務によって出資者の拡大を難しくしていた合名会社は，出資はするけれども運営には関わらない，その代わり出資に見合った利益配分（これを「配当」という）と債務不履行が起こった際の責任は出資額を超えない（これを「有限責任」という）という条件を付した出資者を抱き合わせた形態の会社を生み出した。これが「合資会社」である。合資会社は無限責任と有限責任の２種類の出資者を持ったことで，合名会社の機能を持ちつつより多くの出資者を迎え入れるという「出資の分散」を可能にした。

しかし直接会社運営に関わらない，持分のみの有限責任の社員（持分出資者）にとっては，出資した資金は会社の資本金になることから，出資金を自己の都合で自由に取り下げるということはできなかった。この制約のために，おのずと限られた関係者という範囲を超えることはなかった。その意味において，出資規模の拡大にも必然的な限界があった。

企業活動の効率化は生産規模の大型化を必要とした。当然そこには多額の資金を必要とした。すでに親族や関係者に限って出資を求めることは現実的ではなくなった。はるかに多くの不特定多数の出資者を募らなければならなかった。そこに登場したのが資本金のすべてを株式化するという方法であった。これは必要な資本金を「株式」として小口に分割して販売することで資金を集めるという方法である。

株式を販売するために「株券」という証券化が行われた。株券は目に見える形で所有することができ，しかもその株券は売買という譲渡性が担保された。今日，株券が証券取引所で売買されるのはその流れのなかにある。出資金の証券化と換金性によって，企業の資本金は不特定多数の出資者による株券購入という方法で出資を得ることができるようになったのである。

しかも株券の購入者は，その株券の額に相当した金額においてのみ責任を果たせばよい有限責任である。そのため責任の範囲も明確になった。これによって企業は，多額の資金を市場から調達できるようになった。この方式で資金を調達して事業活動を行う企業を「**株式会社**」と呼んでいる。株式会社は今日の企業形態の典型的な姿になっている。

株式会社における資本金の株式化は，所有権が小口単位化したのみならず，支配権についても小口単位化を果たした。つまり，株式会社の株式は単なる持分の単位ではなく，出資者としての権利の単位をも意味している。株式を所有するものは誰でも「株主」として，所有する株式数に比例した会社の所有権と支配権を持つのである。この株式会社の特徴と機能については，次節で明らかにする。

なお，企業の形態が発展的に多様化してきた流れのなかで，有限会社の登場をみている。有限会社は株式会社の制度的特質を社員50人以下の小企業でも運用しやすいように手続きを簡素化した会社形態である。全社員を有限責任社員として，出資金に比例した責任が義務づけられた。この会社形態は2006年の会社法改正で廃止され株式会社に一本化された（既存の有限会社については「特例有限会社」として継続が認められている）。これに代わる小規模な会社設立として「合同会社」が認められた。これは代表社員1人からでも設立でき，すべての社員（出資者）を有限責任社員として構成する会社形態である。

2　株式会社の特徴と制度

2.1　株式会社の萌芽

今日の典型的な会社形態である株式会社の萌芽は，東インド会社にみることができる。**東インド会社**は，1500年代後半から1600年代にかけて西欧列強（主にポルトガル，オランダ，イギリス，フランス）によって作られた。

当時の西欧列強は，胡椒（こしょう）などの香料を求めてインド洋沿岸からアジア諸国に船団を派遣した。この頃の胡椒は国益を左右するほどの重要な商品であった。当時の商人にとってアジア方面の東方貿易はリスクも大きかったが，同時に多大な利益を得ることのできる旨みのある商売であった。そのため商人たちは競って東方貿易を目指した。

しかしそのためには，船の建造や船員の確保に膨大な資金が必要であった。そうした資金は航海ごとに出資者を募り，アジアに出かけて行った船が積み荷を積んで帰国したのち，その商品を販売して得た膨大な利益を出資額に応じて分配する方法で集められた。もちろん船が無事寄港せず，出資金も配当もゼロという悲惨な結末になったこともあった。

そうしたなかでのオランダ商人の活躍は顕著であった。数多くの船隊を東インドに送り，貿易ルートの拡大を図った。とくに1595年から1602年の数年間には，アジアとの香辛料貿易を目指した会社が14社も生まれた。そのため会社間の競争が激化し，さらにポルトガルやイギリスの商隊も加わって現地での買い入れ価格は上昇，逆に本国での販売価格は下落していった。

こうした過当競争を避けるため，1602年に複数の会社を統合した「オランダ東インド会社」が設立された。この会社は設立にあたっておよそ650万ギルダーの資本金を集めることに成功したといわれる。実にこの会社こそが，世界最初の株式会社となったのである（浅田［1989］）。

オランダ東インド会社の出資にあたっては，当初の10年間は出資金を固定化して取り下げを認めないものとした。10年後に経過清算してその利益を出資者に還元することとした。希望による入退社も許可した。出資金は株式に「証券化」され，自由に譲渡（売買）のできる仕組みがとられた。そのため出資者である株主の責任は，株式に見合った出資金の範囲で責任を引き受ける「有限責任制」となった。

最初の株式会社となったオランダ東インド会社は引き続き事業を継続し，1799年までの200年間に及んで存続した。本社は本国オランダに設置，インドの現地に支店や商館を開設して常時数人の社員を常駐させた。現地では値の安いときに胡椒を買い入れて倉庫に蓄え，船が着いたとき本国に向けて送り出した。そのため胡椒の値も比較的安定し，現地での集荷や取引も順調に行われた。その結果，東方貿易ではオランダがポルトガルやイギリスを抑えて有利に展開することができた。

こうしてオランダ東インド会社において始められた，会社としての永続性やその途中における期間決算，株式の制度化や組織化の仕組みは，時代の最先端をいく近代的な会社組織としてヨーロッパ諸国での貿易会社設立のモデルとなった。

この株式会社という会社の仕組みは，1800年代に入ってアメリカの公共事業会社に導入された。製造会社に導入されたのは1813年設立のボストン・マニュファクチャリング・カンパニー（紡績会社）である。この会社がその後の株式会社設立の原型になっている（バーリ＆ミーンズ［1958］12頁）。

2.2 日本における株式会社の定着

日本では1854年の開国を受けて，外国知識の導入が進められた。福沢諭吉は『西洋事情』（1866年）のなかで商人会社について紹介している。日本で最初の会社は1869年に設立された「丸屋商社」である。丸屋商社の創設者である早矢仕有的（はやしゆうてき）は福沢諭吉の私塾で学び，会社設立にあたって福沢の協力を得ている。

この会社は1879年に株主117名，資本金15万円の有限責任丸善商社（現・丸善株式会社）に改組している。

当時の日本政府は産業振興のために会社の必要性を認識し，その啓蒙に乗り出した。福地源一郎の『会社弁』（1871年）や渋沢栄一の『立会略則』（1871年）は，会社（ここでの会社は銀行を想定している）の組織と運営について記している。日本における初期の株式会社は1872年から73年にかけて華々しく創設された。その数は数百社に及んだが，まだ商人経営の色彩の強いものであった。この頃の株式会社の創設は政府の許可で設立されたもの（特許型）と法に準拠して設立されたもの（準則型）がある。

株式会社の形態を最も明確に表したのが「国立銀行」の設立である。国立銀行といっても，これらは純然たる民間の銀行である。1873年設立の第一国立銀行（前・第一勧業銀行，現・みずほ銀行）に始まって，第二国立銀行（現・横浜銀行），第三国立銀行（前・富士銀行，現・みずほ銀行），第四国立銀行（現・新潟第四銀行），第五国立銀行（前・三井銀行，現・三井住友銀行）など，５年ほどの間に全国に146の国立銀行が設立された。

これらはアメリカの銀行制度に学んだ準則型で，株式会社の形態を明確にしていた。とくに第一国立銀行は大蔵省の肝いりが強く，株主の有限責任制の下で決議機関としての株主総会や重役会組織が作られ，その代表として「総監役」（現在の頭取にあたる）が設けられた。総監役は株主総会で選出されて経営を指揮する役割を担った。初代総監役に就いたのは，後に日本資本主義の父と呼ばれる渋沢栄一である。

株式会社の普及には株式流通の円滑化が欠かせない。株式は譲渡されることを原則にしている。株式譲渡を円滑にするために設立されたのが「株式取引所」である。株式取引所は1878年に東京と大阪に株式会社組織で開設され，現在の証券取引所として発展してきている。証券取引所で株式を売買することを「上場（じょうじょう）」といい，上場できる資格を持った会社を上場会社という。

その後の民間による株式会社の設立は，1882年の大阪紡績会社（現・東洋紡績株式会社），1886年の東京板紙会社（現・日本大昭和板紙株式会社），1887年の東京製綱会社（現・東京製綱株式会社），大日本人造肥料会社（現・日産化学工業株式会社），大阪麦酒会社（現・アサヒビール株式会社）などである。

これらの会社は株式会社の形態を採ってはいたが，その権利義務を法的に規定できるだけの法整備はまだ十分確立していなかった。

これに対応した「商法」の整備が行われて公布されたのは1890年であり，施行されたのが1893年である。商法草案の起草者はドイツ人で東大講師であったロエスレル（Roesler, K.F.H.）であった。商法は数回の改正を経て今日に至っているが，商法の整備を受けた1893年以降，急速に会社数を増やしている。1903年には9,247社，1923年には33,567社に達している。

2.3 株式会社の制度と機能

株式会社は事業に必要な資金（資本金）を不特定の多くの出資者に求めることのできる会社形態である。そのため資金の確保が比較的容易で，大規模な事業を計画する企業に適している。株式会社は商法において設立と運用が規定され，会社に必要な資本金は全額を株式で発行し（証券化），その引受者（出資者）は株主となって会社の所有者となる。

株主は株式の引受額を限度に責任を負う有限責任が義務づけられると同時に，持分株式を自由に他人に譲渡することが認められている。株主の権利としては，会社の経営に意見を述べて意思決定を行使する権利と会社利益の配分を受ける権利がある。これらの権利行使を明確にするために，株式会社は「株主総会」が義務づけられている（図表1-2）。

図表1-2　株式会社の機構

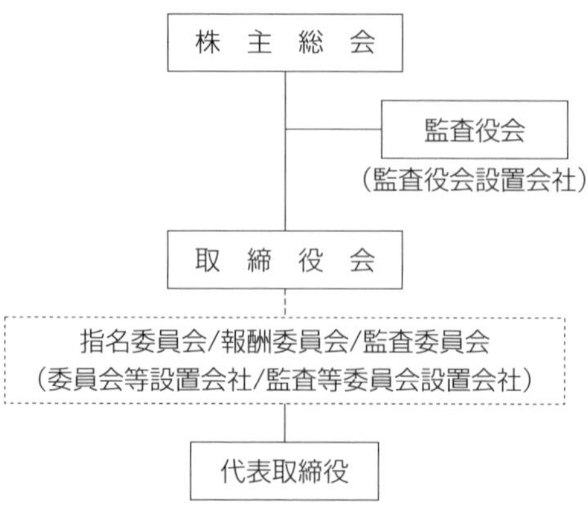

株主総会は，株主が会社の重要事項を決定するために毎年1回所定の時期に，あるいは必要に応じて臨時に開催される最高議決機関である。決議は1株1票の原理で行われる。株主総会決議には，決議要件によって普通決議，特別決議，特殊決議の3種類があるが，株主総会の決議を必要とする重要事項には次のものがある。

(1)　貸借対照表等計算書類の承認，資本金・準備金・剰余金の変更。

(2)　定款の変更，他社の買収・併合，事業の譲渡，解散。

(3)　取締役・監査役等役員の選任・解任，役員の報酬額。

株式会社の実際の運営は，株主から委任された「取締役」がその職務を担うことを商法は明記している。取締役は株主総会において株主から選任され，会社の重要業務に関する意思決定に関わって会社に対する責任と義務を果たすことになる。株式会社における取締役は3人以上でなければならず，員数が欠けた場合は新たに選任しなければならない。通常選任後の任期は2年で，株主総会の承認を得て再任が可能である。取締役と会社の関係は委任契約であって，原則としていつでも辞任することができる。また株主総会の議決で解任することもできる。

会社の規模と運営方針によって取締役の数は複数になるので，通常は「**取締役会**」を組織して職務にあたる。取締役会は取締役全員の合議で会社業務の重要事案に対応する「最高意思決定機関」である。また取締役会は会社を代表して社会に対する責任も担うことになるので，そのため会社を代表する「代表取締役」（通常は社長）を選任することが義務づけられている。

代表取締役には会社を代表して業務を執行する「代表権」が与えられる。取締役会の重要事項には次のものがある。

(1) 代表取締役ならびに重要な管理職の選任・解任。

(2) 重要な財産の処分および譲り受け。

(3) 重要な組織の設置，変更および廃止。

(4) 多額の借入や社債の発行。

(5) 計算書類の承認や中間配当の決定。

また株式会社には，取締役会の職務を監査する機能が組み込まれている。この機能を担っているのが「監査役会」である。監査役会は３人以上の監査役で構成され，半数以上は社外監査役であることが定められている。これは外部の有識者が加わることで公正に監査職務を果たすためである。つまり監査役会は，取締役会ならびに代表取締役が責任と義務を適切に果たしているかをチェックする役割を株主から委託されているのである。

監査役の主な役割は事業運営の業務監査と会計監査である。取締役が業務の執行を適切に行っているかを法令や会社の定款に即して調べ，不適切な行為がみられた場合はその行為の是正や差し止めを勧告する。そのため監査役には，取締役会に出席して意見を述べる義務が課されている。

会計監査とは，会計に関わる計算書類や付属明細書を監査することであるが，資本金が５億円以上か，または負債が200億円以上の大規模会社では，公認会計士または監査法人を「会計監査人」として選任しなければならない。会計監査人は会計監査の結果報告を取締役会と監査役会に提出し，監査役会は会計監査の方法や結果の正当性をチェックして監査報告書の作成を行う。

このように，監査役会は取締役会とは独立して設置され，会社に対して，また社会に対して，極めて大きな責任を持っている。この監査役会を持った株式会社（「監査役会設置会社」）は，近年の会社を取り巻く環境変化やグローバル化の流れのなかで，取締役会のなかに３つの委員会（指名委員会，監査委員会，報酬委員会）を組み込んだ株式会社（「指名委員会等設置会社」；2003年施行）と，監査役会に代えて取締役会のなかに監査委員会を構成できる株式会社（「監査等委員会設置会社」；2014年施行）を設置できるようになった。

この新しい形の設置会社は，株式会社の機関設計に柔軟性を与えることで取締役の意思決定機能と業務執行機能を分化しやすくし，取締役会に外部取締役を採用して業務執行の監督を強化できるようにしたものである。そのため各委員会には過半数の社外取締役を選任することが義務づけられている。

3　トップマネジメントとコーポレート・ガバナンス

3.1　専門経営者の出現

株式会社の特質は，不特定多数の出資者から必要とする資金を集めることができるところにある。このことは事業を大規模化したり，新しい事業を開始したりする可能性を拓くものである。私たちの周りにある企業の多くは，こうした株式会社の制度を活用することで規模の拡大を図って大企業へと発展してきた。

株式会社に出資する多くの株主は，自ら会社の運営に携わって会社の社員になることを意図しているわけではない。むしろ会社の運営はその専門知識のある専門家に任せて，自らは会社の業績からもたらされる成果の配分を期待している。基本的に株主は，会社の最高議決機関である「株主総会」において重要事項の決定に参加する権利が与えられており，商法には１株１票の原理が明記されている。

しかしこのことが，出資額の大きい大株主に議決権が集中する要因になっており，大多数の一般株主は会社の経営そのものからは遠ざかっている。大株主に至っては，個人が大株主であるのは創業者もしくはその親族・家族の程度であって，多くはその会社と関係する関連会社や取引会社，あるいは銀行や証券会社などの金融機関，投資ファンドを扱う投資会社などである。こうした大株主を「機関株主」というが，機関株主もまた目的は異なっても大方は直接経営に携わることはなく，経営は知識のある専門の経営者（これを「**専門経営者**」という）にゆだねている。

このように株式会社では，株主は経営を専門経営者にゆだね，経営を引き受ける専門経営者は会社の取締役としてその役割を担うことになる。今日の株式会社では，複数の取締役が「取締役会」を組織して経営にあたっていることは先に述べたとおりである。株式会社においては，会社を所有する株主と会社の経営にあたる取締役は機能的に分化しており，取締役会のメンバーは会社の最高経営者として集団で経営にあたっている。

この最高経営者集団を「**トップマネジメント**」(top management) と呼んでいる。日本の株式会社では，トップマネジメントを構成する経営職として，社長・会長，専務取締役・常務取締役がこれに相当する。また監査役，最高事業責任者（執行役員）を含めてトップマネジメントと呼ぶ場合も多い。

このように，株主である会社の所有者と会社の経営にあたる専門経営者は，機能的に分化しているのが今日の株式会社の典型である。これを「**所有と経営の分離**」という。この理論は，経営学研究の発展において基本的命題となっている。この議論の原点をなしたのがバーリ（Berle, A.A.）とミーンズ（Means, G.C.）の研究である（Berle＆Means［1932］)。

バーリとミーンズは，1929年のアメリカ非金融会社200社を分析することで，企業の規模が大きくなるにつれて株式の分散度が高まり，経営者の支配が強まる実態を明らかにした。すなわち，企業の発展は新しい資金調達の必要性を増し，それを調達するために公衆に向けて資金調達を呼びかけなければならなくなった。一方で投資家は，貯蓄の相当部分を証券投資に向けるようになった。銀行に預金して利子を期待するよりはるかに高い収益を期待できたからである。

バーリとミーンズは，株式分散による会社支配を５つのタイプに分類した（バーリ＆ミーンズ［2014］67頁)。

① 完全に株式を自己所有して法的所有権を行使する完全持株支配。
② 相対的な多数株の所有をもって法的に支配力を行使する多数持株支配。
③ 無議決権株や議決権信託を使って法律的手段を用いた支配。
④ 分散する株主から委任状を集めて支配力を行使する少数持株支配。
⑤ 所有権を行使して支配するに足る株式を持つものが誰もいなく専門経営者にゆだねられる経営者支配。

この類型は，会社の支配が所有権から分離して経営者に移る過程を明らかにしている。

昨今の株式所有の傾向として，会社の顧客による所有や会社従業員による所有が注目されている。顧客（消費者）は商品の愛用者として会社の情報や付加価値（例えば株主優待など）を，また従業員は自らの努力で会社を発展させることで含み益を期待して自社株の購入を図っている。しかしこうした株式の所有は議決権に影響をもたらすほどのものではなく，むしろ会社のイメージ作りに貢献しているとみるほうが妥当である。

3.2　トップマネジメントの機能

前述したように，株式会社における会社運営の実質上の最高意思決定機関は取締役会であって，取締役会はそれぞれの役割を担った複数のメンバーによって構成される。取締役会を構成するメンバーはトップマネジメントと呼ばれるが，トップマネジメントの重要な機能として，①最高経営政策の決定，②経営政策の執行と責任，③経営の監査，④社会的責任がある。

①　最高経営政策の決定

企業は経営理念を掲げて，特定の事業を持って企業存立の責任を果たす。通常の場合，経営理念はその企業の創立者によって表明される。ここにはどういう事業を通して社会に責任を果たすかが謳(うた)われている。例えば松下電器（現・パナソニック）は創業者の松下幸之助によって，「私たちの使命は，生産・販売活動を通じて社会生活の改善と向上を図り，世界文化の進展に寄与することである」と謳っている。

それを受けて，経営理念実践の行動指針が具体的に示され，事業の内容が規定されている。会社として担う事業を明確にして目標を設定し，その目標を達成する経営方針と経営戦略を決定することは，企業の最高経営政策としてトップマネジメントの最も重要な役割である。

②　経営政策の執行と責任

最高意思決定機関である取締役会は，会社を代表する代表取締役を選出して経営政策を執行する。通常は代表取締役社長として職務にあたる者で，今日では最高経営責任者（Chief Executive Officer：CEO）と呼ばれることも多くなった。代表取締役である社長は，会社を代表して政策執行や契約等の実質的な指揮を行う権利と責任を持つ。社長を執行面で実質的に支えるのは執行役員や事業執行の部門責任者である。事業部制をとる会社では事業部長であり，社内カンパニー制をとる会社では社内カンパニー社長である。

③　経営の監査

取締役には決定権と執行権を併せ持つ者がいる。こうした担当者の業務を第三者の目でチェックする機能である。経営の監査には，会計監査と業務監査がある。会計監査は会社の財務状況が適正に表示されているかを確認することで，外部の会計監査人による監査と社内監査役によって行われる内部監査がある。業務監査は，購買，生産，販売などの経営上の諸活動を経営方針と合致しているかどうかについて確認するもので，社内監査人によって行われる経営活動の合法性・合理性の監査と，社内監査役によって会計監査と併せて行う取締役業務執行の合法性・合理性を確認する監査がある。

④　社会的責任

企業は多くの利害関係者によって支えられている。それはまた，企業は利害関係者と良好な関係を築いていかなければならないことを意味している。企業はこの責任を果たすために，自社の倫理綱領や行動憲章を作って，企業倫理の明文化を図ってきた。しかし企業倫理は明文化しただけではその目的を達成することは難しく，いかに実践していくかが課題である。

多くの企業は，この実践のために社内教育を通して社員の自律を促してきた。しかしそれでも企業の不祥事は減る気配をみせていない。今，問われているのは，企業の不祥事をいかに未然に防ぐかのチェックシステムを構築することである。それはまたコーポレート・ガバナンスの問題でもある。

3.3　コーポレート・ガバナンス

株式会社は，多くの関係者や関係機関と協力するなかで存在している。その意味において会社は，社会全体システムの一部をなしている。つまり会社は，関わる多くの関係者（これを「利害関係者」という）と多様な関わりを持ちながら社会全体の秩序を作り上げるという責任を担っているのである。

資金の出資者である株主には利益に見合った配当を，商品の購入者である顧客には安い価格で価値ある製品を，社員には働きやすい職場と正当な賃金を，借入を受ける金融機関には適切な返済と利子を，取引企業にはお互いに発展していける互恵的取引を，政府には法律で定められた正しい納税を，地域社会には地域の活動や発展に協力し，また地域住民には生活環境を汚染・劣化させない責任を，さらには限りある地球資源を有効活用し保全する責任を期待されている。

それにもかかわらず，企業の行動には多くの過ちや不祥事が途切れることなく発生している。食の安全を疎かにして利益追求に偏った食品会社，車の欠陥やクレームを隠し続けた自動車会社，耐震強度や耐火性能を偽装して設計・販売した建設会社や建材会社，社内情報を自己の利益に優先して使った経営者（インサイダー取引），会社の資金を個人目的のために引き出して使った会社役員など，マスコミの紙面を飾る出来事がなくなることはない。これでは社会のなかに置かれた責任ある企業としてその役割を担うことはできない。

こうした過ちや不祥事を犯すことのない，社会に役立つ会社をいかにして作り上げていくのか。この課題は企業を誰が責任を持って統治していくのか，という「企業統治」の議論を必要としている。これを「**コーポレート・ガバナンス**」（corporate governance）という。コーポレート・ガバナンスの議論は，今日の株式会社を単なる出資者と経営者の関係という枠を超えて，多くの利害関係者によって構成される社会的な制度として理解し，その責任をいかに果たしていくのかを問う議論なのである。

日本の企業はこの責任を果たすために，取締役会を制度化し，かつ強化してきた。その結果，日本のコーポレート・ガバナンスはいくつかの特徴を持つ発展をしてきた。

第1は「株式の持ち合い」による会社の安定化である。これはグループ企業や関係企業間で互いの株を持ち合って，互いの経営には深入りしない形での支配権を持つものである。これは会社の乗っ取りというような敵対的な企業買収に対応できるとともに，外部株主の権限を実質的に制限できるという効果を持つ反面，株主による経営の監視機能を弱体化させ，不祥事の発見を遅らせるという問題点を持った。

第2は「メインバンク制」である。メインバンクとは，当該企業と長期的・安定的・総合的に取引関係を持った金融機関である。会社発展の過程で必要な短期資金，長期資金を提供し，株式・債権の発行や預金・為替等の金融取引の全面にわたって密接な関係を作っている。また株式持合の筆頭にあるのがメインバンクである。メインバンクは当該会社の運営を常にチェックしながら会社の経営を監視し続け，必要によっては役員を派遣して経営の指導や資金援助も行った。この結果，会社のモニタリングはメインバンクに依存するようになり，メインバンクもまた融資先企業の財務悪化・経営危機を生まないように努力した。そのことによって，企業はメインバンク頼みの経営姿勢を取るという問題点を持つようになった。

第３は「日本的な経営慣行」から生まれた社内昇進による経営者集団である。このことによって社内の協調態勢が生み出され，社員と経営者が一体化する経営システムが出来上がった。この結果，強い忠誠心を基礎とする経営態勢になり，組織内のもたれ合いの構図を招くことになった。

日本企業が安定的に成長していた高度経済成長期には，このガバナンス・システムは大きな欠陥をみせなかったが，1990年のバブル崩壊以降の景気低迷期のなかで企業の不祥事が頻発し，それまで機能してきた従来のガバナンス・システムはその役割を果たせなくなった。ここには新しい時代に向けたコーポレート・ガバナンスの再構築が求められた。

21世紀に入ったコーポレート・ガバナンスは，厳しい環境変化とグローバル競争のなかで，いかに持続的に競争優位を勝ち得ていくかの経営戦略の見直しを問うものであった。それは日本企業の制度改革そのものであったし，トップマネジメントの態勢そのものの見直しを必要とするものであった。とくに大きな課題となったのは，強い企業の構築と違法行為の抑止である。

日本企業がまず取り組んだのが機能する取締役会組織であった。高度成長期の安定的環境のなかで膨れ上がった取締役の数を削減して，迅速な経営判断のできる態勢を目指した。第２の取り組みは執行役員制の導入である。トップマネジメントを，経営戦略の立案と決定を担う「取締役」と業務執行に専心する「業務執行役員」に分離した。そのことによって，業務執行役員は取締役業務から離れて事業部門のトップとして，業務執行の責任を担えるようにした。第３の取り組みは，この執行役員制を機能させるために「カンパニー制」を図ったことである。カンパニー制は従来の事業部を社内会社として独立させ，そこに執行役員をおいて事業責任を明確にしたものである。

企業が取り組んだ第４は，法令の順守や社会的責任を果たすために「社外取締役」を増強したことである。これは外部者の経験豊富な専門的知識で経営戦略や経営判断を監視するとともに，株主や顧客に対して経営の透明性を高めることを意図している。また深刻化する地球環境問題に配慮した社会的な視点も見逃せない。こうした取り組みは，日本企業が新しい時代に向けたトップマネジメントのあり方そのものを変革し始めた表れである。

Let's Try !

□①会社の取締役会はどのような人によって構成されているのか，特定の会社で調べてみよう。

□②株主総会はどのような手順と内容で行われるのか調べてみよう。

さらに深く学ぶためにお薦めの本

- 安部悦生［2010］『経営史（第２版）』日本経済新聞出版社。
- 加護野忠男［2014］『経営はだれのものか―協働する株主による企業統治再生』日本経済新聞社。
- 吉村典久［2007］『日本の企業統治―神話と実態』NTT出版。

第 2 章　日本の企業と経営

Topic

日本的経営で好業績：矢崎総業

景気低迷期のなかにおいても継続的に高い業績を上げてきた企業に矢崎総業がある。同社はオーナー一家が経営する非上場企業である。車内の電気系統を支えるワイヤーハーネスを中心に自動車部品を世界に供給している。1929年の創業以来，オーナーが経営を牽引し，世界38ヵ国に91の支社を持つグローバル企業である。

矢崎総業は「世界とともにある企業」「社会から必要とされる企業」を理念に，社会や地域に貢献する経営を掲げて，利益を追いつつも利益を最優先しない経営スタイルを築いてきた。その典型を矢崎総業Y-CITY（下図）にみることができる。同社は社員を家族の一員とみなして大家族主義とでもいえる日本的経営を実践している。

Y-CITYには独身寮（家賃は基本給の２％），家族寮（同５％）はもとより，ショッピングセンター，保育園，体育館，診療所，理美容院等々を併設して，社員の福利厚生を充実させている。社員食堂の食費は１日３食で525円の安さである。ここには充実した生活のバックアップを通して社員の持てる能力を引き出して社会に貢献していくという意図がある。

Y-CITY

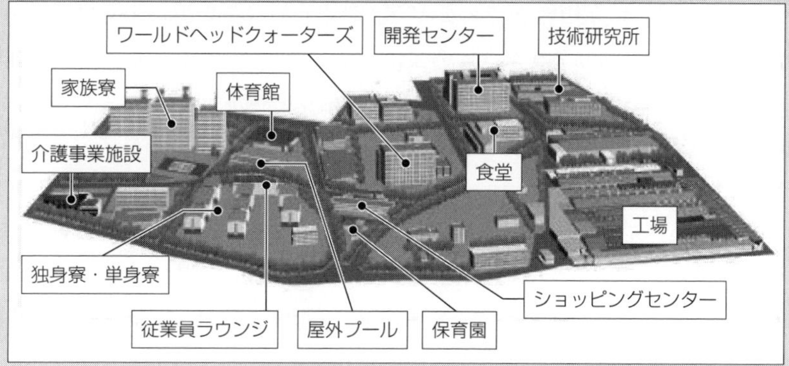

出典：矢崎総業ホームページの資料をもとに作成。

1　日本の産業と企業

1.1　日本の産業

戦後，日本の経済は，総体的には安定的に成長軌道を歩んできたといえる。とくに1950年代・1960年代においては，平均年率９％前後の高い経済成長を果たしてきた。1970年代には第１次石油危機（1973年），第２次石油危機（1979年）を受けながらも，それでも平均年率４％前後の経済成長を持続させてきた。こうした長きに及んだ日本経済の成長軌道は，日本人の“モノづくり”に取り組んだ努力と成果によっている。

世界から評価されたメイド・イン・ジャパン製品は，欧米を中心に広く世界の市場に浸透していった。1980年代には，日本製品の輸出は先進国市場を脅かすまでになった。先進国とりわけアメリカ合衆国は，こうした日本製品の輸出によってもたらされる経済への影響を放置できなくなり，日本製品の価格優位を下げるために円レートの切り上げを迫った。それは1985年の「プラザ合意」によって転換点を迎えることになる。

プラザ合意とは，ニューヨークのプラザホテルで持たれた先進５ヵ国（西ドイツ，フランス，イギリス，アメリカ，日本）蔵相・中央銀行総裁会議で，円高・ドル安への誘導が合意されたものである。これによって円レートは230円台から１年後には150円台まで高まった。日本政府はこの流れを受けて，外需政策を内需政策に切り替えた。その手段としたのが公定歩合の引き下げによる低金利政策であった。この流れは1980年代後半の不動産や株式への投機買いを生み，1989年には日経平均株価38,915円の歴史的高値を付けるバブル景気の頂点を現出させた。

1990年のバブル崩壊とその後遺症は，それから20年にわたって日本の経済を翻弄し続けることになった。そしてこの過程において，日本の企業は大きな変革期を過ごすことになる。膨大な不良債権を抱えた金融機関は軒並み倒産し，多くの著名企業は消費者の動向を見極められないまま姿を消していった。低迷する消費需要は低価格競争を生み，海外生産の進行が国内産業の空洞化をもたらすという，国内需要の低迷と国内生産力の低下を招いた。戦後初めて確認されたデフレーション（継続的な物価下落）の流れは，こうした過程のなかで生み出され，今日に至るも抜け出せないでいる。

出口の見えない悪循環に入った日本の企業は，生き延びるための経営改革に取り組まなければならなかった。大規模な人員削減，賃金体系の根本的な見直し，スリム化を目指した組織改革，経営資源の再編と集中，新しい事業の立ち上げといった，経営構造の抜本的な見直し（restructure：リストラ）と企業活力の再構築が問われたのである。それはまた，日本的な経営システムの諸問題を浮き彫りにするものであり，コーポレート・ガバナンスのあり方そのものが問われるものとなった。

日本の産業構造の変化を国内総生産に占める産業別内訳でみると，製造業では，1970年代は30％台であったものが，1990年代には30％を割り込み，2000年代には20％台前半にまで低下した。他方，サービス産業は，1970年代の10％台から2000年には20％にまで上昇している。これを就業者の構成でみると，1950年代では農林漁業の第１次産業が50％，製造業の第２次産業が20％，流通・サービス業等の第３次産業が30％であったものが，2010年の調査では第１次産業が4.2％，第２次産業が25.2％，第３次産業が70.6％となり，農林漁業・製造業の割合を低下させる一方で，流通・サービス業等の第３次産業が急速にその割合を高めている（厚生労働省『労働経済白書』）。

この要因として考えられることは，第１次産業においては市場の縮小に加えて需要の多様化による外国産品の輸入が多くなったことがある。また産業の機械化が進展した一方で就業者の高齢化による減少も大きく影響している。第２次産業においては，生産工程の高度な機械化によって生産の自動化が進展したことと，海外市場の拡大による現地市場での生産が進んだことが影響している。それに対し，産業のグローバル化を受けた流通・商業分野で就業者を急速に増やし，それを支える情報サービス業で高く伸びてきた。また高齢化に伴う福祉・介護事業や医療分野でも高まり，全体としては第３次産業化が進んでいる。

近年の特徴としては，第１次産業就業者が第１次産品に付加価値をつけてブランド化し，消費者への直接販売やレストランの経営など，産業枠を超えて生産・加工・販売を一体的に行う事業展開や就業者間の連携が進んでいる。政府も2010年に「六次産業化法」を制定して後押ししている[1)]。また日本食や日本ブランドの世界的関心と日本的“おもてなし”サービスへの関心から，外国人旅行者の急増とそれに対応した施設・サービスの充実に向けた就業者数の増大が進んでいる。

1.2 日本の企業

総務省と経済産業省が行った「経済センサス活動調査報告」によれば，2016年６月現在の日本の企業数は385万6,457社となっている。そのうち株式会社等の法人企業は187万7,438社（48.7%），個人経営が197万9,019社（51.3%）である。これを資本金規模別でみると，１億円以上の大規模企業が２万8,495社（1.8%），１億円以下の企業が154万7,869社（98.2%）である。これに売上高を重ねると，資本金１億円以上の大規模企業が922兆9,534億円で66.0%を占めている。また企業の生産活動によって新たに生み出された付加価値では，57.9%にあたる140兆7,285億円を大規模企業が産出している。

さらに事業所単位の産業別でみると，卸売・小売業が25.4%，宿泊・飲食サービス業が13.0%，建設業が9.2%で全産業の50%弱を占めている。またこれらを含めた第３次産業が全体の81.6%を占めている。これを従業者数でみると，卸・小売業が20.8%，製造業が15.6%，医療・福祉が13.0%などで全体の５割弱を占めている。これらを含めた第３次産業が従業者数の78.1%を占めている。

このことから，日本の企業規模構成は２%弱の大規模企業が売上高のおよそ66%を担い，80%強の第３次産業企業がおよそ78%の従業者を雇用している。

一方，日本企業の海外活動の状況をみると，2016年度末における現地法人数は２万4,959社で，製造業が１万919社（43.7%），非製造業が１万4,040社（56.3%）である。売上高では，現地法人全体で257.6兆円であり，製造業は123.0兆円，非製造業は134.0兆円である。進出先国としては中国を中心にアジア諸国が最も多く66.2%を占め，その売上高は111.9兆円で43.4%である。日本企業の海外での活動は継続的に活発で，製造業の海外生産比率は23.8%になっている（経済産業省『第47回海外事業活動基本調査』2017年版）。

1.3　日本の企業間関係

人間は１人では生きられないように，企業もまた単独では存立しえない。企業は多くの関係者と関わりを持つことによってはじめて存立できる。そうしたなかで，企業同士で持つ関わりが「**企業間関係**」である。現代の企業はさまざまな形で企業間の関係性を作っている。そこには単なる商売上の取引というようなものでない関係もある。役員を派遣する関係や株式を保有し合う関係，さらには部品の設計や生産を分担するというような関係がある。また販売を独占的に担う関係などもある。

かつて松下電器産業（現・パナソニック）は，自社の家電製品を販売するためにナショナル・ショップを全国にチェーン展開し，松下電器の製品のみを扱う店舗網を構築して販売を大きく伸ばした。販売店には松下電器の社員が知識や販売ノウハウを提供し，必要によっては資金的支援も行った。ここにはメーカーと販売店の緊密な関係が作られている。

トヨタ自動車は，トヨタ車専門の販売会社を全国に組織して強力な販売戦略を展開している。また車の生産にあたっては多くの部品を中小の部品メーカーに委託，トヨタ車専用の部品メーカーとして傘下に置いている。ここにはトヨタ自動車を頂点として，傘下に数多くの部品供給会社を重層的に作り上げている。

こうした企業間の関係は「**系列**」と呼ばれる。系列によって結ばれた企業同士は，人的な関係や資本関係を通じてグループを形成し，そこに中心的な金融機関が絡んで強固な集団組織を作り上げた。今井は系列を定義して，「単に取引し合うような穏やかな関係ではなく，役員を派遣する人的関係や，株式を保有する資本関係を通じて，比較的強い結びつきを持った企業間の関係」としている（今井［1992］28頁）。

日本の企業は，個々の企業において相対的に小規模であっても，系列としての企業間関係を積極的に構築して，系列企業同士で持っている経営資源を相互に利用・活用しながら協調した事業活動を行い，結果として高い成果を生み出してきた。そうした系列には典型的な３つの形がある。⑴企業集団としての系列，⑵生産システムとしての系列，⑶流通チャネルとしての系列である。

図表2-1　トヨタ自動車の仕入れ構造

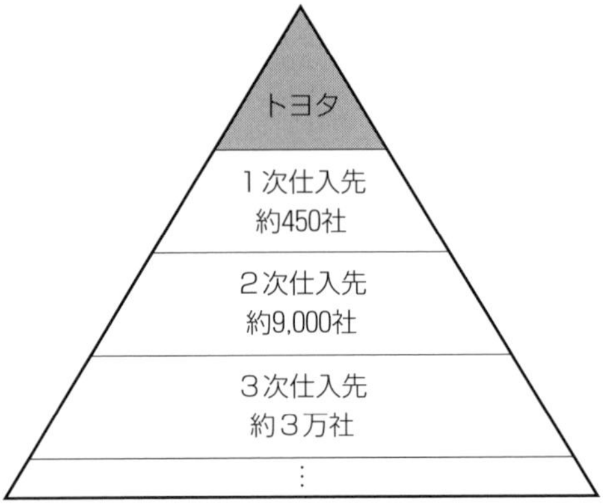

出典：『日本経済新聞』（2014年10月25日）をもとに作成。

(1)　企業集団としての系列

企業集団としての系列で代表的なものは，かつて六大企業集団と呼ばれた三井グループ，三菱グループ，住友グループ，芙蓉グループ，三和グループ，第一勧銀グループである。これら企業集団は大手銀行（メガバンク）を中心に鉄鋼・化学・機械・運輸・流通といった基幹産業をグループに組み込んで，グループ内各社で株式を相互に持ち合い，社長会を結成して情報交換を図って連帯（相互の結び付き）を作り上げた。しかしこれら企業集団は1990年代以降の金融再編のなかでその姿を変えている。

(2)　生産システムとしての系列

トヨタや日産といった自動車会社にみられるように，垂直的な生産関係のなかで，最終組立会社が多層な部品会社を傘下に統合して生産過程を一体化した企業グループである。ここでは組立会社を親会社として，部品会社である下請け会社を傘下に系列を形成する。車1台を製造するのに必要な部品数は8,000種3万点に上るが，トヨタの場合で1次仕入先450社，2次仕入先9,000社，3次仕入先に至っては3万社と取引している。すべてではないにしても，ここには取引企業間の継続的で密接な相互関係が作られている。とくに1次仕入先とは，製品開発の段階から情報を共有して協働の開発体制を築いている（図表2-1参照）。

(3) 流通チャネルとしての系列

メーカーは商品の製造だけでなく販売チャネルにおいても重大な関心を持っている。とくに家電製品のような耐久消費財メーカーにおいては，独自のチャネルを形成して市場の獲得を目指した。家電産業を牽引してきた松下電器産業は，戦前の1930年代からすでに販売系列づくりに取り組んでいた（下谷［1998］198頁）。

松下電器は販売を強化するために販売事業部を設立，それを販売子会社に分社化して支店・営業所網を整備，さらに傘下に外部の代理店や小売店を取り込んで強力な松下電器グループを形成した。「販売の松下」はこうして出来上がった。ここに松下電器産業を頂点に，販売会社・販売店を重層的に系列化して強力な販売網を構築したのである。末端の販売店は「ナショナル連盟店（ナショナル会)」として，最盛期には40,000店を数えている（矢作［1991］61頁)。

2　日本の経営システム

2.1　品質管理とカイゼン

日本は戦後，壊滅した経済の復興を目指して歩み始めた。そして1950年代から1970年代には高い経済成長を継続して達成した。資金も優れた設備もないなかでの，戦後の混乱から抜け出して先進諸国に追いつくための努力の結果であった。例えば自動車産業では，戦後の生産性では先進国アメリカとは10倍の開きがあったといわれる。この差を埋める努力が日本の自動車産業の発展を支えてきた。つまり，生産性の向上とコスト削減への繰り返された挑戦であった。

この過程をトヨタ自動車でみておこう。戦後トヨタは生産性向上を主眼にして事業を図った。その結果５年間で５倍から６倍の生産性を達成した。しかし生産性を高めた結果，製品在庫が膨れ上がって経営危機を招いた。この反省から，トヨタは「売れるものを売れる時に売れるだけ」の“限量生産”を前提にした生産性の向上に取り組んだ（下川・藤本［2001］10頁)。

最初に取り組んだのが「作業の標準化」である。これは当面の作業をマニュアル化して各工程の上部にカンバンで表示，作業者の仕事が監督者からみえるようにしたものである。この意図は，作業者が繰り返しの改善のなかからより良い仕事のやり方を見つけ出して生産性を向上させる仕掛けとして考えられた。当時指揮をとった大野は，「トヨタの作業標準は改善のための作業標準であって，不断の作業改善，標準作業の改定を現場に課した」といっている（下川・藤本［2001］11頁）。ここには上司と協力して作業を「カイゼン」する現場作業者の環境が作られている。

この作業の標準化を有効ならしめたのが「生産の平準化」である。これは必要なときに必要な部品が揃うように，「ジャスト・イン・タイム」の部品供給を図ったものである。これに使われたのが主に２種類の「カンバン」で，使用する部品の種類と量を示した「引き取りカンバン」と，納品を求める部品の種類と量を示した「生産指示カンバン」であった。これは生産工程の作業者が，必要部品を必要なときに必要なだけ前工程へ引き取りに行くもので，それを受けた前工程はその引き取られた部品を補充するために引き取られた分だけ部品を生産・供給するという，各工程の生産量を合理的に管理する方法として考えられた。大野は，「看板はお金と一緒で，カンバンなしで部品を引き取るのは泥棒だと教えた」と話している（下川・藤本［2001］15頁）。

この「カンバン方式」によって，単純な生産性追求ではなく，「売れる分だけ無駄なく作る」という生産管理の徹底が図られた。ここで重要なことは，「売れる製品を作る」という視点である。売れる製品であるためには，品質が良くなければならない。車の品質は各工程で異常が適切に検出されて必要な改善が図られることで達成される。そのための取り組みが，不良品が前工程から後工程に流れることのないように不具合を監視して修正する方法を組み込むことであった。トヨタはこれを作業者の目で常時チェックして，必要があれば生産ラインを停止して調整し修理する「目で見る管理」を図ってきた。トヨタはこれを「自働化」と呼んで，機械化の流れのなかに人間の目で原因をみつけて再発しないようにする改善の過程を組み込んだのである。

トヨタ自動車の高品質・高生産性は，人による改善活動のなかから達成されているということができる。トヨタでは，現場の作業者が問題を提起し，その改善点を提案しながら，上司（班長や組長）を交えた小集団で問題の解決にあたってきた（図表２-２参照）。この改善活動は「QCサークル」と呼ばれ，日本の企業が広く取り入れて日本の経営を特徴づけてきたものである。今日ではこの改善活動は，「**KAIZEN**」として広く世界に知られている。

QCサークルと呼ばれる小集団活動が日本の企業に広く導入されるようになったのは，アメリカで開発された「**品質管理**」(Quality Control：QC）の手法が紹介されてからである。とりわけ1950年に来日してセミナーを持ったデミング（Deming, W.E.）の貢献は特筆すべきものであった。デミングはそれ以後も機会あるごとに来日して品質管理導入の指導を行っている。

日本でのQC活動は工場から経営全体に広がりをみることになるが，その過程で次第に日本の高い品質要求に適合できるものに修正され，設計・開発の段階から品質保証を目指す「日本的品質管理」となって，企業の全部門，全社員が参加する「総合的品質管理」(Total Quality Control：TQC）へと広がっていった。

アメリカで開発されたQCは，むしろ日本で花開いたということができる。それは日本人の文化的特質とでもいえるグループ意識，集団主義にいみじくも適合したのである。QCは日本的な協調主義と一体となって深く根を下ろし，QC運動のなかで品質の追求とコストダウンを推し進めた。この日本的品質管理の全社挙げての推進が，世界に誇れる高品質製品を生み出してきたのである。

図表2-2　トヨタのカンバン方式と改善運動の関係

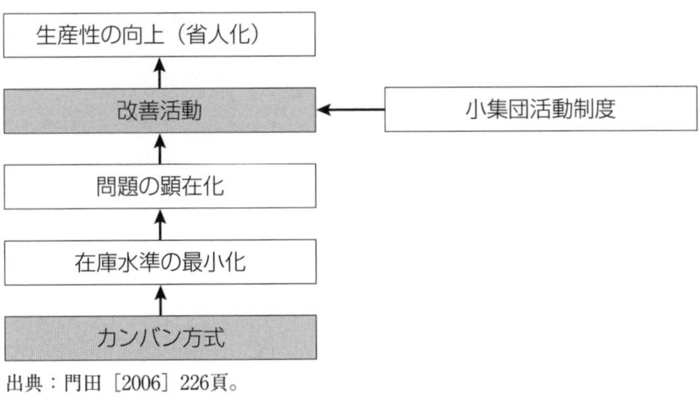

出典：門田［2006］226頁。

2.2 日本的経営システム

「日本は欧米以外の国としては初めて全面的な工業化を達成し，経済力で欧米諸国と肩を並べるまでになった。日本の産業がこのような成功を収めたのは何故なのだろうか」（アベグレン［2004］序文)。その調査のために訪日したのがアメリカの研究者アベグレン（Abegglen, J.C.）であった。アベグレンは1955年から1956年にかけて訪日し，日本企業の生産工場において経営方法や仕事と組織について調査した。その結果，日本企業の経営の様式はアメリカ企業が培ってきた能率的経営とは明らかに異なっていることを発見した。アメリカの経営者からみれば非能率と思われることが，日本ではむしろ見事なまでに効果的に運用されていたのである（アベグレン［1958］)。

アベグレンが導いた特徴の第１は，「**終身雇用制**」である。日本企業ではいったん雇用した従業員を会社側の都合で解雇したりはしない。会社と従業員との間には終身的関係が成り立っており，欧米の雇用関係のような契約的関係ではない。欧米の雇用関係では，従業員は会社を辞めるのは自由であるし，また会社側が辞めることを求めるのも自由である。従業員はより条件の良い企業を求めて移動できるし，そのことがむしろより有能な人物とみなされる。

しかし日本の企業で会社を辞めることは，その人はもはやどの職業にも適さないことを意味する。アベグレンは，日本企業の会社と従業員の関係は，会社は従業員を守り従業員は会社に忠誠を尽くすという，相互交換の社会的関係で成り立っていると分析する（アベグレン［1958］17-38頁)。

特徴の第２は，「**年功序列制**」である。日本企業の採用は仕事や職務に対する能力よりも教育の水準と関わっている。高校卒業での入社か大学卒業での入社かによって就く職業や地位が区別される。また就職するには新卒で求人に応募して採用されることが大事である。それゆえに，学校の先生，とくに大学の教授は有名企業への就職を斡旋（あっせん）・支援する。採用では技能というより人物や一般的能力（学力）を重視する。結果として採用後に期待に反したとしても解雇することはなく，配置転換等を行うことで雇用を継続する。

給与体系も特徴的で，入社時の教育水準（学歴）と年齢で給与が決まる「固定給」（基本給）制である。それに毎年一律で増える定期昇給（ベースアップ）

が加わる。企業によっては定期昇進による加算もあるが，年功序列賃金はこうした年齢の高まりに連動した継続的な給与の上昇を意味する。年功序列賃金は終身雇用と一体となって長期勤続が有利になっていく。

さらに作業手当，家族手当，業績手当，職務級手当等が給与総額を構成し，さらに加えて有給休暇，結婚手当，出産手当，食費手当，独身寮，家族用社宅，さらには社内に病院や幼稚園，生活品売店，保養施設といった福利厚生が加わっている。ここには金銭的な報酬に加えて，人間関係やモチベーションの向上を促すさまざまな付加的報酬が与えられている。さらに重要なことは，勤続年数に比例した退職給与があり，それは定年まで勤めることで最大になるように作られている。

アベグレンはさらに加えて，日本企業が従業員に与える賃金として「賞与」（ボーナス）を特徴づける。賞与は日本の社会制度に深く根づいた贈物交換の慣例を支えており，お盆と年末に支給されて生活の重要な要素になっていると指摘する。それはまた経営者にとっては，賃金の基本的体系を変えることなく支給額に戦略性（ボーナス査定）を持たせることができていると分析する（アベグレン［1958］39-97頁）。

特徴の第3は，日本企業の組織に向けられている。とくに本社組織について3つの特色を指摘する。1つは精巧に分化した公式上の部門に分かれていること，2つは高い割合で公式上の職位や肩書を持っていること，3つは複雑多層の階層（部長，分化した課長，さらに複雑に分化した次長・係長，それぞれの代理や副長等）を持っていることである。このことによって，本社にいる従業員の3人に1人は肩書と地位を持っていると分析する（アベグレン［1958］110頁）。これは工場においても同じである。

アベグレンは，日本企業のこの複雑で差別化された組織体系は，意思決定の過程と組織内の各個人の昇格に重要な意味を持つと指摘する。意思決定においては，最終決定が相談とか協議といった形で時間のかかるやっかいな手続きを必要とし，またコミュニケーションの経緯が不明確で，通過させなければならない権限の階層が極めて多い。さらに責任の所在が不明確で特定の個人に帰すことは不可能に近い。これは欧米の組織特質のように，個人の責任を明確に規定して組織の弱点を迅速かつ能率的に矯正するやり方とは大きく異なる。「日本人の選択は，最大の能率を犠牲にして，会社内の人間関係を支持し，維持しようとする方向をとっている」と指摘する（アベグレン［1958］115-119頁）。

また組織的制度と従業員の昇格の関係では，大学卒従業員には最高地位まで昇進の道は開かれているが，高校卒従業員には昇進経路が制約されている。また複雑な職位制度は，大学卒であっても能力の十分でない人には肩書や地位を使って組織的に影響の少ない仕事を当てはめやすくし，降職や解雇をしないで適所をみつけることを可能にしている。これがまた日本企業の組織を非効率にしていると指摘する（アベグレン［1958］120-121頁）。

日本的経営システムの特徴の第4は，「**企業内労働組合**」である。労働組合は西ヨーロッパにおいて，18世紀末から19世紀初頭の産業革命期に設立されたが，日本では1897年に結成された「労働組合期成会」が草分けである。日本の労働組合が発展をみるのは戦後で，GHQの奨励のもとで作られるようになった。その頃の主要な課題は賃金と労働条件であった。賃金は終身雇用に基づく年功序列で決まっていたことから，賃金交渉は企業内の問題であり，また労働条件についても企業内で解決すべき問題であった。このような状況にあった労働組合は，必然的に企業内で設立された。

アベグレンは，従業員と会社の関係，従業員と上司の関係は，アメリカの企業が経済的側面に限定した非人的で合理的なものであるのに対して，日本の企業は会社や上司が従業員の生活面にまで関与するという，いたって人的で非経済的な要因にまで関わる。このことが，日本企業における労働組合の状況に大きな特徴を生んでおり，アメリカの労働組合は職場内の苦情処理やその解決に役割を果たしているのに対して，日本の労働組合は賃金（ベースアップとボーナス）と労働時間に関する協議が主なものになっていると指摘する（アベグレン［1958］144-152頁）。

とくに日本の企業は，新卒一括採用で企業内のあらゆる仕事を経験する現場教育で育成されることから，労使交渉も企業単位で行われるほうが合理的であった。従業員も終身雇用のメリットを享受するためには，企業の存続が前提であり，賃金や労働条件の改善交渉も企業の安定成長と継続的雇用に重きが置かれた。こうしたことから，日本の労働組合は企業内組合の形をとって発展した。欧米のような特定企業を超えた産業別，職種別の労働組合とは異なった発展をしてきている[2)]。

2.3　日本的経営システムの限界

世界から高い評価を受けた日本的経営システムは，日本の経済力が高まり，国際化が進展するなかで，厳しい目にさらされることとなった。日本の系列は，戦後の資金不足と生産設備の弱体化のなかで，比較的豊富であった労働力と地場型工場を製品づくりの工程に組み込むことで，製品生産を効率化させて市場へのスピーディーな対応を可能にする方法として生まれた。地場型の中小企業も大手組立会社の傘下にあることによって，安定的に事業を進めることができた。両者は信頼関係を築いて情報を共有し，協力して発展してきたのである。

しかし経済成長期は市場が拡大傾向にあるため，親会社からの需要は豊富であるが，市場が成熟化し縮小傾向になると親会社からだけの需要では下請け企業の存続すら危ぶまれる事態になった。下請け企業はこれを乗り切るために，供給先を多様化して取引企業を多くする方向に動いた。当然ここには多様化した取引先のニーズに対応できる技術力が必要である。下請けの中小企業は自らの技術力を高めて，親会社に従属しなくても競争に勝てる「脱系列」の動きをみせた。

一方において親会社も，激化する競争環境のなかで生き延びるには，コスト削減競争に対応できる技術力や開発力を持たない下請け企業は選別せざるを得なくなった。流通系列でも消費者の購買行動の変化を受けて，系列チャネルから大型小売店や量販店へのシフトといった，専売店システムを超えた開放的な流通ネットワークの構築が必要であった。

グローバル化の進展からくる「系列の閉鎖性」も問題であった。とりわけ1989年に始まった日米構造協議で，日本市場の閉鎖性が議題に取り上げられた。日本は外需によって経済成長を果たしているものの，系列などによる日本市場の閉鎖的取引慣行が，海外企業の参入を阻害しているというものである。この背景には，日本の商取引が外国企業からみえにくいという批判と重なっている。系列グループ内の固定的・継続的な取引関係が外国企業の参入を拒んでいるとされたのである。

「日本的経営」に象徴される日本の経営システムは，確かに世界から称賛される高品質・高生産性をもたらした。それは経営者と従業員が協調してQC運動やTQC活動に取り組んだ結果であった。ここには助け合って仕事をするという日本人の同質性・協調性がある。「カイゼン」はそうした日本人の気質によって成功している。

「終身雇用」は，新卒一括採用で潜在能力を評価して採用し，職場のローテーションと先輩が現場で教えるOJT（On-the-Job Training）システムと一体になって機能してきた。ここには労使間，従業員間の連帯と協調が支えになっている。「年功序列」は，協調によって生み出された全体の利益を所定のルールで配分することで成り立っている。ここでは会社の利益が個人の利益であり，会社のために働いて会社を成長させることで職位が上がり給与を高めることにつなげてきた。

このように，日本の経営システムの特徴は，経営者と従業員の協調，親企業と下請け企業の協調，従業員間の協調が基本になっている。協調の行動は，情報の共有が基盤にあってはじめて可能になる。日本人が得意とするインフォーマルなコミュニケーション・スタイルや学閥・地域閥といった人間関係は，閉鎖的ではあるが高い情報共有を可能にしてきたのである。

しかしこの閉鎖的で高い情報共有が，外から見えない組織行動を生み出してきた。1990年以降の長引いた景気低迷期のなかで，日本企業の多くの不祥事が顕在化したのである。また終身雇用と年功序列にみる日本的雇用慣行は，経済の成長期には優れて機能したが，景気低迷期の競争環境のなかではむしろ人件費の増大というコスト要因となり，異質な情報，異質な価値観を排除することによる活力の喪失，イノベーション力の衰退をもたらしたのである。

3　企業活動と経営課題

3.1　企業の不祥事

日本企業の活動でたびたび問題になるのが不法行為である。近年の典型的な不祥事を列記すれば以下のようなものがある。

①三菱自動車のリコール隠し：30年余にわたって自社生産車の欠陥を公開しないままヤミ改修で対応，リコール制度に背き続けた。同社の同質的な経営陣による組織的隠ぺい体質が問題を先送りする惰性の経営を続けさせた（『日本経済新聞』2000年８月26日）。

②東京電力原子力発電所の自主点検記録改ざん：原子炉内の傷などのトラブルを隠した問題で，本社の原子力担当幹部が隠ぺいに関与したとされ，上層部も加わった組織的な隠ぺい工作が明らかになった。同社は2011年３月に原子力発電所の爆発事故を起こしている（『日本経済新聞』2002年９月９日）。

③カネボウの粉飾決算：５年間に及んで総額2,000億円の不適正な経理操作を行い，110年の歴史を持つ老舗企業を倒産に追い込んだ。公正な立場にある公認会計士を巻き込んでの，経営陣の組織ぐるみの不正であった（『日本経済新聞』2005年10月３日）。

④オリンパスの財テク失敗を飛ばしで粉飾：千数百億円に及んだ金融投資の損失を20年にわたって隠し，その穴埋めに企業買収資金を不正に操作，経営陣が主導した組織的な巨額粉飾となった（『日本経済新聞』2011年11月９日）。

⑤東洋ゴム工業の検査データ改ざん：免震装置性能不適合ゴムが，庁舎や病院，マンションなど145棟に及んで使われ，検査データの改ざんが繰り返された。同社は2007年にも断熱パネルの耐火性能偽装を行い，当時の経営陣が引責になっている（『日本経済新聞』2015年３月18日）。

このような日本企業の不法行為は，どこに問題の根源を見出せるのであろうか。この点について考えてみることにしよう。この事例に共通していることは，経営陣による組織的行為によって問題が大きくかつ根深くなったことである。それは単に一社員の過ちから生じた問題であると片づけられるほど単純ではない。ここには日本企業の組織的特性を指摘できる。

高度経済成長期に発展してきた日本の組織は，終身雇用や年功序列によって伝統的な上下関係が育った。また組織の上層部を構成する人材は企業内部で育て上げる傾向から上司の命令や社命に逆らえない風潮を助長し，経営トップ層の権限が拡大・強化されて他者によるチェックの入りにくい組織を作り上げた。こうした流れから生まれた組織は厚い信頼関係が築かれており，少数の特定メンバーにまかせっきりになる傾向が生まれ，問題の発見を遅らせる原因になっていたと考えられる。

大方の組織問題は経済が成長している間は潜在化して表に現れにくいが，成長が鈍化して組織のスリム化と合理性が問われるなかでは，閉鎖的空間での情報の共有や経営の不透明性は厳しい圧力にさらされることになる。企業の活力を保つ意味からも，異質な情報や異質な価値観に身をさらす覚悟と姿勢が問われてきたのである。

3.2　環境の破壊

宇宙技術の発展によって美しい地球を目にする機会が多くなった。しかしその一方で，近年の地球全体に及ぶ異変も確実に知ることができる。巨大台風の発生，集中豪雨や竜巻の頻発，経験を超えた猛暑や熱波，干ばつによる耕地の死滅，海面の上昇による島嶼（とうしょ）の水没，沿岸地域の高潮被害など，人類が経験したことのない出来事に遭遇している。

その原因が人間の活動によって生み出され，自然界のバランスや生態系を破壊したことからきていることは誰しもが知るところである。2005年に国連から発表された「ミレニアム生態系アセスメント」は，生物種の絶滅が自然の1,000倍の速度で進んでいることを世界規模の調査で明らかにしている。これは他でもなく，企業活動で発生した温暖化ガスによる地球温暖化傾向のなかからもたらされている。

地球温暖化の進行が人間や経済活動に不利益を及ぼすことになるという理解は広まっているものの，この対策となると利害が交錯して歩調を合わせられないでいる。地球温暖化問題は，地球規模の問題を解決することの難しさを人類に投げかけている。それでも，温暖化ガス削減の地球規模での取り組みが1995年から始まった。国連地球温暖化防止会議（Conference of the Parties：COP）である。この第３回会議が1997年に京都で開催され，先進主要国の温暖化ガス削減目標が決められ，「京都議定書」としてまとめられた。

内容は2010年を目標に，1990年比で日本6％，アメリカ7％，EU8％の削減で合意し，「国際公約」として発表された。しかし2001年にアメリカが離脱，最大の排出国である中国が参加していないなど，当面の枠組みづくりにとどまった。それでも2004年にロシアが批准して京都議定書は発効されたが，目標を達成しないままポスト京都議定書づくりに各国の関心が移った。2014年に世界の二酸化炭素排出量の40％を超すアメリカと中国が加わって，自主目標という新たなルールで削減目標を策定する道を開いた。日本は2030年までに，2013年比で26％削減を目指すこととしている。これに向けた企業の対応も急を要している。

日本は世界から環境先進国との評価を得ている。この背景には，1960年代の経済成長期に起こした環境破壊の歴史がある。水俣病，新潟水俣病，イタイイタイ病は企業活動で排出された化学物質の河川への垂れ流しによって生じた。四日市ぜんそくは，化学コンビナートから大気中に放出された亜硫酸ガスによって生じたものである。これは「四大公害病」と呼ばれ，日本の経済成長を支えた企業活動の負の遺産である。

これらの反省によって，日本企業の環境への取り組みは厳しく扱われるようになった。日本国内で排出される二酸化炭素の3分の1は工場から排出されることもあって，工場排熱の有効活用や高効率の照明・空調設備の導入，エネルギー効率の高い生産設備の導入や生産工程の集約など，世界でも先進的な環境配慮型の工場づくりを進めてきた。また生産現場では製品づくりに有害物質の使用を全廃，材料や部品の調達においてもチェックする態勢を整えて，化学物質の使用されていない部材を調達する「グリーン調達」が図られている。また廃棄物の焼却や埋め立て処理を全廃できる生産・加工の見直しも図られている。ここにはあらゆるゴミを回収して再資源化する「ゼロエミッション」が進められている。

例えば住宅施工現場では，石膏ボード，木くずなど施工時に発生する排出物を全量分別回収して再資源化工程に回している。食品加工現場では，大量に出る生ごみを回収して有機肥料に加工，それを農場に販売している。ここにはゴミになる廃棄物を回収して再資源化することで，コスト要因をむしろ利益を生む商品に転換して環境への負荷をなくしているのである。

3.3 資源の限界

日本の企業には，海外諸国から飼料や原材料を購入して飼育・加工・製品化する事業が極めて多い。世界から注目される“和牛”の生産は，輸入飼料に依存している。日本食に欠かせない調味料の醤油・味噌の原料である大豆，パンや麺の原料である小麦も外国からの輸入である。日本が得意とする電子機器製品には国際的にも希少な鉱物（レアアースやレアメタル）が多く使われる。こうした鉱物は輸入すること自体が難しくなっている。

日本はこれまで大量の電子機器製品を生産し販売してきた。こうした製品は変化が激しく，使用年数である「製品ライフサイクル」の短いものが多い。それでも市場のニーズは希少資源を必要とする新しい製品の開発と生産を求めている。この矛盾はいかにして解決できるのであろうか。

解決の道を開いたのが使用しなくなった商品の回収と，そこから取り出される資源（希少金属）である。とりわけ人口集中している都市部には，この資源が膨大な量で埋蔵されている。この鉱脈（これを「都市鉱山」という）を開発して資源を有効活用する事業が進んでいる。こうした再資源化の事業を「静脈産業」と呼ぶ人もいる。

自動車や家電製品は回収してリサイクルすることが法律でも義務づけられている。自動車やエアコンはフロン類が使われていることから，オゾン層破壊への対応という側面もあるが，同時に資源の有効活用という視点から，解体・分別・資源化のリサイクルが図られている。メーカーにおいては，リサイクル化しやすい部材を使った製品づくりも進められている。

例えば富士ゼロックスは，自社製品の100%再資源化を進めている。同社は販売店が引き取った使用済み商品を全国５ヵ所に設置した解体拠点に搬入，再利用できる部品を取り出した後，廃棄対象となる部分を44種類に分類して全国23のリサイクル業者に渡して再生素材に処理している。また再生素材の活用先も把握してメーカーとしてのリサイクル責任を明確にしている（『日本経済新聞』2000年９月13日）。

こうした企業の環境対応への取り組みは，消費者の支持を受けて購買商品選別の手段になっている。ISO（国際標準化機構）は企業の環境マネジメント（ISO14000シリーズ）を推進する一方で，エコマークを普及させて環境に配慮した商品づくりと普及を推進している。こうした動きに対応して，企業は自社の「**環境経営**」への取り組みを消費者に伝える活動も活発化している。各社が発行する「環境報告書」はその表れである。

【注】

1）六次産業とは，一次産業・二次産業・三次産業の数字を足して，あるいは掛け合わせて6になることをもじって呼んだものである。

2）日本の労働組合も今日では特定の企業内交渉を越えて企業間で連合体を作っての団体交渉も行われるようになってきてはいるが，その場合でも産業別の連合（自治労，自動車総連，電機連合など）において行われている。また所属企業や職種・職業のいかんを問わない個人加盟の労働組合（合同労働組合）も発展してきている。2013年の状況は，労働組合数で25,532組合，労働組合員数987万5,000人，推定組織率は17.7％であり，ともに低下傾向にある（厚生労働省『労働組合基礎調査』2013年6月30日現在）。

Let's Try !

□①世界から評価される“メイド・イン・ジャパン”製品はどのようにして生み出されるのか，その要因と背景を考えてみよう。

□②経営者の関わった組織的不祥事がなぜなくならないのか，その原因を考えてみよう。

さらに深く学ぶためにお薦めの本

- アベグレン［2004］『新・日本の経営』日本経済新聞社。
- 井上泉［2015］『企業不祥事の研究―経営者の視点から企業不祥事を見る』文眞堂。
- 今井正明［2010］『カイゼン―日本企業が国際競争で成功した経営ノウハウ』マグロウヒル・エデュケーション。

第3章　経営の目的と社会性

Topic

味の素グループの事業とCSR

味の素グループは，アミノ酸と調味料の事業を中心にグローバル展開している食品業界のリーディング・カンパニーである。現在，経営目標として「2020年にグローバル食品企業のトップ10入り」を掲げている。

2009年には創業100周年を迎えたが，「うま味を用いて栄養を改善し，国民を健康にする」という創業精神，すなわち事業を通じて社会的課題の解決に貢献するという考え方は現在もなお受け継がれている。

味の素グループでは，これから取り組むべき重点課題として，「健康な生活」「食資源の確保」「地球持続性」の３つを掲げている。この取り組みをASV（Ajinomoto Group Shared Value）と呼び，CSRを経営プロセスのなかに組み込んでグループ全体で強力に推進している。

すなわち，「健康な生活」では，創業以来の独自価値である世界一のアミノ酸と調味料技術によって人々の栄養改善，家畜や農作物の健全な生育に貢献する。「食資源の確保」では，より少ない穀物資源で生産する低資源利用発酵技術により，効能の高いアミノ酸を高い生産性で生み出すことによって，食資源の減少を遅らせるとともに，耕地の持続的な確保を実現する。そして「地球持続性」では，責任あるグローバル企業として環境に負荷をかけない事業活動を行っていく。

こうして，味の素グループはあらゆる利害関係者から信頼される「グローバル・スペシャリティ・カンパニー」を目指している。

1　経営の目的と経営理念

1.1　経営の目的とは何か

一般に，企業の目的は「利潤を追求すること」といわれる。とくにアメリカでは，所有と経営の分離が進んだ大企業においては株主の立場が非常に強く，売上高を増やし，利益を拡大し，株価を上昇させることが企業にとって最も重要な目的となっているケースが多くみられる。

一方で，企業の目的は利潤の追求ではなく，長期にわたる継続的な維持と発展であるとする考え方がある。伝統的に日本では，アメリカなどに比べて株主の力が弱く，従業員を主体とする経営が行われてきた。従業員の生活を守るためにも，企業が長期的に維持発展していくことは重要である。また従業員だけでなく，企業を取り巻く他の多くの**ステークホルダー**（利害関係者）である株主，取引先企業，顧客・消費者，地域社会なども，企業が発展していくことによって恩恵を受けることになる。

日本の経営者も企業経営の目的について述べている。例えば松下電器（現・パナソニック）の創業者である松下幸之助は，経営の目的の根本は「事業を通じて共同生活の向上を図るところにある」と，また「企業は社会の公器」であるといっている。また京都セラミック（現・京セラ）の創業者である稲盛和夫は，「全従業員の物心両面の幸福を追求すること」が企業の目的であるとしている。いずれも企業の持つ社会性を重視したものといえる。

それではこのような異なる企業経営の目的に関する考え方は，相容れないものなのであろうか。それとも日米企業は全く異なる存在として，違う方向を目指しているというのであろうか。

企業が社会的存在として，長期的な存続・発展を達成するためには，売上を伸ばし，利益を上げていく必要がある。利益がなければ従業員に賃金を支払うこともできないし，株主に配当を支払うこともできず，企業は破綻してしまうであろう。その意味では，利益は企業の存続という目的を達成するための手段と考えられる。また日米の違いは目的を短期でとらえるか，長期でとらえるかの違いとみることもできる。

それでは，経営学的には企業経営の目的はどのように説明されるのであろうか。森本によれば，経営学でいう**経営目的**とは，「企業がその経営行動によって実現したいと望む状態もしくは到達点である」。その内容については，２つの対照的な考え方があるという。第１は，資本主義のもとでの企業経営では，利潤の追求もしくは収益性以外にはあり得ないとするものである。これに対し，第２は，経営環境の変化に適応して，その具体的内容は変動し多様化すると考える。ここでは第２の立場から考察を進めてみよう。

企業が環境変化に適応して存続するためには，環境の状況に合った経営目的を設定する必要がある。環境条件に適合した経営目的は以下のような機能を通じて適応性のある経営行動を生み出す。

⑴ 企業の意思決定に必要な価値判断の基準となる。
⑵ 意思決定の過程における代替案の源泉となる。
⑶ 代替案を選定する際の評価基準となる。
⑷ 経営活動の結果としての業績を評価する基準となる。

企業が経営目的を設定するにあたっては，いくつかの要素からなるシステムとして設定する方法が用いられる。その１つが経営目的を経営理念と経営目標に分け，それらを統合する上位概念として位置づけるものである（森本［1982］60頁）。

1.2　経営理念・経営目標・経営戦略

ここでは，第４章で取り上げる経営戦略との関係を踏まえて，経営目的を上位の概念とする体系（図表３-１）について説明する。

前述のように，経営目的を上位概念として位置づけると，**経営理念**が信念，信条，理想，ビジョンなど望ましい状態である価値的側面を表すのに対して，**経営目標**は経営理念を実現するために具体的に到達すべき売上高や利益率，ROI（投資収益率）など事実的側面を表している。経営理念が経営目標に対し，促進的あるいは抑止的な制約を与える一方，経営目標の内容とその結果もまた経営理念に影響を及ぼすという相互規定的な関係にある。

図表３−１　経営目的の体系

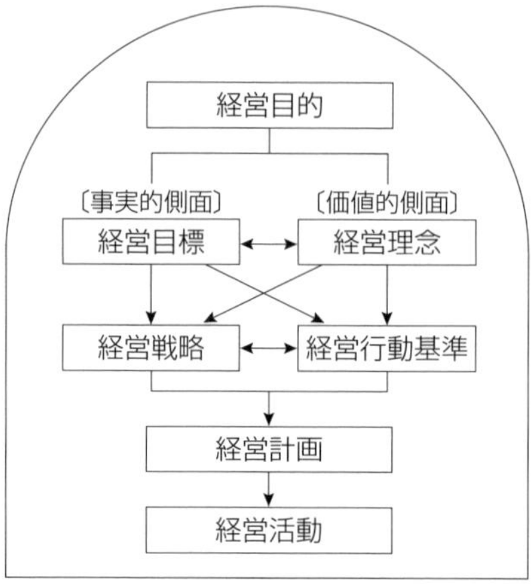

出典：森本［1982，1994］をもとに一部修正。

経営理念は，企業経営における根本的な価値観であり指導原理となるものであることから，通常は比較的長期にわたり変わることのないものである。その内容は，例えば「モノづくり，車づくりを通して，皆さまとともに豊かな社会づくり」（トヨタ自動車），「服を変え，常識を変え，世界を変えていく」（ファーストリテイリング）などのように，抽象的・包括的なあり方を示すものが多い。

経営理念は，上記の経営目的の４つの機能のうち，(1)の価値判断の基準となるものである。これに対して経営目標は，残る３つの機能，すなわち経営活動の代替案の源泉，代替案選定のための評価基準，経営業績の評価基準に関連するものである。したがってその内容には，数値など操作性のある具体的な表現が求められる（森本［1982］61頁）。

経営目標についてはさまざまな学説があるが，ここでは取り上げない。現代企業の特性を考慮し，経営目標を具体的な数値目標や事業領域，社会的責任などについて示すものであり，外部環境の変化に応じて柔軟に策定変更されるものであると規定する。

前述のとおり，経営理念は抽象的・包括的に表現されることが多い。そのため経営理念をより具体化した指導理念として，経営行動基準が必要となる。とくに企業を取り巻く環境変化が急激に進む現代においては，経営理念のみでは経営活動の指針としては不十分になってきた。また企業の社会的責任が厳しく求められるようになり，企業はステークホルダーに対して説明責任を負うようになったことも背景にある。

企業は，経営目的，経営理念，経営目標を受けて経営戦略を策定することになるが，これについては第4章で取り上げる。

1.3　経営理念による経営

「経営理念」とは，その企業の創業者あるいは経営者が事業運営にあたって持っている基本的な考え方を表したものである。すなわち，その企業は何のために存在するのか，あるいはどのようにその企業を管理・運営しようとするのかという，経営者と社員全員が共有すべき価値観や社会的使命を意味する。その企業で働く社員全員の行動の指針・方針となる概念であり，その中心に企業倫理が位置づけられる。

経営理念という言葉は，企業によっては「社是・社訓」，あるいは「**ミッション**」などと同義で用いられることもある。小野は，「ミッションの中身は『誰』のために『何』を実現しようとするのかということであり，経営者のミッションが目を向ける主な対象は，顧客，株主，従業員，社会という主なステークホルダーである」とする（小野［2000］49頁）。

短期的にみれば，これら四者の利害の間には，トレードオフの関係が存在する。しかし中長期的なダイナミックな視野に立てば，これらは必ずしも矛盾し合うとは限らない。賃金の上昇は従業員の士気を高めるだけでなく，その企業に優秀な人材を惹きつける。そこにはイノベーションが起こり，優れた新製品やマーケティングが生まれ，顧客の満足度を高める。こうして売上と利益の増大につながれば，株主にとっても配当の増加や株価の上昇につながる可能性が高い。小野は，このような中長期的な相互補完的・促進的な好循環を生み出すものが「顧客志向型ミッション」であるとしている（小野［2000］52頁）。

経営理念による経営の代表的事例として，ファスナーのグローバルリーダーであるYKKを取り上げてみよう。その高い競争力の源泉は，経営理念に基づき，ステークホルダー相互の関係を重視した事業展開を行い，同時に品質にこだわった独自技術の蓄積を進めてきたことにある（野中・遠山・平田［2010］

210頁）。

YKKの創業者である吉田忠雄は，「善の巡環」という企業精神を掲げ，社会の構成員としての企業は，社会と共存してこそその存在価値が認められ存続できるとした（図表3-2）。事業活動のなかで発明や創意工夫することで，新しい価値を創造し，事業の発展を図れば，それがめぐりめぐって顧客や取引先の繁栄につながり，社会に貢献できるという。

その精神を具体的に表しているのが，消費者，取引先関連業者，経営者・従業員への「成果の三分配」の考え方である。例えば技術革新や生産現場の工夫によりコストダウンが実現すれば，消費者の利益となる。これによって販売が増加すれば，原材料や設備などの供給業者に利益が還元され，よりよい原材料や設備がYKKに提供される。それがさらなる製品の品質向上とコストダウンをもたらす。またYKKの経営者と従業員に配分された利益は，新しい設備や技術開発に投資され新たな価値を生む。さらに顧客，関連業者，YKKの三者の発展は新たな雇用を生み出し，納税額の増加とともに地域社会に貢献する。それらがまためぐりめぐってYKKの業績を高めることになる。

YKKの経営理念は，自らの利益よりも他人の利益を優先に考えることを意味する。YKKはこれに基づき，顧客第一主義の徹底を図ってきた。YKKの主な顧客は世界的なアパレルメーカーであり，縫製工場の立地はグローバルに広

図表3-2　YKKの経営理念

YKK精神

「善の巡環」
他人の利益を図らずして自らの繁栄はない

「善の種をまいて、善を尽くしていけば、必ず善はむくわれていく。
奪うことではなく与える。与えることによって“善”は限りなく巡る。」
創業者・吉田忠雄

出典：YKKホームページ（http://www.ykk.co.jp/）。

がっている。これに対応するため，YKKもまた海外のさまざまな国や地域に工場を建設し，ファスナーの安定供給体制を整えている。海外進出を開始したのは1959年と古く，現在世界71ヵ国で事業展開している。

YKKが世界的企業になったのは，ただ理想とする理念を掲げているのではなく，それらに実践をリンクさせ，さらに継続的にしかも徹底して推進することにより，利益創出のビジネスモデルを構築できたからである（野中・遠山・平田［2010］213頁）。

ところで，YKKがアメリカに工場を建設することを決めた際，当時ジョージア州知事だったジミー・カーター元大統領が吉田忠雄の経営哲学に感銘し，同州への誘致を強力に働きかけたというエピソードが残っている。その後の2人の家族ぐるみの親交については『YKK五十年史』にも記されている。

2　企業の社会的責任

2.1　企業の社会的責任とは何か

前節では，企業の目的における社会性に注目した。企業には収益性や成長性以外にも，株主や従業員，顧客，取引先，さらには地域社会といった広い範囲のステークホルダーの利益を同時に実現することが求められている。企業の社会全体に及ぼす影響力が強大なものになってくると，社会的存在としての企業のあり方が問われるようになる。そして，ステークホルダー相互の利益を得るため，企業に責任ある行動を求める社会的な要求がますます高まる。本節では，このような企業の社会的責任について取り上げることにしよう。

企業の社会的責任の考え方は，決して新しいものではなく，日本でも1960年代から1970年代の高度成長期における公害問題などで注目を集めた。それ以降もしばしば話題として登場したが，もっぱら社会貢献活動や法令順守に関わるものであった。ところが欧米の潮流を受け，今では，「**CSR**（Corporate Social Responsibility）」という言葉が広く普及し，当初の社会的責任に比べはるかに広い概念をカバーするようになっている。すなわち，法令順守を最低ラインとして，環境対策，雇用における公正，女性の登用，人権問題や製品の品質と安全性，投資家や顧客に対する情報公開，さらにはソーシャルビジネスなどを含めて議論されるようになった。

それではCSRとはどのように定義されるのであろうか。これについては明確なものはなく，その理解は研究者や企業関係者などの間でもかなりの幅がある。原因は時代的背景や国・地域によって企業と社会の関係が異なり，また株主，従業員などステークホルダーの立場の違いにより企業に期待する役割が異なるためである。

谷本はCSRを，「企業活動のプロセスに社会的公正や環境への配慮などを組み込み，ステークホルダー（株主，従業員，顧客，環境，コミュニティなど）に対しアカウンタビリティを果たしていくこと。その結果，経済的・社会的・環境的パフォーマンスの向上を目指すこと」と定義している（谷本［2004］5頁）。

日本経団連は2010年改訂の「企業行動憲章」の序文で，企業はCSRを率先して果たす必要があるとしたうえで，「これまで以上に消費者の安全確保や環境に配慮した活動に取り組むなど，株主・投資家，消費者，取引先，従業員，地域社会を始めとする企業を取り巻く幅広いステークホルダーとの対話を通じて，その期待に応え，信頼を得るよう努めるべきである」としている。

他にもさまざまなCSRの定義や考え方が提示されているが，共通するキーワードとして，「トリプルボトムライン（経済，社会，環境）」と「ステークホルダー」の２つを挙げることができる。トリプルボトムラインという言葉は，1997年にイギリスのサステナビリティ社のジョン・エルキントンが提唱した造語だが，今やCSRを語るうえで必要不可欠な概念となっている。

次に，これまでの議論を踏まえて，CSRの具体的内容についてみておこう。谷本は，図表３-３のようにCSRを３つの次元の活動に分類している。

狭義のCSRは①の経営活動のあり方に関するものであり，株主，従業員，消費者・顧客，環境，地域社会などすべてのステークホルダーを考慮に入れている。広義では，さらに②の社会的事業と③の社会貢献活動も含まれる。本章でCSRという場合は，①から③までを含む広義でとらえている。

図表３-３　CSRの３つの次元

■ CSR＝企業経営のあり方そのものを問う	
①経営活動のあり方	経営活動のプロセスに社会的公正性・倫理性，環境や人権などへの配慮を組み込む→〈法令順守・リスク管理の取り組み〉と〈企業価値を創造する積極的取り組み〉（＝イノベーティブな取り組みの必要）
	環境対策，採用や昇進上の公正性，人権対策，製品の品質や安全性，途上国での労働環境・人権問題，情報公開など
■ 社会的課題への取り組み：社会的事業	
②社会的事業	社会的商品・サービス，社会的事業の開発→〈新しい社会的課題への取り組み〉（＝社会的価値の創造：ソーシャル・イノベーション）
	環境配慮型商品の開発，障害者・高齢者支援の商品・サービスの開発，エコツアー，フェアトレード，地域再開発にかかわる事業
③社会貢献活動	企業の経営資源を活用したコミュニティへの支援活動→〈戦略的フィランソロピーへの取り組み〉
	金銭的寄付による社会貢献，製品・施設・人材などを活用した非金銭的な社会貢献，本業を活用した社会貢献

出典：谷本［2014］９頁。

2.2　日本におけるCSR

それでは，もう一度日本におけるこれまでのCSRの状況について振り返ってみよう。前述のとおり，1960年代から1970年代には，公害問題や不祥事の頻発によって大企業に対する批判が高まり，社会的責任ブームが起こった。しかし石油ショックから低成長期に入って以降は，ブームも急速に終息していった。その後も企業不祥事は絶えることがなかったが，「企業の社会的責任」について議論されることは少なくなり，それに代わって「企業倫理」という言葉がしばしば使われるようになる。

1980年代から1990年代初めにかけては，バブル景気を背景に大企業の儲けすぎに対する批判が続出した。そのため企業は，利益の一部を還元すべきという社会的な期待に応えるため，寄付など社会貢献を意味する「フィランソロピー」や文化芸術支援を意味する「メセナ」に積極的に取り組んだ。1990年には利益の１％相当額以上を社会貢献活動に支出する「１％（ワンパーセント）クラブ」や企業メセナ協議会が設立された。しかし1990年代に入りバブル経済の崩壊とともにフィランソロピー・ブームも終焉を迎えた。

1990年代後半以降，雪印乳業の乳製品の集団食中毒，三菱自動車のリコール隠し，東京電力の原子力発電所のトラブル隠しなど，それまでの多くの企業による不祥事とは異なり，単なる法律違反では済ますことのできない事件や事故が頻発するようになった。このような企業不祥事をきっかけに，再び企業の社会的責任がクローズアップされるようになった。

もっとも，2000年代に入り，企業の社会的責任の概念が「CSR」という言葉で意識されるようになった背景には，欧米におけるCSRブームや持続的発展を求めるグローバルな潮流がある。EUでは欧州統合がもたらした失業や貧困などのマイナスの影響に対する取り組みが頻繁に議論されるようになっていた。またグローバリゼーションの進展に伴う環境問題の拡大や貧困，失業，人権などの社会問題がしばしば国連など国際的な場で議論されている。1999年には，国連のアナン事務総長が企業に自主的な社会的責任体制の構築を求める「グローバル・コンパクト」を提唱し，人権，労働，環境の３分野での企業が守るべき原則を示した。

バブル経済の崩壊以降，日本企業のグローバル化が急速に進み，売上高に占める海外比率が高まるとともに，進出先の欧米や発展途上国において，日本企業もグローバル市場で求められるようになった環境や貧困，失業，格差，人権などの社会問題への取り組みを無視することはできなくなった。

このような企業を取り巻く環境の変化を背景に，日本においてもCSRが広範に問われるようになった。企業に期待される役割は，単なる企業不祥事に対するコンプライアンスのレベルを超え，グローバルな市場社会における社会的に責任ある企業としての行動であり，「財務面のみならずCSRを含めたトータルな企業価値をいかに高めていくのか」が問われるようになった（谷本［2004］２頁）。

2003年には経済同友会が『「市場の進化」と社会的責任経営』という企業白書を発表するなど，企業の社会的責任の概念について産業界を中心に本格的な議論が開始された。またリコーやソニーなどの先進企業をはじめ，さまざまな企業でCSRの専任部署やワーキンググループが設置されるなど，2003年は「日本のCSR元年」と呼ばれる年となった。

2000年代半ばから後半にかけては，企業によるCSR担当部署の設置，CSR報告書の発行，CSR担当役員の配置など，CSRの社内制度化が急速に進んだ。しかし各企業の対応をみると横並び的なものが多く，「CSRのブームが広がる一方で何が最適な方策なのかが見えない中，多くの企業は業界内外のベストプラクティスを取り入れていた」（谷本［2014］92頁）。

ところが2010年に入る頃からは，CSRを経営プロセスに組み込んだり，持続可能な社会づくりに貢献していこうとする企業の姿勢が徐々に広がっている。その背景には3つの要因があるといわれる。第1が，社会的責任を果たしている良い企業を選別し投資しようするSRI（社会的責任投資）とそれに関連する企業の格付けの動きである。第2は，企業とそれを取り巻くステークホルダーの関係が変化しており，「モノ言う株主」に代表されるように，ステークホルダーがより行動的になり，企業のCSR活動を推進する役割を果たしたり，場合によっては取り組みの遅れた企業や法令に違反した企業を批判したりする役割を果たすようになった。そして第3が，国際標準化機構（ISO）による「ISO26000」などCSRの規格化の動きである。

2.3 CSRの進化

これまで，環境保全，人権問題，貧困対策などの社会的課題の多くは政府が取り組むものとされていた。しかし東日本大震災の復興支援，社会的格差の是正，女性の地位向上など，多様化し相互に絡み合っていく課題の解決には行政の力だけで対応できるものではなくなってきた。その解決のためには，政府，企業，地域社会が力を合わせて取り組む必要がある。なかでも組織力や資金力を持つ企業への期待はますます高まっている。

一方で，経済のグローバル化の進展により，企業のビジネス活動が及ぼす影響の範囲も急速に拡大している。これに伴い，株主や消費者，従業員などこれまで自国を中心に比較的狭い範囲でとらえてきた社会的責任の概念が，自国から遠く離れた地域の環境や雇用，人権にも広がっている。今や人権など日本的感覚でとらえていては，人権侵害で訴えられ，巨額の損害賠償を請求されるケースも発生しており，対応を誤ると大きなリスクを負うことになる。地域ごとに異なる社会的責任の問題に的確に対応する能力が，リスク・マネジメントの観点からも，CSRの次の段階として日本企業に求められているのである（岩井・小宮山［2014］202頁）。

今後企業に求められるのは，CSR活動に自社の高い問題解決能力を活かして，率先して社会的な課題に取り組むことである。そこから新しいビジネスチャンスを獲得し，技術やサービスを高め，優れた人材を育成・確保することで，経営的にも競争優位性を獲得できる（岩井・小宮山［2014］28頁）。

これについて岡本は，企業は「収益性・成長性といった目標と一貫性を持った戦略的なものと考え，CSR活動を行なっていく必要がある」としている。すなわち，これまでの日本企業の社会的責任の考え方は，利益の一部を社会に還元すべきだというような収益性や成長性の下位目標であったが，今や超長期的な経営戦略の一部としてとらえる必要がある。それにより，企業イメージの向上，取引先との関係の改善，優秀な人材の確保など，さまざまなメリットを期待できる（岡本・古川・佐藤・馬場［2012］267頁）。

現状をみると，今なお多くの企業ではCSRに関わる課題については「実行すること」が優先されており，経営戦略の一部に取り込まれることはまれである。しかし環境など日本企業の得意とする分野では，社会課題の解決と企業活動の統合が実現しつつある。

ポーター（Porter, M.E.）は，企業の社会貢献活動と競争優位に注目し，CSV（共通価値の創出）として，CSRを戦略的ビジネスプロセスと統合させることを提唱している（ポーター［2011］）。これについては次節（3.3項）であらためて取り上げることにする。

3　CSRの新たな展開

3.1　企業倫理における「価値の転換」

企業が社会的責任を果たし，社会でのレピュテーション（評判）を高めていくためには，経営者が崇高な企業倫理に基づいた意思決定を行う必要がある。

すなわち，CSRと企業倫理は切り離せない関係にあるという認識が定着している。しかし，このような考え方が広く受け入れられるようになったのはごく最近のことである。

1980年代以降，アメリカでは頻発する企業不祥事をきっかけに，企業経営の根底となる倫理観や価値観についての認識に変化がみられるようになった。このような不祥事のもたらす社会的損失は膨大なものであり，アメリカの経営者たちは，そうした状況を未然に回避するために「**バリュー**（倫理的な価値観）」を組織内に浸透させることの重要性を自覚するようになった。これをペイン（Paine, L.S.）は「バリューシフト（価値の転換）」という言葉で表現している。ペインは倫理に関するテーマは，次第に経営の指針に取り込まれ，「善悪の基準にとどまらず，自社の企業価値，企業文化へと関心を広げていく」と指摘する（ペイン［2004］19頁）。今やバリューは企業の成功に不可欠なものとなっている。

ペインは，経営者がバリューに注目すべき理由は４つに集約されるという（ペイン［2004］28-51頁）。

第１に，危機管理である。会社ぐるみの不正行為，すなわち会社の利益のために会社の名のもとに行われる不正行為を未然に回避するためには，バリューを組織に浸透させる必要がある。企業倫理が目指すのは，事後的な不祥事対応の危機管理ではなく，バリューに基づく経営の徹底によるものである。

第２に，正しく機能する組織を作るためにバリューが必要である。バリューは社員の協調を促し，責任感を喚起し，創造性や革新性を育て，肯定的な自己イメージのもとに組織を活性化させる。顧客やサプライヤーや競争相手など，社外での関係も含め組織を円滑に運営していくためには，敬意，誠実，公正な取引といった価値観を組織内に根づかせることが重要である。

第３に，自社が市場で同業他社と対等に競合していくためには，自社のアイデンティティを確立し，顧客やサプライヤーなどさまざまなビジネスパートナーの信頼を得る必要があり，そこでのバリューの重要性に着目する。とくに，グローバル化に伴い海外市場で地位を確立するためには，高品質の製品やサービスの提供が求められる。それを支えるものは，労働者の質であり，勤勉さ，責任感など倫理的な価値観なしには得られない。

第4に，自社の評価を市場だけでなく地域社会全体で確立することは重要な課題であり，そのためには企業の社会的責任や企業市民としてのバリューの確立が必要である。NGO，NPOの台頭やさまざまなステークホルダーの要求に対し，企業は対応する必要がある。今や企業の評価は経済的な側面だけでなく，倫理，社会貢献，環境問題や人権問題への対応なども含む総合的な基準に基づいて行われるようになっている。

3.2 コンプライアンス型から価値共有型へ

価値観の変化を背景に，1990年代半ばになると，アメリカ企業による倫理の制度化が広範に行われるようになる。中村によれば，「その発端にはいわゆる危機管理的な発想からの法令順守に主眼をおく**コンプライアンス型**と呼ばれる企業倫理の制度化手法があった」（中村［2007］7頁）。

1991年発効の組織的不正行為の刑事罰に関する「連邦量刑ガイドライン」の制定などの法改正を受けて，多くの企業が倫理規定を設けるようになった。

しかしこれらは，外部強制的な制度であり，しかも詳細な禁止条項，すなわち「べからず」主体の後ろ向きで消極的な価値観に基づくものであったため，倫理意識の定着にはおのずと限界があった。

さらにこの時期，アメリカの大企業は相次いでグローバルな展開を拡大しており，さまざまな文化や伝統を持ち，商習慣や法体系も異なる海外の支社や子会社にも倫理プログラムの浸透を図る必要が出てきた。そしてよりシンプルでわかりやすい管理の必要性が高まり，グローバル社会においても，もはやアメリカ国内の法体系を前提としたコンプライアンス型の倫理理解では対応しきれない状況となっていた。

その結果，単なる不祥事対策としての企業倫理のとらえ方に代わり，組織機能の強化，組織活性化や人材育成，さらには企業を取り巻くさまざまなステークホルダーへの責任遂行や社会的な信頼構築などを重視する，より自発的で前向きな取り組みとしての**価値共有型**の倫理観が重要性を増してきた（中村［2007］7－8頁）。

それでは，価値共有型の特徴とはどのようなものであろうか。ペインはこれを「誠実さ（integrity）を目指す戦略」と呼んでいる。誠実さを基盤とする企業は，悪い行動を防止することに重点を置くよりも，責任ある行動を促すことに重点を置く。そのために必要な倫理基準は，経営者によるリーダーシップとそれを支える組織体制，運営システム，意思決定プロセスを通じて組織内に浸透し，共有・維持される（ペイン［1999］81頁)。

こうしてコンプライアンス型から出発したアメリカ企業における企業倫理の制度化は，価値共有型へと進化を遂げ，企業社会全般の変革を促す力となりつつある。

次に，日本の状況についてみてみよう。日本では1990年代に入ってもさまざまな企業の不祥事が続発し，その結果，金融業界などを中心に官庁主導のコンプライアンス体制の強化が加速した。当時の企業倫理は企業不祥事に対する危機管理ととらえられ，あるいは社会貢献と同義と誤解されることも多かった。

前述したように，1990年代後半以降はそれまでの企業不祥事とは異なり，単なる法律違反では済ますことのできない事件や事故が相次いで発生した。こうした状況のなかで，これまでのコンプライアンス型による対応の限界が意識されるようになり，価値共有型の対応を模索する先進的企業も現れるようになった。

またバブル崩壊をきっかけに，伝統的な日本的経営システムや政府による競争制限的な諸規制に対し改革を求める国内外からの圧力が強まるとともに，企業とステークホルダー間の関係も変化している。さらに日本企業の急速に進むグローバル化がそれを加速し複雑化するなかで，倫理的価値観や社会的責任の重要性についての理解と認識が徐々に進んでいった。

経済同友会による企業白書『「市場の進化」と社会的責任経営』の発表をきっかけに，CSRへの転換を図る企業が多数出現することになる。企業では，専任担当部署が設置され，倫理綱領，行動基準，行動指針など倫理的価値基準を示す文書が相次いで作られた。

しかし形式的な制度化は進んだが，業界内のベストプラクティスに従おうという横並び的な意識によるものも多く，それらを効果的に支える組織体制や説明責任などの面では依然不十分な状況といわざるを得ない。また大企業の子会社や中小企業では制度化そのものが行われていない状況もあり，そこでの不祥事に対し親会社や発注元の大企業の責任が問われるという事態が発生している。

今後は，大企業を中心に価値共有型の倫理観に基づくシンプルでわかりやすい形の制度化を中小企業も巻き込んだ形で普及させることが課題となろう。

3.3 CSRからCSVへ

前節で述べたように，近年，ビジネスの手法によって社会問題を解決しようとする新たな動きが広まっている。ポーターの提唱する**CSV**（共通価値の創出）の概念によれば，社会的価値と経済的価値は相反する概念ではなく，両立することによって企業は新たなビジネスチャンスをつかむことができるという。ここでは，CSVについてこれまでのCSRとの違いについても触れながらみていこう。

ポーターによれば，「共通価値（shared value）」の原則とは，「社会のニーズや問題に取り組むことで社会的価値を創造し，その結果，経済的価値が創造される」ことをいう。共通価値はCSRでもなくフィランソロピーでも持続可能性でもない。また企業活動の周辺ではなく中心に位置づけられるものである（ポーター［2011］）。

現在われわれが直面するさまざまな社会問題に対して，慈善活動ではなく，あくまで事業として取り組むことが何より効果的である。企業本来の目的は，単なる利益ではなく共通価値の創出と再定義すべきである。すなわち，経済的価値と社会的価値を全体的に拡大することである。これによりイノベーションが生まれ，生産性の向上がもたらされる。図表３-４は，CSRとCSVの違いを比較したものである。

それでは共通価値とは実際どのように生み出されるのであろうか。ポーターによれば，企業は社会的価値を創造することによって経済価値を創造できるとし，その方法として次の３つをあげている（ポーター［2011］14頁）。

⑴ 製品と市場を見直す。

⑵ バリューチェーンの生産性を再定義する。

⑶ 企業が拠点を置く地域を支援する産業クラスターをつくる。

⑴の製品と市場を見直すとは，健康，住宅整備，栄養改善，高齢化対策，金融の安定，環境負荷の軽減などの社会的ニーズを満たす製品やサービスを提供

図表3-4　CSRとCSVの違い

CSR (Corporate Social Responsibility)	CSV (Creating Shared Value)
▶価値は「善行」	▶価値はコストと比較した経済的便益と社会的便益
▶シチズンシップ，フィランソロピー，持続可能性	▶企業と地域社会が共同で価値を創出
▶任意，あるいは外圧によって	▶競争に不可欠
▶利益の最大化とは別物	▶利益の最大化に不可欠
▶テーマは外部の報告書や個人の嗜好によって決まる	▶テーマは企業ごとに異なり内発的である
▶企業の業績やCSR予算の制限を受ける	▶企業の予算全体を再編成する
▶たとえば，フェア・トレードで購入する	▶たとえば，調達方法を変えることで品質と収穫量を向上させる

出典：ポーター［2011］29頁。

することである。とくに先進国では社会的ニーズに対応した製品やサービスへの需要は急拡大している。例えばトヨタ自動車の「プリウス」に代表されるハイブリッド車や，日産自動車の「リーフ」などの電気自動車や燃料電池車は，走れば走るほどそれらがなかった場合に比べてCO_2の排出量の減少につながり，結果として地球環境の保全につながる。

(2)のバリューチェーンの生産性を再定義することの例として，キリンビールを取り上げてみよう。キリンビールは，環境負荷の低減と顧客の使いやすさを考え，包装容器の軽量化に取り組んできた。国内最軽量のビールびんの独自開発により約２割の軽量化に成功した。また缶の上蓋の小口径化，缶胴の薄肉化を進めて約29％の軽量化を実現した。これにより原材料の使用量の削減だけでなく，パッケージの軽量化・小型化により，１台のトラックへの積載量が増加した結果，使用トラック台数の減少とCO_2排出量の削減を実現した。事業活動におけるコストダウンと社会課題の解決を同時に達成した例である。

(3)については，企業は自社の生産性を高めるためにクラスターを形成し，かつクラスターのビジネス環境を改善することで共通価値を創造できる。例えばネスレは，コーヒー栽培地での生産効率と品質向上を支援するため，農業，技術，金融，ロジスティクス関連の企業を立ち上げた。また製粉施設の建設に資金援助したり，農業組合の強化やカカオ豆の育成技術の教育プログラムなどの支援も行っている。これにより現地に産業の集積が実現し，その過程で収穫量の安定化を通じネスレの生産性も向上した。企業の成功と地域社会の発展が結びついた例である。

このような開発プログラムを成功に導くためには，業界団体，政府機関，NGOだけでなく，民間部門の同業他社との協働も重要となる。今後，共通価値の創出を目指し，企業の力だけでなく，営利と非営利，官と民の高次元の新たなコラボレーションが生まれるだろう。さらにこれらの共通価値を創出するための3つの方法を統合することによって，より高い相乗効果を期待できることから，戦略的に推進する企業も現れている。

今や社会的価値の創造を通じて経済的価値を創造する機会は，グローバル経済成長のための最も重要な要因の1つと考えられる。ポーターは，「あらゆる企業がそれぞれに自らの事業と密接に関連する共通価値を追求すれば，社会全体の利益にかなうだろう」と主張している（ポーター［2011］30頁）。

Let's Try !

□①興味のある企業について，CSRやCSVの観点からどのように社会的責任を果たしているか調べてみよう。

□②企業理念や倫理的価値観（バリュー）に基づく経営について，評価の高い企業を調べ，その特徴を比較してみよう。

さらに深く学ぶためにお薦めの本

- 岩井克人・小宮山宏［2014］『会社は社会を変えられる』プレジデント社。
- 谷本寛治［2014］『日本企業のCSR経営』千倉書房。
- ペイン［2004］『バリューシフト―企業倫理の新時代』毎日新聞社。

第4章 経営戦略の策定

Topic

環境適応と経営戦略：自動車会社の盛衰

アメリカで自動車産業が産声を上げたのは1893年。当時，自動車はまだめずらしく，価格も平均世帯の年収の約２倍と高く，金持ちの贅沢品とみなされていた。こうしたなか，フォードの創設者Ｈ．フォードは，1908年にＴ型車を世に出した。この自動車は，色は黒のみで，型式も１種類だけだったが，価格は業界平均の半値で，さらに年を追うごとに安くなったので，爆発的に売れ，大衆の乗り物として普及した。Ｔ型車を大量生産したフォードは，従業員15万人を抱える巨大企業に成長・発展した。

しかし，1920年代の半ばになると，アメリカの家庭は豊かになり，大半が自動車を所有し，次に購入する車は，少し価格が高くてもスタイルのよい高級感のある車を求めるようになった。この消費者の心理に目をつけたのがGMのＡ．スローンである。彼は「あらゆる財布と目的にあった」多様な自動車を提供する戦略を展開した。この戦略が功を奏して，GMは1926年から1950年にかけて販売台数を大幅に増やし，市場シェアも20％から50％へと上昇させた。ここに，GMとフォードの地位は逆転し，GMはアメリカの自動車市場でNo.１の地位に君臨し続けることになる。

ところが，1970年代になると，日本の自動車がアメリカ市場で人気となり，同国の自動車メーカーの地位を脅かすことになる。1973年の石油危機を契機に，アメリカの消費者は燃費がよくて耐久性に優れた日本車に群がった。日本の自動車メーカーはアメリカの消費者の心をつかんだのである。ちなみに，2007年にはトヨタ自動車の年間の販売台数はGMを抜いて世界一になった。

1 経営戦略の意義と重要性

1.1 環境変化と経営戦略

今日の企業にとって，「**経営戦略**」（corporate strategy）は極めて重要で，それはまさに企業の盛衰を左右するものとなっている。しかし，経営戦略とは何か。それはなぜ企業経営において重要になり，いつ頃から企業で公式に策定されるようになったのか。また，それはいつ頃から学者や実務家の間で議論されるようになったのか。本章では，こうした点を踏まえて，経営戦略の策定に関わる諸課題についてみていくことにする。

「**戦略**」（strategy）という言葉は，もともと軍事用語で，その語源をたどると，ギリシア語のstategosからきており，将軍の術という意味がある。それが英語のstrategyとなり，日本語で戦略と訳されるようになった。軍事の領域では，古代中国の孫子の兵法や18世紀のドイツの将軍，クラウゼヴィッツ（Clausewitz, C.P.G.）の『戦争論』が有名で，したがって，ビジネスの世界ではそれらは今でも人気がある。

この戦略という言葉が企業経営に導入されるようになったのは，1960年代である。それはどうしてか。その最も大きな理由は，1960年代から企業を取り巻く外部環境に大きな変化が生じるようになったからである。

企業は，生物と同様に，真空のなかでは生存できず，外部環境の変化とともに生存・発展する。その意味では，企業にとっては，外部環境とは閉鎖的な「クローズド・システム」ではなく，むしろ外部環境に対して開放的な「オープン・システム」であるといえる。例えば，製造業の企業活動についてみると，外部の購買市場から原材料を入手し，それをもとに製品を製造（加工）して，その後その製品を外部の販売市場に売りに出す，という活動を行っている。原材料の入手先も，製品の販売先も，企業にとっては外部環境である。したがって，企業は外部環境との関係を持たなければ，その活動を行えないのである。

このように，企業と外部環境とは，基本的に密接な関係があるにもかかわらず，1960年代頃まで多くの企業はその環境に大きな関心を払ってこなかった。

近代企業が大規模化し，その組織構造が複雑化し，多様な人々が働くようになるにつれて，多くの企業の関心はその効率的な管理に置かれることになった。企業の内部の問題に関心が置かれたのである。経営学者の研究対象も企業の内部の管理問題にあった。

しかし，1960年代に入ると，企業を取り巻く外部環境に大きな変化がみられるようになった。まず，欧米諸国の経済が発展し，市場や産業が成熟化すると，企業は既存の製品や事業だけでは成長を望めなくなり，新たな製品や事業の開発が必要になってきた。また，企業の利害関係者（stakeholder）の要求も増大するようになると同時に，消費者団体や地域住民など，新たな利害関係者も登場した。さらに経済や技術の分野だけではなく，政治的な出来事や社会・文化の領域の問題も企業にインパクトを与えるようになった。加えて，各国の経済の国際化の進展につれて，国際ビジネス環境も視野に入れなければならなくなった。

それだけではない。企業の外部環境の変化の度合いやスピードも増すようになった。この結果，外部環境の変化に不確実な要因が多くなり，また過去の出来事とは関係のない出来事が生じるという，「不連続」な変化もみられるようになった。

このように，1960年代から，企業を取り巻く外部環境が大きく変化すると，企業は好むと好まざるにかかわらず，その変化を考慮し，それに対応する経営を行わなければならなくなった。加えて，企業はゴーイング・コンサーン（going concern：継続企業）であるので，将来を見据えたうえで，その持続的な発展や成長を目指さなければならない。こうして，企業には将来を見据えたうえで，外部環境の変化に対応する経営が大きな課題になった。これが企業において経営戦略の策定が必要になってきた理由である。したがって，経営戦略とは何かといえば，それは「環境変化に対する企業行動に一定の方向性や指針を提供する方策」と定義づけることができる。

この経営戦略の定義からわかるように，それは企業の将来のかなり長期にわたるトップマネジメントの意思決定に関わるものである。その意味では，経営戦略は短期で定型的な日常業務の効率化に関わる「戦術」（tactics）とは性格を異にするものである。それは，まさに企業の命運を左右するトップマネジメントの最重要課題といっても過言ではない。

しかしながら，実際の企業のトップは，このような経営戦略の策定に多くの時間とエネルギーを注いでいるかといえば，必ずしもそうとはいえない。大半のトップマネジメントは，定型的な日常業務に忙殺され，経営戦略の策定と実行に多くの時間とエネルギーを割くことができないのが実情である。このため企業経営においても，「悪貨が良貨を駆逐する」というグレシャムの法則が左右し[1)]，企業の業績が徐々に悪化し，企業存亡の危機に見舞われる事態に陥ることも少なくない。

1.2　経営戦略論の生成と発展

現実の企業経営において，企業の将来の方向性を決定する経営戦略の重要性が増すにつれて，アメリカにおいて，1960年代からその研究がみられるようになった。まず，ハーバード・ビジネス・スクールで，「ビジネス・ポリシー」（business policy：経営方針）という科目が設置され，主に企業の事例分析を通じて企業の幹部候補生を養成する教育が始まった。これが経営戦略研究の始まりである。しかし，この段階ではまだ経営戦略という言葉が使われなかった。

経営戦略という言葉が多くの関心を集め，本格的に研究が開始される契機となったのが，チャンドラー（Chandler, A.D.Jr.）の研究である。経営史の研究家であったチャンドラーは，デュポン，GM，スタンダード・オイルなど，アメリカの大企業4社の成長プロセスを歴史的に研究し，1962年に『経営戦略と組織』（*Strategy and Structure*）を著した。この研究で彼は，企業の成長方式と組織構造には密接な関係があることを発見し，「組織は戦略に従う」（structure follows strategy）という有名な命題を提唱した。ここで彼は戦略を，「企業体の基本的な長期目的を決定し，これらの諸目的を遂行するために必要な行動方式を採択し，諸資源を割り当てること」と定義した（チャンドラー［1967］29頁）。

次に，企業の実践的な立場から経営戦略の重要性を指摘し，その体系的な理論を展開したのがアンゾフ（Ansoff, H.I.）であった。彼は企業における経営者の意思決定に注目して，それを戦略的決定，管理的決定，業務的決定の3種類に区別し，「企業と環境との関係を確立する決定」である戦略的決定こそが重要であると主張した（アンゾフ［1969］4-8頁）。しかし，戦略的決定は他の意思決定と比べると，非反復的で不確実性にさいなまれており，経営者にとっては極めて難しい。だが企業の外部環境に大きな変化が生じるようになったアメリカ企業の成長にはその決定が不可欠である，とアンゾフは考えた。

第2次世界大戦後のアメリカは，経済成長によって豊かな社会になったが，一方において，多くの製品分野が飽和状態になっていた。このため，企業は既存の事業を継続するだけでは，その成長を期待することができない。そこでアンゾフは，新たな事業または製品・市場の開拓，すなわち多角化の必要性を訴えることになった。1965年に出版された彼の著書『企業戦略論』（*Corporate Strategy*）を契機に，ビジネス界に経営戦略ブームが起きると同時に，学界でも経営戦略の研究が本格的に行われるようになった。

1970年代になると，企業の多角化が進展するとともに，事業ごとに収益性や成長性にバラツキがみられるようになってきた。このため，多角化した事業をいかに管理するかという問題が浮上した。この問題にいち早く取り組んだのが，世界で最も多角化した大企業の1つであったGEである。同社はボストン・コンサルティング・グループの開発した「プロダクト・ポートフォリオ・マネジメント」（Product Portfolio Management：PPM）という手法を導入し，多角化した事業への経営資源の合理的な配分を決定した。PPMは，後述するように，企業を複数の事業からなるポートフォリオ（資産一覧表）ととらえ，企業の成長や存続の視点から，各事業・製品への資源の配分の必要性や優先度を決定するというものである。

このPPMの登場をきっかけにして，その後経営戦略の策定に関する手法が次々と開発され，このような「分析型戦略論」と呼ばれる戦略思考が全盛期を迎えた2)。しかし，1980年代になると，そのような分析的な戦略策定に対して疑問が提示され，新たな経営戦略論が登場した。経営戦略の策定と実行の両局面を担う組織や人々に光を当て，その視点から経営戦略の諸問題にアプローチしようとするものである。

その代表的な研究がピーターズ（Peters, T.J.）＆ウォーターマン（Waterman, R.H.）の『エクセレント・カンパニー』（*In Search of Excellence*）である。彼らは1960 年から1980年までの20年間にわたって高い業績と革新性を発揮した世界の超一流企業43社について研究し，そうした企業には共通の特性があることを明らかにした。その特性とは，①行動の重視，②顧客との密着，③自主性と企業家精神，④ヒトを通じた生産性向上など，組織やそのメンバーに関わるものであった[3)]（ピーターズ&ウォーターマン［1983］46-49頁）。

一方，1980年代に入り，アメリカにおいて企業間競争がいっそう激化するようになった。とりわけ，アメリカ企業は日本企業の攻撃にさらされ，敗北するケースもみられた。このため，アメリカの産業界で企業の復活や競争優位の構築についての議論が始まり，経営戦略に競争優位を取り込む考えが出てきた。ここに企業の競争戦略に関する研究が始まり，その代表的な研究者としてポーター（Porter, M.E.）が登場した。

ポーターは，1980年に『競争の戦略』（*Competitive Strategy*）を著し，企業の競争優位の確立について議論を展開した。彼によれば，企業が競争優位を確立するには，一方で自社の産業における地位の分析（競争要因の分析）が必要であるとともに，他方でその産業内での地位を高める戦略（基本戦略）が必要になる。後者の戦略にはコスト・リーダーシップ戦略，差別化戦略，集中戦略があるとした（ポーター［1982］55-62頁）。

このポーターの競争戦略論に対し，その後ルメルト（Rumelt, R.P.）やワーナーフェルト（Wernerfelt, B.）らが提唱した資源ベース論と称される戦略論が登場する。その資源ベース論の代表的な研究者の１人であるバーニー（Barney, J.B.）は，企業が持つ経営資源こそが競争優位の確立に重要であるとして，資源の持つ⑴経済的価値，⑵希少性，⑶模倣困難性，⑷組織能力の４つの特性に注目した（バーニー［2003］250-271頁）。この資源ベース論における議論は，さらに経営資源を活用する組織能力へと移り，「コア・コンピタンス」や「ケイパビリティ」などの新しい概念をも生むこととなった。

1.3　経営戦略の諸局面

今日の企業には，経営戦略の策定と実行が不可欠になっており，またその研究も急速に進展しているが，実際に経営戦略を策定・実行する段階になると，いくつかのレベルの戦略が必要になる。このため，現実の企業には複数のレベルの戦略が策定されることになる。大企業の場合，一般に複数の事業を展開し，その組織構造も階層化しているので，経営戦略も図表4-1に示すように，「全社戦略」（corporate strategy），「事業戦略」（business strategy），「機能別戦略」（functional strategy）というように階層化している。

全社戦略とは，企業の最も上位に位置し，企業全体の活動を対象とする戦略である。企業全体として，どのような方向性に基づいて，どのような事業を展開するかを決めるのが，この戦略レベルの課題である。したがって，この戦略レベルでは，具体的には環境変化に対応して，「事業ドメイン」と「事業ポートフォリオ」の決定が課題となる（3.1項，3.2項，3.3項参照）。

事業戦略とは，個々の事業分野ごとの戦略である。企業の各事業部はその事業，あるいは製品・サービスでいかに競争優位を獲得するかを課題にしている。したがって，このレベルの戦略は競争戦略と同じ意味であると解釈されることもある。

全社戦略や事業戦略がそれらの目標や課題を実現していくためには，各機能部門の支援を不可欠としている。この機能部門の戦略が**機能別戦略**であり，それには研究開発戦略，生産戦略，マーケティング戦略，財務戦略，人事戦略などがある。

このように，経営戦略は3つのレベルの戦略からなるが，それらはそれぞれが独立したものではなく，相互に密接に関連し，補完する関係にある。全社戦

図表4-1　経営戦略の階層

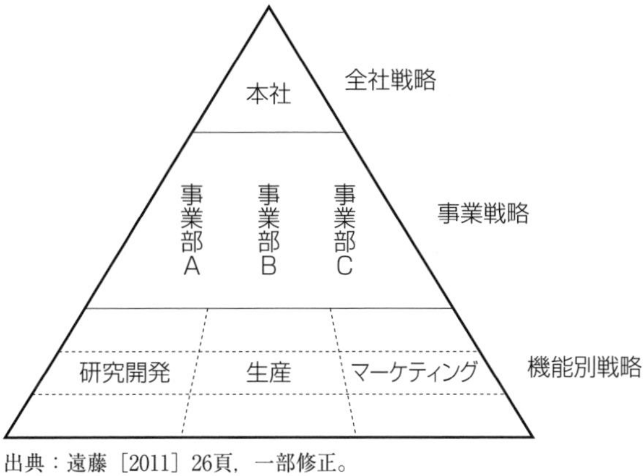

出典：遠藤［2011］26頁，一部修正。

略を策定・実行させるには事業戦略の策定と実行が不可欠で，またそれぞれ機能別戦略の協力や支援を必要とする。もし，この３つの戦略がそれぞれ独立しており，バラバラであれば，経営戦略に一貫性や整合性がなくなり，それ自体機能不全に陥る。例えば，企業が全社戦略として，富裕層の市場拡大を目標にして，高級品に力を入れると決定したにもかかわらず，販売部門では売れ筋の低価格品で勝負したいと考えたら，全社戦略は実行できなくなるであろう。こうして，全社的には経営戦略の階層間の一貫性や整合性をどのようにとるかということが大きな経営課題になる。

ところで，このような経営戦略は，一般に将来の実現を意図して，企業のトップマネジメントが策定する計画的なものと考えられてきた。とりわけ，全社戦略や事業戦略はそのように考えられてきた。このような戦略は「計画的戦略」（planned strategy）と称される。しかし，現実的には経営戦略のなかには，必ずしもこのような形で実現されるとは限らないものもある。企業のなかで実際に実現された戦略のなかには，最初からトップが意図したものではなく，企業内の１つ１つの行動が蓄積され，学習する過程で，さまざまなアイデアが浮かび上がり戦略的なものとなるものもある。このような戦略をミンツバーグ（Mintzberg, H.）は「創発的戦略」（emergent strategy）と呼んでいる。この種の戦略はトップダウンというより，むしろ組織の下から上がってくるボトムアップの性格のものである。

経営戦略の策定には，この２つの方法があるが，現実にはそのうちのどちらが正しいかとはいえず，実際にはその２つが併存しているのが実態である。ミンツバーグはいう。「一方的に計画的で，まったく学習のない戦略はほとんどない。しかしまた，一方的に創発的で，コントロールのまったくない戦略もない。現実的な戦略はすべてこの２つを併せ持たなければならない。つまり，戦略は計画的に策定される，と同時に創発的に形成されなければならないということだ」（ミンツバーグ［2013］12-13頁）。

2　経営戦略の策定

2.1　経営戦略の策定プロセス

さて，経営戦略はどのような手順で策定されるのであろうか。また，それにはどのような課題があるのか。これは経営戦略の策定プロセスの問題である。そこで次に，この問題について説明していくことにしよう。経営戦略の策定プロセスについては，これまでさまざまな研究者によって取り上げられ議論されてきたが，一般的には図表4-2に示すようになる。

まず，出発点として経営理念・ビジョンを構築する。これは企業の経営活動の基盤となるものである。次に，企業の将来の達成すべき経営目標を設定する。この目標の達成には手段が必要になるが，その手段が経営戦略にほかならない。しかし，良い経営戦略を考えるためには，企業の外部環境と内部環境の分析が必要になる。これは企業を取り巻く外部環境が将来どのように変化するのか，またその変化に対応するには，企業内にどのような経営資源や能力があるのかについて分析することである。

これによって，企業は外部環境の変化に伴って生じる脅威と機会を発見でき

図表4-2　経営戦略の策定プロセス

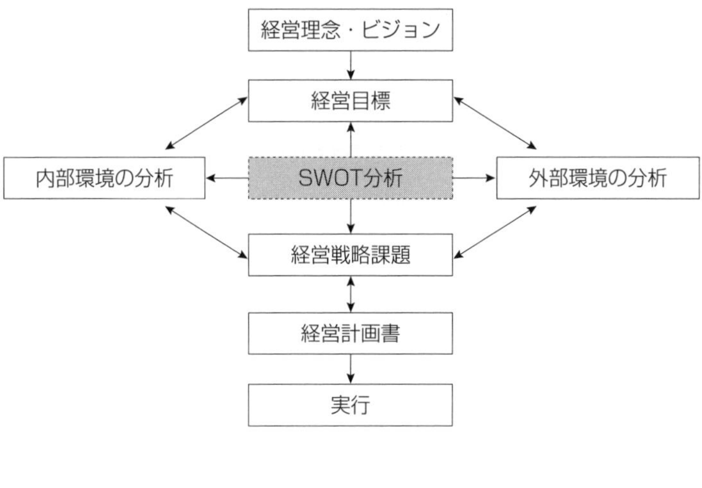

ると同時に，自社の強みや弱みをも明らかにすることができる。この内外の環境分析の後，企業は将来の進むべき方向性を決める戦略課題を決定する。この一連の活動は「SWOT分析」と呼ばれている。それは企業の外部環境と内部環境の分析によって，企業の強み（Strength：S），弱み（Weakness：W），機会（Opportunity：O），脅威（Threat：T）を明らかにし，経営戦略の策定に役立てる手法である。

しかし，経営戦略は企業の将来の構想案に過ぎない。それは実行に移されなければ意味がなく，「絵に描いた餅」で終わってしまう。そこで経営戦略の策定プロセスには，その実行に移す段階も含まれることになる。その段階として，経営計画書の作成がある。この計画書の作成によって，戦略が実行に向けて具体化するのである。以下，経営戦略の策定プロセスの各段階について説明していく。

2.2　経営理念・ビジョンと経営目標

経営理念やビジョンは，企業の行動基準となるもので，それゆえに経営戦略の基盤となるものである。企業行動を船の航海にたとえれば，経営理念やビジョンは羅針盤に相当し，船を目的地の港まで導く航路を示すものである。なかでも経営理念は，企業の創業者や経営者の哲学，価値観，信念・信条などを反映し，企業経営にあたっての基本的な考え方を表したものである。また，ビジョンは企業の将来展望や企業像を表明したものである。

日本企業では，このような経営理念やビジョンは，社是や社訓と同義に解釈されており，またアメリカの企業ではそれらに相当するものとして，ミッション（mission：使命）という言葉が使われる場合がある。アメリカの企業では，このような経営理念やビジョンの重要性は古くから多くの企業で認識され，明示されてきている。例えば，世界的に著名なIBMは創業者のワトソン一世（Watson, T.J.）の哲学を反映した経営理念を掲げて，それを世界の多くの子会社の経営にも浸透させている。ちなみに，同社の経営理念は，⑴個人の尊重，⑵最善の顧客へのサービス，⑶完全性の追求の３本柱から成っている（ワトソン［1985］参照）。

一方，日本企業では，古くから多くの企業で社是や社訓が掲げられているが，それはどちらかといえば，お題目だけのケースが多く，実際の経営活動に活かされていなかった。しかし，日本企業が国際展開を始めるようになると，世界の人々との間で価値観の共有が必要になり，多くの企業で経営理念やビジョンの本格的な構築が始まった。この結果，現在では多くの日本企業でも経営理念やビジョンの構築が行われている。ちなみに，トヨタ自動車の経営理念は図表4-3のとおりである。

経営理念やビジョンの構築に続いて，経営目標が決定される。経営目標は企業が将来において達成しようとするものである。それは経営理念やビジョンが具体化されたものであるとともに，戦略課題の決定の拠り所となるものでもある。では企業はどのような経営目標を決定するのか。

経営目標の内容については，経営学において，古くから議論されてきており諸説がある。伝統的な考えでは，企業の経営目標は利益極大化である。しかし，現実の企業においては，利益極大化の実現はほとんど不可能で，経営者の意思決定の判断基準にもならない。このため，その後利益極大化に代わって客観的利益や適正利益が経営目標とみなされるようになった。

また，企業が大規模化し，その社会に与える影響が大きくなるにつれて，こ

図表4-3　トヨタの経営理念

1. 内外の法およびその精神を遵守し，オープンでフェアな企業活動を通じて，国際社会から信頼される企業市民をめざす
2. 各国，各地域の文化・慣習を尊重し，地域に根ざした企業活動を通じて，経済・社会の発展に貢献する
3. クリーンで安全な商品の提供を使命とし，あらゆる企業活動を通じて，住みよい地球と豊かな社会づくりに取り組む
4. 様々な分野での最先端技術の研究と開発に努め，世界中のお客様のご要望にお応えする魅力あふれる商品・サービスを提供する
5. 労使相互信頼・責任を基本に，個人の創造力とチームワークの強みを最大限に高める企業風土をつくる
6. グローバルで革新的な経営により，社会との調和ある成長をめざす
7. 開かれた取引関係を基本に，互いに研究と創造に努め，長期安定的な成長と共存共栄を実現する

出典：http://www.toyota.co.jp/company/vision/philosophy/

のような利益といった目標だけではなく，多様な利害関係者との関係をも考慮し，その要望に応えるという社会的責任（CSR）の遂行も不可欠になってきた。近年ではこの傾向がますます強くなっている（第３章参照）。

こうして，今日の企業は経営目標として，利益の追求と社会的責任の遂行の両面を掲げる必要があるが，前者の具体的な目標には利益率，売上高，投資収益率などがある。また，社会的責任については，利害関係者の要望を具体的な数値で表すことはなかなか難しいけれども，極力具体化し，その要望に応えることが重要である。現代の企業は，このような多様な経営目標を設定し，その達成に向けて経営活動を展開する必要がある。

2.3　外部環境と内部環境の分析

次に，企業は外部環境と内部環境を分析する必要がある。企業は外部環境の変化を予測すると同時に，それに対応する経営資源や能力を有していなければならない。このため，経営戦略の課題の決定には外部環境の変化が自社に与える影響と，それに対する自社の資源や能力の評価・分析が不可欠になる。ここではその外部環境と内部環境の分析について概説しよう。

企業は，前述のように，外部環境と関わり合いを持って経営活動を行っているので，その将来における変化を予測・分析する必要がある。というのは，外部環境の変化は企業に損失を与える脅威となるだけでなく，利益獲得の機会をもたらすからである。

では企業は，どのような外部環境の変化を分析する必要があるのか。通常，企業の**外部環境**は一般環境，市場，業界，競合他社に分けられる。以下，それぞれについてみていくことにする。

一般環境は，企業が関わっている市場，業界，自社に影響を与える国内外のマクロ環境である。この一般環境には経済，技術，政治，社会・文化の環境がある。経済環境の変化は，企業に直接影響を与えるものであるから最も重要である。国内外の経済成長率，GDP，物価，金利，雇用状況，貿易収支などの分析となる。技術的な変化も，企業に大きな影響を与える。技術革新によって新技術が開発されると，新製品の誕生による市場の変化，工場での生産方法の改変などがある。ICTの発展によるインターネットの普及は，その好例である。

かつての企業は，この経済と技術の両面の変化を分析しさえすれば十分であった。しかし，現在の企業はそれらに加えて政治と社会・文化の分野における変化をも分析しなければならなくなっている。国内外の政治的な出来事や社会・文化に関連する変化が企業に大きなインパクトを与えるようになってきたからである。政治環境は政権の交代，政府の経済・社会政策，企業への各種の規制，労働法，税法，さらに戦争，動乱などである。社会・文化環境は，社会一般の動向や文化的な価値の変化に関係しており，人口規模，年齢構成，教育制度，人々の価値観やライフスタイルの変化などである。

市場環境は，市場の規模や成長に関わっており，顧客の分析や製品の分析からなる。顧客の分析には，自社の対象となる顧客層，顧客のニーズ，商品購入の動機などが分析される。過去から現在までの顧客の特性を分析するには，市場細分化の手法が有効である。また製品の分析には，主に製品のライフサイクルとの関連で，製品の需要動向を分析することが有益となる。製品には人間と同様に，導入期，成長期，成熟期，衰退期というライフサイクルがあるが，この段階ごとに製品の売上が違ってくるからである。例えば，自動車は日本では成熟期や衰退期に入っており，売上は頭打ちになっているが，中国やインドでは導入期や成長期の段階であるので，よく売れている。

業界環境の分析は，自社が属する業界の規模や動向，競争状況の分析である。近年では業界内だけでなく，例えば銀行とコンビニエンスストア，外食企業とスーパーマーケットというように，業界を超えた企業間競争も激しくなってきているので，企業の競争行動やその競争行動に影響を与える競争要因の分析が重要になっている。ポーターによると，その競争要因には，①新規参入の脅威，②サプライヤーの交渉力，③買い手の交渉力，④代替品の脅威，⑤競合企業間との敵対関係がある（第５章の図表５-１参照，ポーター［1982］19-54頁）。

さらに，競合他社の分析もある。競合他社の収益，売上高など，経営業績，経営戦略，技術開発力，人材，組織文化などの分析である。これらの競合他社の経営状況や経営行動は，自社の経営行動や経営業績に少なからず影響を与える。

このような外部環境の変化に加えて，内部環境の分析も欠かせない。企業の内部環境の分析は，換言すれば，自社の能力分析であり，前述のように，自社の強みと弱みの分析でもある。この企業の能力の分析は，かつては銀行など外部の機関が企業の信用度を調査するために行うケースが多かったが，経営戦略の策定が重要になるにつれて，企業自らが行うようになった。

企業の**内部環境**の分析は，一般には企業の有する経営資源の分析となる。経営資源とは，「企業活動を行ううえで必要な資源や能力」（岸川［2006］140頁）であるが，通常ヒト，モノ，カネ，情報の４つに分類される。また，それは有形資源と無形資源という言葉で分類されることもある（ヒット，アイルランド＆ホスキソン［2010］120-125頁）。有形資源とは視覚できたり，数値化できるもので，資本，原材料，施設，機械・設備，特許，商標などである。また，無形資源とは視覚できなく，企業がその歴史とともに蓄積してきたものである。従業員の知識，アイデア，信頼，顧客の評判，ブランド，組織能力などがそれに相当する。

経営戦略の策定には，このような経営資源が自社にどの程度蓄積されており，また各事業にどのように効率的に配分していくかについて検討することが課題になるが，近年では有形資産よりも無形資産の重要性が指摘されている。すなわち，新技術を生み出すアイデアや知識，いくつかの資源を組み合わせ統合化して新しい価値を創造する組織能力などである。

2.4　戦略課題の決定と実行

企業は，外部環境と内部環境の分析を終えると，次に経営戦略課題の決定へと進む。「戦略課題の決定」とは，一般には複数の戦略代替案のなかから，経営目標に照らして最終の戦略案を決定することである。その戦略課題として，後述するように，全社的な事業戦略，製品・市場戦略，撤退戦略，競争戦略などがある。

しかし，このような戦略課題は企業の将来の方向性を示す案に過ぎないため，実行に移さなければまったく意味がない。そこで，それを実行に移す作業が必要になるが，その第１ステップとして，「経営計画書」の作成がある。経営計画書は戦略案の実行に向けて，その手順や諸課題を具体的に記述したもので，それがないとどんな優れた戦略案も宙に浮いてしまう。

経営戦略の実行には，さらにそれに対応すべく経営組織の構築や人材の能力開発も必要になる。経営戦略の実行に相応しい組織構造や組織文化の構築と人材の能力開発である。というのは，経営組織や人材は経営戦略の実行の担い手であるのみならず，それを支えるものだからである。前述のように，経営戦略の策定の方法には，トップマネジメントがそれを考えて，組織の下部へと降ろしていく方法だけではなく，組織の構成メンバーからボトムアップ式に創発的・自主的に提案する方法もある。こうした点から，経営戦略課題の決定と実行には，経営計画書の作成，経営組織の構築，人材の能力開発も同時並列的に進めることが必要になってくる。それだからこそ，経営戦略の研究の進展に伴って，これらの諸活動を同時並列的に展開する「戦略経営」（strategic management）の必要性が主張されるようになった。

3　全社戦略と事業ドメイン

3.1　企業の成長戦略

企業は，ゴーイング・コンサーンとして，事業活動を継続させなければならない。このため，企業は本質的には全社的に成長・発展を目指すものである。だからこそ，長期の成長・発展が企業の基本的な目的になる。それゆえ，企業には全社戦略として成長のための戦略が極めて重要になる。

経営戦略研究の萌芽期に，企業の成長プロセスについて議論したのはペンローズ（Penrose, E.T.）であったが，それを戦略の視点から体系的に研究し，企業の成長戦略を提起したのはアンゾフであった。そこで彼の成長戦略について紹介すると，アンゾフは企業の成長戦略について，「製品」と「市場」の2つの軸で考え，それらが現在のものか新規のものかによって，次の4つの象限のマトリックスが考えられるとした。それが，いわゆるアンゾフの「成長ベクトル」である（図表4-4参照，アンゾフ［1969］160頁）。

⑴ 市場浸透戦略……現在の製品で現在の市場を拡大しようとする戦略である。コストの削減，広告・宣伝活動などによって，市場シェアを拡大しようとするものである。

⑵ 市場開発戦略……現在の製品ではあるが，それによって新規の市場を開

図表4-4 成長ベクトル

市場＼製品	現在	新規
現在	市場浸透	製品開発
新規	市場開発	多角化

出典：アンゾフ［1969］160頁。

発しようとする戦略である。例えば，今まで国内だけで販売していた製品を海外市場にも拡大する戦略である。

(3) 製品開発戦略……現在の市場に対して新製品を投入する戦略である。新たな製品機能の追加，製品ラインの拡張，次世代製品の開発などによって，市場拡大を図ろうとするものである。

(4) 多角化戦略……製品も市場も新規の分野で，そこで成長の機会を見出そうとする戦略である。例えば，自動車会社が住宅事業で，その市場で成長を図ろうとするものである。

一国の経済が成長・発展し，市場が成熟化すると，既存の製品は飽和状態になり，企業はさらなる成長を期待できなくなる。換言すれば，企業は「**多角化戦略**」（diversification strategy）によって新たな成長機会を探求しなければならなくなるのである。しかし，多角化戦略もその方法の違いによって，いくつかの種類に分けることができるが，アンゾフは次のような戦略があるとする（アンゾフ［1969］164-171頁）。

(1) 水平型多角化……現在の製品分野の顧客をベースに現在の製品に関連した製品を投入する戦略である。自動車メーカーがオートバイの分野に進出するケースである。

(2) 垂直型多角化……製造業が原材料や販売の事業分野に進出するケースのように，サプライチェーンの川上や川下の事業を手がけるものである。

(3) 集中型多角化……現在の製品または市場のどちらかの関連性の高い分野に進出する戦略である。洋酒メーカーが醸造技術を応用してバイオ関連の製品分野に進出するケースである。

(4) 集成型多角化……現在の製品も市場も関連のない事業分野に進出する戦略である。鉄鋼メーカーが水産養殖業に進出するケースなどである。

企業の成長戦略には，以上のようなものがあるが，アンゾフの提唱するように，それを製品と市場のみに限定してよいのか，という疑問もある。企業の成長に対する方策には，競争優位の構築や顧客への価値創造もある。一方，企業に経営資源が無限に存在すれば話は別だが，企業の成長が鈍化し，経営資源を効率的に利用していかなければならなくなると，成長を目指す戦略のみでは限界に直面する。

このような状態になれば，企業は成長が期待される事業分野に経営資源を集中させる一方，採算の合わない事業からは撤退するという，いわゆる「選択と集中」という経営も必要になってくる。とくに，撤退についていうと，その言葉は，「戦いに負けて逃げる」というニュアンスが強いため，多くの経営者は撤退の決断を避けがちであるが，むしろそれを積極的に戦略的な視点から考え，「戦略的撤退」(strategic divestment) と考えることも重要となる。

3.2　事業ドメインの決定

企業が多角化戦略を展開するようになると，複数の事業を有することになる。現在の大企業は，1社で100を超える事業を行っている企業も珍しくない。しかし，企業が多くの事業を行うようになると，企業の活動領域や事業領域が曖昧になり，その結果，経営資源の適切な配分ができなくなり，従業員の一体感や求心力も低下するようになる。そこで，企業は環境との関わりのなかで，そのアイデンティティ（同一性，独自性）を明確にしなければならなくなる。このような背景のもとで登場したのが，「**ドメイン** (domain)」という概念である。

ドメインという言葉には，もともと「範囲」とか「領域」という意味があるが，企業では環境のなかでの「生存領域」または「存在領域」のことをいう。もう少し具体的にいうと，それは企業が取り組むべき「事業領域」のことである。企業は戦略を決定する場合，環境変化との関連で，この事業領域をも明確にする必要がある。これまで，この事業ドメインを環境変化に対応して明確にしなかったため，あるいはそれを見誤ったために，その姿を消してしまった企業が数多くある。有名な事例として，アメリカの鉄道会社や映画会社がある。

アメリカの鉄道会社の例についてみると，かつてアメリカにおいて西部開拓のため鉄道網が敷かれてから，鉄道会社は先駆的な企業として栄華を誇ったけれども，その後凋落してしまった。しかし，これはアメリカで旅客や貨物輸送の需要が減少したからではない。むしろアメリカではそれらの需要は増大しており，それに対応するため，航空機，乗用車，トラックなどの事業が拡大・成長した。

ではなぜ鉄道会社は凋落したのか。それは鉄道会社が新たに生まれた需要に対応できなかったからである。言い換えれば，アメリカの鉄道会社は自らの事業を鉄道事業と規定してしまい，輸送事業と考えなかったので，顧客を失ってしまったのである。もし，アメリカの鉄道会社が自らの事業を環境変化に対応して，輸送事業としていたら，その需要は拡大・成長していたので，顧客を失わずに済んだかもしれない。まさしく，自らの事業領域を環境変化との関連で変化・決定しなかったために招いた結果だったのである（レビット［2001］53頁）。

こうして，現在の企業には事業ドメインを明確にする必要があるが，ではそれをどのように規定したらよいのか。これについてはいろいろな説がある。当初，事業ドメインは製品と顧客の２つの観点から定義されていた。製品には，物理的な実体があると同時に，顧客のニーズに関連する機能的な側面もある。例えば，鉄道や映画という物理的実体があるが，それらにはまた，顧客のニーズから考えると，鉄道の場合「輸送サービス」，映画の場合「エンターテインメント」という機能がある。前者を「物理的定義」，後者を「機能的定義」という。レビットによると，上記の鉄道会社の事例は，製品の物理的定義にこだわり，機能的定義を無視した結果である。

事業ドメインの定義については，その後市場や技術も加えられたが，現在最も用いられているものは，エーベル（Abell, D.F.）によるものである。彼は事業ドメインを，①顧客層，②顧客機能，③技術の３つの次元から定義することを提唱している（エーベル［1984］）。顧客層は，顧客の年齢，性別，居住地域など，人口動態や地理などの基準で決定される市場セグメントである。顧客機能は，製品が満たすべき顧客のニーズである。そして技術は，事業や顧客のニーズを満たすための技術である。

エーベルの定義は，伝統的なそれに比べると，より多面的で深さもある。このような視点に立ち事業ドメインを規定・決定すると，企業の将来の取り組むべき事業がより明確になり，また組織のメンバーの力もその領域へと結集できるようになる。しかし，事業ドメインは時間の経過や環境の変化とともに変えていく必要のあるものである。上記の鉄道会社の事例は，これを怠ったか読み違えた結果起きた事例である。

一方，日本企業では，セコムは時間の経過や環境の変化とともに，その事業ドメインを見事に変化させてきている。同社は警備保障会社としてスタートしているけれども，事業ドメインを「ガードマン事業」,「顧客の安全を守る事業」,「社会の安全サービスの提供」,「安全から健康へ」と変えてきている。

また，事業ドメインは組織のメンバーや外部環境から広く支持されたときにはじめて機能する。社内外から受け入れられず，支持もされないドメインは，いわゆる飾り物で，実質的に機能しない。その意味では，事業ドメインは企業側と組織のメンバー，あるいは企業と外部環境との相互作用（合意）で決定される性格のものでもある。これを「ドメイン・コンセンサス」(domain consensus）という（榊原［2002］203頁）。

3.3　事業ポートフォリオ・マネジメント

現在の大企業は，事業ドメインを決定するとともに，各事業について全社的な観点から収益性や成長性を評価し，経営資源の効率的な配分を考える必要がある。このため，アメリカにおいて企業が多角化し，多様な事業を展開するようになると，各事業の収益性や成長性にバラツキがみられるようになったので，その事業構造をマネジメントする必要性が出てきた。そこで登場した手法が，ボストン・コンサルティング・グループが開発したPPMである。

このPPMは「プロダクト・ポートフォリオ・マネジメント」と呼ばれ，図表4-5にみるように，各事業について，市場成長率と相対的市場シェアの2つの軸に基づいて評価するものである。市場成長率は，例えば，その時々のGDP成長率が1つの基準となり，また相対的市場シェアはそれが2位や2位

図表4-5　PPMの概念図

市場成長率＼相対的市場シェア	高	低
高	花形	問題児
低	金のなる木	負け犬

出典：アベグレン，ボストン・コンサルティング・グループ［1977］71頁。

程度であると高く，下位にあると低いとみなされる。これらの基準により，事業は「花形」(stars)，「金のなる木」(cash cows)，「問題児」(question marks)，「負け犬」(dogs）の4種類に分類される（アベグレン，ボストン・コンサルティング・グループ［1977］71頁)。

「花形」は，市場成長率が高く，市場シェアが高い。ここでは市場シェアが高いので，資金の流入が多いけれども，市場成長率と市場シェアを維持するために資金の流失量も多くなる。

「金のなる木」は，市場成長率は低いが，市場シェアは高い象限である。ここでは市場成長率が低いため，市場シェアを維持する資金を多く必要としない。市場シェアが高いので，資金の流入が大きく，企業にとって大きな資金源となる。

「問題児」は，市場成長率は高いけれども，市場シェアは低い象限である。この領域では市場シェアを維持するために多額の投資を必要とする。それを怠ると，他企業との競争に負け，「負け犬」となる危険性がある。

「負け犬」は，市場成長率も市場シェアも低い象限である。ここでは市場シェアが低いので，資金の流入は少なく，市場成長率も低いので，早めの撤退が必要になる。

企業は，このPPMの手法を活用し，自社の現在や将来の事業がどの象限にあるのかを分析し，重点的に投資すべき事業，あるいは撤退すべき事業などを決定していく必要がある。もちろん，このPPMにも欠点がある。例えば，事業間のシナジー効果を無視しているとか，「負け犬」に配属された事業の従業員のやる気を下げてしまうという批判もある。しかし，PPMの最大の特徴は，比較的簡単なデータで，自社の事業の現在の収益性や成長性を分析でき，かつ経営資源の効率的な配分に対するガイドラインを提供できることにある（佐々木［2013］220頁）。

【注】

1）「グレシャムの法則」とは，１つの社会で名目上の価値が等しいが，実質上の価値が異なる貨幣が同時に流通すると，良い貨幣は退蔵されたり，海外に流失したりするため，悪い貨幣だけが流通するということで，一般に「悪貨は良貨を駆逐する」ことで知られる。

2）「分析型戦略論」とは，分析的アプローチによって経営戦略の合理的モデルを析出しようとする戦略論である。その代表的な手法として「経験曲線」，「PPM」，「PIMS」がある。

3）これらの特性以外に，次のような特性もあげられている。「価値観に基づく実践」，「基軸から離れない」，「単純な組織・小さな本社」，「厳しさと緩やかさの両面を同時に持つ」。（ピーターズ&ウォーターマン［1983］46-49頁）。

Let's Try !

□①経営戦略策定の重要性を踏まえて，SWOT分析の意義と効用について考えてみよう。

□②事業ドメイン決定の意義とその定義の仕方について，実際の会社の事例をあげて考えてみよう。

さらに深く学ぶためにお薦めの本

- 伊丹敬之［2012］『経営戦略の論理―ダイナミック適合と不均衡メカニズム（第４版）』日本経済新聞出版社。
- 大滝精一・金井一頼・山田英夫・岩田智［2006］『経営戦略（新版）』有斐閣。
- 嶋口充輝・内田和成・黒岩健一郎編著［2009］『１からの戦略論』碩学舎。

第 5 章　競争優位の戦略

Topic

ユニークな戦略で躍進：サウスウエスト航空の挑戦

現在，人気の格安航空会社（LCC）のパイオニア的企業にサウスウエスト航空がある。同社はアメリカのテキサス州ダラスに本拠を置く弱小航空会社であったが，ユニークな戦略で業績を伸ばし，超優良企業に成長した。

まず，サウスウエスト航空は，「格安運賃，短距離直行便」という明確な目標を立て，ビジネスマンなど特定の顧客層にターゲットを絞った。そしてこの目標を実現するために，徹底したコスト削減と差別化戦略を展開した。具体的には，次のようなことを実行した。①地方空港をダイレクトに結ぶ運航方式の採用，②混雑の少ない二番手空港の使用，③機種はボーイングB737に統一，④ゲートの滞在時間の短縮，⑤業界初のインターネット予約システムの開発，⑥機内食の廃止などである。これらはいずれも，同社にとっては大幅なコスト削減につながり，顧客にとっては旅行時間の短縮となった。

また，サウスウエスト航空は，マーケティング活動でも大手航空会社では想像もつかないユニークな戦略を展開した。同社は「おもしろさ」を前面に出し，客室乗務員の服装をポロシャツや真っ赤なホットパンツにしたり，機内アナウンスでもジョークを連発するなど，常に乗客を楽しませる工夫を行った。

このようにサウスウエスト航空は，既成のものにとらわれず，新しいことに挑戦し続けた結果，アメリカで抜群に人気の高い航空会社となり，躍進することとなった。

1　競争の激化と競争優位の構築

1.1　企業間競争の激化

数十年前までの企業のビジネス活動は，国境，境界，障壁などの存在によってさまざまな規制を受けてきた（桑名・笠原・高井［1996］ 4頁）。しかし近年，船舶，航空機，コンピュータなど，運輸や情報通信の手段の飛躍的な発達，および世界の多くの政府の規制緩和政策によって，それらの規制が次第に緩和されるようになった。このため，国境や境界の垣根が低くなり，ヒト，モノ，カネ，情報などの経営資源は，国境や産業の境界を越えて自由に往来するようになった。この結果，企業のビジネス活動が拡大し，1つの業界や国を越えて活発に行われるようになった。こうして，近年企業間競争が激化するようになっている。まず，この企業間競争の激化の状況についてみていこう。

企業や産業には，生き物と同様に寿命がある。あらゆる生き物には誕生，成長，成熟，衰退というライフ・サイクルがあるが，現在世界の先進国の多くの産業や企業は成熟段階か衰退段階にある。これを日本のケースでみてみると，かつて日本経済を支えた繊維，海運はとうに成熟化し，次に花形産業として登場した家電，鉄鋼，半導体も成熟段階を迎え，韓国，中国などの厳しい追い上げに直面している。さらに，近年まで花形であった自動車産業も国内需要が低迷し，新興国に活路を見出さなければならなくなっている。

日本の場合，この産業の成熟化に加え，急速に少子・高齢化が進んでいる。とりわけ，少子化によって将来人口が減少する。国立社会保障・人口研究所の調査によると，日本の将来の人口は2026年には約1億2,000万人を下回り，2048年には9,913万人に減少するという（内閣府［2015］ 3頁）。これは，とりもなおさず国内市場が縮小することを意味する。

産業が成熟化し，国内市場が縮小すると，頭打ちとなった製品需要のもとで，そのパイの奪い合い競争が繰り広げられることになる。しかし，その競争に勝ち残ることは容易ではない。また，その競争に勝ち残ったとしても，成熟した産業では大きな成長が期待できないかもしれない。このため，革新的な企業は脱成熟化を目指して新規事業の開発に乗り出す。しかし，企業は新規事業を開発したからといって成長・発展するとは限らない。というのは，成長の可能性の高い有望な事業ほど，多くの企業が参入し競争が激しくなるからである。

事実，近年日本では政府の規制緩和政策や情報通信技術の発達によって，多くの産業分野において異業種からの参入が相次いでいる。かつて想像もしなかったケースも少なくない。例えば，小売業であるセブン&アイ・ホールデングスが銀行業に参入し，セブン銀行を設立したし，家電業界のパナソニックが電気自動車の登場によって，自動車業界に参入しつつある。こうした事例は枚挙にいとまがない。こうして，現在では業界内の競争だけではなく，業界を越えた業際間の企業間競争も激化してきている。

また，現在のグローバル時代では企業の国際展開が活発になっているので，国境を越えた企業間競争も激化している。企業の国際化は，1950年代後半からアメリカ企業から本格化したが，その後1970年代になると，日本企業やヨーロッパ企業も国際化した。ここに日・米・欧の企業間競争がみられるようになったが，1980年代になると，韓国や台湾などのアジアNIESの企業も，この競争に加わった。さらに1990年代から今世紀にかけて，中国，インドなどの新興国の企業も成長・発展し国際化するようになった。

現在の世界経済の成長スポットは，アジア新興国であるので，このような世界の国々の企業はこぞって中国，ベトナム，インドなどのアジア新興国市場に進出し，そこで熾烈な競争を繰り広げている。このような外国企業との競争は，国内市場にとどまっていても直面する。外国企業の国内市場の進出によって，否応なく競争に巻き込まれるのである。

このように，現在業界内，業際間，国際間における企業間競争というように，競争が激しくなっているが，各企業にとっては，このような競争に勝利しなければ，その成長はもちろんのこと，生存自体も危機にさらされることになる。こうして，企業にはイノベーションへの挑戦と競争戦略（competitive strategy）の策定が重要な経営課題になっている。

1.2　企業イノベーションと競争戦略

企業は，その産業が成熟化したり，国際競争にさらされると，イノベーションに挑戦し，何らかの競争優位を構築する必要がある。「イノベーション」という言葉は，一般には「技術革新」と訳されるが，ここではそれを広義にとらえ，企業経営の革新を意味するものとする。

一般に企業は，これまでの慣れ親しんだ環境とは異質の環境に直面したとき，何もしないか，既存のやり方を続けていた場合，その環境に適応できず死滅する。環境が変われば，それに適応するやり方をしなければ，生き残ることはできない。ここに経営を革新する必要がある。企業が環境変化に全社的かつ創造的に適応するよう，自己革新を行ってこそ，進化を遂げることができる。これこそが，まさにここでいう企業イノベーションである。したがって，企業イノベーションには技術の革新だけではなく，戦略，組織，人材の面での革新も含まれる[1)]。

しかし，近年のような激しい競争環境の変化のもとでは，経営戦略の革新が最も重要になる。企業は経営戦略において新しいことを行うことで，組織や人材が影響を受け，企業内部に新たな動きが創出されるからである。その意味では，競争戦略の策定や実行は経営戦略の革新であり，企業イノベーションの推進につながる。

さて，その**競争戦略**とは，企業が市場において競争相手に対して，何らかの優位性をもって収益を高める戦略である。この戦略が重要になった背景は，前述のとおりであるが，その研究の直接のきっかけは1970年代後半のアメリカの産業や企業の状況によっている。当時のアメリカでは，一方において，経済成長によって産業が成熟化したため，企業は多角化し，各企業の事業間競争が激化していた。他方，世界的にみて，アメリカの経済力の相対的な低下とともに，国際競争力も低下するようになっていた。アメリカの代表産業であった鉄鋼，エレクトロニクス，自動車，半導体などの分野において，日本企業の輸出攻勢にあい，その競争で敗れる企業も出ていた（林・關・坂本［2006］6頁）。

このような状況にあって，アメリカの産業界では強いアメリカの復活や競争力強化への機運が高まった。こうした状況のなかで，企業において競争戦略の策定の重要性が叫ばれると同時に，その研究も開始されることになる。そこで登場したのが，ポーター（Porter, M.E.）である。

ポーターによれば，企業の業績は競争によって決まる。当然のことだが，企業が競争に勝てば業績が向上するが，競争に負ければ業績が悪化する。その競争に勝つには企業は何らかの**競争優位**（competitive advantage）を持つ必要があるが，その競争優位は企業が顧客に対してつくる価値から生まれる（ポーター［1985］5頁）。

このように考えれば，競争戦略は顧客価値の創造を基本課題としている，といってもよい。この顧客価値とは「顧客から見た製品・サービスに対する価値のことであり，その製品・サービスから顧客が受ける価値やベネフィットと，それを手に入れるために負担するコストの差額」（藁田［2013］59-60頁）である。その差額が大きければ大きいほど，顧客は企業の提供する製品やサービスに魅力を感じて，それを購入しようと考える。

企業がこの顧客価値を創造するためには，顧客のニーズを把握しなければならない。というのは，顧客が企業の製品やサービスを購入するのは，そのニーズを充足させるためでもあるからである。顧客は自分たちのニーズを充足させる製品やサービスに価値を見出したときに，それらを購入する意思決定をする。

こうした顧客の価値やニーズについては，かつて企業にはあまり強く意識されることがなかったが，経済が発展し市場に製品があふれるようになるにつれて重要視されるようになった。というのは，製品の選択権は企業から消費者に移ったため，企業は顧客の価値やニーズを満たすような製品やサービスを提供しなければ，それらを購入してもらえなくなったからである。

こうして企業は，競争戦略を策定するときには，顧客のニーズや価値創造を考えざるを得なくなったが，それだけでは十分ではない。企業は経営戦略を策定するときには，顧客のほかに競争する相手も考えなければならない（伊丹・加護野［2003］43-47頁）。すなわち，企業は誰と競争するのかということである。いうまでもなく，顧客は企業の提供する製品やサービスを購入するときには，自分たちの価値やニーズの充足の視点から，通常いくつかの企業の製品やサービスを比較したうえで決めるからである。この競争相手は，現在では同じ業界内の競合企業だけではなく，他業界からの潜在的な参入企業，ベンチャー企業，さらには外国企業にも拡大してきている。ここに現在の企業の競争戦略の策定や競争優位の構築の難しさがある。

1.3 競争優位の構築

企業の競争戦略の基本課題は，顧客価値の創造にあるといっても，それを具体的にどのように実現するかということが課題となる。そこで，ここではこの課題について考えていきたい。企業の顧客と競争相手に対する競争優位の構築の基本的な方法として，(1)コスト優位，(2)差別化優位，(3)ビジネス・システム優位がある。

(1) コスト優位

コスト優位とは，企業が製品やサービスを競争相手と比べて低コストで生産し，コスト面で優位性を確保することである。企業が製品やサービスを低コストで生産できれば，それらを顧客に低価格で提供できるようになる。もし，製品やサービスの質が同じであれば，顧客は低価格のものを選択するのはいうまでもない。それゆえ，これは企業にとって優位なものとなる。この優位性をもたらす方法として，①規模の経済(economy of scale)，②範囲の経済(economy of scope)，③経験効果（experience effect）がある。

① 規模の経済

これは製品の生産や販売の規模を拡大すればするほど，製品の単位当たりのコストが低下することをいう。企業の生産費は固定費（建物，機械設備の減価償却費など）と変動費（原材料費など）から成り立っているが，生産量や販売量が増えるほど，製品1単位当たりに含まれる平均固定費は低下していく。具体的にいうと，企業の生産や販売が拡大すれば，企業内で分業が進み，従業員の担当範囲が狭くなり，専門化による熟練の形成が促進され，コスト低下が期待される。さらに，原材料の大量購入や製品の大量販売は，価格交渉力を向上させ，それらのコスト低下につながる。このような効果が期待されるので，多くの企業は大規模化を目指す。

② 範囲の経済

これは企業の取り扱う製品の範囲を拡大すれば，製品の単位当たりのコストが低下することをいう。すなわち，企業が複数の製品を生産・販売した場合のコストが，それらを個別に生産・販売する場合に比べて低下するというものである。この経済は企業で転用可能な資源がある場合，それを有効に活用するときに発生する。例えば，乳酸飲料カルピスは原料の牛乳から乳脂肪分を分離させた「脱脂乳」を主原料としている。カルピスでは，その副産物である乳脂肪分からバターを製造し，レストランや菓子店などで販売している（網倉・新宅［2011］169頁）。一般に，多角化企業では，この範囲の経済が活用される。

③　経験効果

これは製品の累積生産量（経験量）が倍増するごとに，一定比率で単位当たりのコストが低減することをいう。これは「経験曲線効果（experience curve effect）」ともいわれる。確かに，規模の経済と範囲の経済は，企業にとって重要なコスト優位の源泉であるけれども，それらの経済に基づくコスト優位を持続させることはそう簡単ではない。

規模の経済に基づくコスト優位は，競争相手が生産や販売の規模を同程度に拡大してきた場合，その優位性を失う。また，範囲の経済に基づくコスト優位についても，競合他社が製品の範囲を同程度に拡張してきた場合，その優位性を持続するのは容易ではない。そこで，この優位性の持続という観点から重要視されるコスト優位が経験効果である。

この経験効果は，基本的には人々が経験を積むにつれて，物事に習熟するので，その効率性が高まる，という考えからきている。したがって，この経験効果は習熟効果，製造方法の改善，部品や製造工程の標準化などによってもたらされる。

(2)　差別化優位

差別化優位とは，企業が自社の製品やサービスについて，競争相手のそれらと何らかの違いを打ち出し，それによって優位性を構築することである。産業が未成熟な段階で，モノが市場に十分になかった時代には，企業はこのような差別化を意識する必要はなかった。そのような時代では，製品の需要と供給という基本的な経済活動の主導権は企業にあったからである。企業が「いつ，どこで，どのようなものを，どのような価格」で提供するかに関する決定権を持っていた。

しかし，産業が成熟段階に入って市場に多くの製品が出回り，顧客の基本的なニーズも満たされるようになると，彼らは企業の提供する製品やサービスに対して何らかの差別性を求めるようになった。「人とは異なるものを所有したい」「人とは異なるサービスを受けたい」「人とは異なるライフスタイルを実現したい」などと思うようになった（寺本［1990］205-206頁）。顧客は製品やサービスに対して，多様な価値やニーズを持つと同時に，その選択権をも持つようになったのである。ここに企業が競争優位を確保する方法として，差別化戦略が重要になってきた。

では企業はいったい，どこで，また何で差別化したらよいか。ここで問題になってくるのが，顧客の価値やニーズである。顧客は自分の価値やニーズを満たしてくれる製品やサービスに心を惹かれるからである。

ところで，顧客は製品やサービスを購入するときには，次のようなものに価値やニーズを持っている（伊丹・加護野［2003］50頁）。

① 価格
② 製品そのもの（性能，品質，デザイン，付帯ソフト）
③ サービス（アフターサービス，支払条件，購入のしやすさ）
④ ブランド（製品や企業の社会的価値など）

したがって企業は，このようななかで，顧客に対して，競合相手との違いをアピールしていく必要がある。しかし，今日のような企業間競争の激しい時代においては，こうした広い範囲の顧客の価値やニーズを考えただけでは競争優位を確保するのは難しい。このため，企業の次にとるべき戦略として，市場細分化が考えられる。

市場のなかの顧客は，いくつかの層にセグメント（細分化）されていて，セグメントごとに価値やニーズが異なる場合が少なくない。この市場全体を顧客セグメントに分割することを市場細分化といい，それぞれの顧客セグメントの価値やニーズを考えて，それを満たすよう戦略を展開することが企業の競争優位の確立につながるのである。

(3) ビジネス・システム優位[2)]

ビジネス・システム（business system）とは，製品の開発に始まり，その製品・サービスを顧客に提供するまでのプロセスに関わる事業の仕組みである。メーカーの場合，そのビジネス・システムは，一般に原材料の調達，製品開発，部品の加工，最終製品の組立，製品の検査，製品の流通・販売，サービスの提供という流れとなる。この流れが顧客に対して価値を創造するためのものであるため，それはバリューチェーンとも呼ばれる。最近ではそれはビジネスモデルとも称される（第11章参照）。

大企業の場合，それぞれの企業が独自に工夫して構築したビジネス・システムを有している。トヨタ，パナソニック，GE，ネスレなど，世界的に著名な企業が長期にわたって成功してきたのは，それぞれが独自のビジネス・システムを持ち，それが競争優位になってきたからといってもよい。しかも，このような**ビジネス・システムの優位**は，長期にわたって持続することが多いという（伊丹・加護野［2003］72-73頁）。その第1の理由は，ビジネス・システムそのものが目立たないことが多いからである。顧客や競争相手に見えるものは，製品やサービス，あるいは価格であって，その背後にある事業の仕組みは外部には見えにくいので，模倣することも難しい。第2の理由は，ビジネス・システムの構成要素である経営資源のなかには，蓄積に時間のかかるものや競争相手には容易に手に入れられないものがあるからである。

一例をあげよう。アメリカの自動車メーカーと日本の自動車メーカーのビジネス・システムは違う。後者は製品企画と組立生産を自社で行い，大半の部品を系列や関連の部品メーカーから調達し，系列のディーラーで販売し，アフターサービスも行うシステムを持っている。これに対して，前者は製品企画や組立のほかに，部品を自社で開発・生産し，販売やアフターサービスからは独立したディーラーで行うシステムである（伊丹・加護野［2003］74頁）。

この両者のビジネス・システムの違いは，日米両国のそれぞれの歴史や社会・経済制度などの違いから生じたものである。したがって，それらは簡単にまねのできないシステムになっている。もちろん，トヨタ，日産，ホンダなど，日本国内の自動車メーカーのビジネス・システムも，それぞれに独自の特徴があり，他社が簡単に模倣できない。このビジネス・システムの違いが企業の業績にも影響を与えるのである。

2　競争優位構築の戦略論

さて，1970年代後半から1980年代にかけて，企業の競争環境が変化し，企業間競争が激化するようになったため，経営戦略論の分野において競争戦略の研究が行われるようになった。それ以降今日まで，多くの学者によって数多くの研究成果が発表され，いくつかの有力な理論が展開されている。そこで，ここではその代表的な理論を紹介する。現在，競争戦略論の代表的な理論には，⑴ポジショニング・アプローチ（positioning approach），⑵資源ベース・アプローチ（resource based approach），⑶能力ベース・アプローチ（competence based approach）がある。以下，それぞれの戦略論について概説する。

2.1　ポジショニング・アプローチ

まず，企業の競争優位を構築する有力な理論として，**ポジショニング・アプローチ**と称される戦略論がある。その代表的な研究者がポーターである。彼は1970年代後半からアメリカにおいて，企業の多角化の結果，企業間競争が激化するとともに，アメリカ企業の国際競争力が低下するという現実を目の当たりにして，経営戦略論において競争戦略の研究が必要であると認識する。そして彼は，経済学における産業組織論の研究成果を援用しつつ企業の競争優位の構築のための理論構築を試みる。

ポーターは，企業の業績は競争によって決定するという考えのもとで，競争戦略の重要性を指摘するとともに，企業の競争優位を構築することこそが大事であると主張する。では，企業はどのように競争優位を構築するのか。

ポーターによれば，企業の競争戦略は競争の発生する場所である「産業（業界）」において「有利な競争上の地位」を探すことを課題とする（ポーター［1985］3頁）。これは，言い換えると，企業の競争優位の構築には，自社の属する産業構造とその産業における自社の有利な競争上の地位を考えることが重要である，ということでもある。例えば，企業は常に成長している魅力的な産業に属していたとしても，競争上の地位が低かった場合には十分な収益を上げることができない。逆に，企業が収益性の低い衰退産業に属していたとしても，高い競争上の地位にあれば，高い収益を上げることが期待できる。そこで，ポーターは産業の競争状況に影響を与える要因に注目するとともに，産業における企業の競争上の地位を上げる戦略を提案する。

まず，産業の競争状況に影響を与える要因については，図表5-1に示すように，5つの要因がある（ポーター［1985］8頁）。①新規参入の脅威，②既存の競争会社間の敵対関係，③代替製品・サービスの脅威，④売り手の交渉力，⑤買い手の交渉力がそれである。新規参入の脅威は，潜在的な競合関係であり，新たな企業の参入があれば，自社の収益性に影響を及ぼす。既存の競争会社間で競争が激しければ，これも企業の収益に大きな影響を及ぼす。また将来自社の製品・サービスに代わるものが現れると，これも自社の収益性を脅かすことになる。さらに，売り手や買い手の交渉力は，原材料の購買コストや製品価格を左右することになる。

しかし，このような産業の競争状況の分析だけでは十分でない。その産業内での企業の競争上の地位を高めないと，その収益性の向上は期待できない。ここにその地位を高めるための戦略が必要になり，ポーターはその基本的な戦略として，①コスト・リーダーシップ戦略（cost leadership strategy），②差別化戦略（differentiation strategy），③集中戦略（focus strategy）をあげる（ポーター［1985］15-23頁）。

①コスト・リーダーシップ戦略は，自社の属する産業内において競争会社よ

図表5-1　産業の収益性を決める5つの競争要因

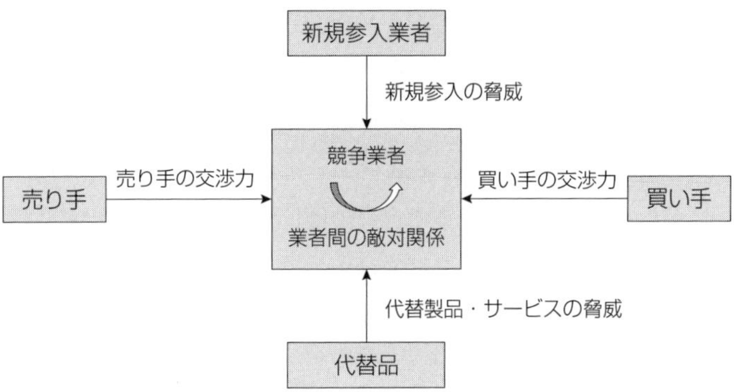

出典：ポーター［1985］8頁。

りも低コストを達成する戦略である。これは，すでにみたように，規模の経済，範囲の経済，経験効果などによって達成可能になる。②差別化戦略は，顧客が重視するニーズの次元に沿って自社を産業内に特異性のある会社にしようとする戦略である。すなわち，顧客が重要と考える特性をいくつか選択して，そのニーズを満たすのは自社しかないという仕組みをつくることを意味する。③集中戦略は，産業内の一部の市場セグメントを選択し，それに適合する戦略を展開することによって競争相手を排除する戦略である。この戦略にはコスト集中戦略，差別化集中戦略がある。前者は標的としたセグメントにおいてコスト優位を達成しようとするもので，後者は標的市場において差別化を追求しようとする戦略である。

以上がポーターの競争戦略論の主張点である。この戦略論は世界の産業界や学界に広く受け入れられ，その後の競争戦略の研究に大きな影響力を与えた。しかし，1990年代になると，このポジショニング・アプローチに対して疑問が提示され，批判がみられるようになった。その１つが現在の企業間競争は既存の産業構造を分析単位にしただけでは説明できないというものである（林・關・坂本［2006］32-35頁，十川［2013］76-77頁）。近年の企業間競争には，再三述べているように，業界を越えた業際間の競争もある。業界の境界線が曖昧になっているにもかかわらず，１つの産業構造を対象とするのには限界があるというのである。

また，現在の企業間競争には，未来の市場や産業を創造するという，いわゆる「未来のための競争」もあり，そのような競争がみられる今の時代に，一産業内の競争優位について考えても，それはどれだけの意味があるのか，という疑問もある。ハメル（Hamel, G.）とプラハラード（Prahalad, C.K.）は，次のようにいう。

「確かに，企業戦略を会社の最適ポジションの問題とみる考え方は間違っていない。しかし，もし未来の産業で自分の優位性を確立するのが経営戦略の目的だとすれば，ポジショニングだけでは十分でない。もし経営戦略を会社のポジショニングゲームとみていれば，はるかに先をみている競合他社にはとても太刀打ちできないだろう」（ハメル＆プラハラード［1995］57頁）。

もう１つの疑問は，企業の競争優位の源泉が産業という，企業からみれば，いわば外部環境に相当するものにあるのではなく，企業組織の内部にあるのではないかというものである。その1つの論拠が，一産業内の企業間でみられる収益の差が産業間のそれよりも大きいのはなぜかというものである（十川［2013］77頁）。ポジショニング・アプローチは，この疑問に対する答えを用意していないという。ここから，企業の競争優位は産業という外部環境よりも，個々の企業の内部特性にあるとする考えが出てきた。この考えは，次の資源ベース・アプローチにつながる。こうして，ポジショニング・アプローチは，既存の産業内での企業の一時的な競争優位しか説明できない理論とみなされるようになった。

2.2　資源ベース・アプローチ

企業が競争優位を構築するためには，産業単位を対象にするのでは十分でなく，その背後にある企業の内部特性に目を向ける必要がある。このような意識は，ポジショニング・アプローチに限界を感じていた研究者の間から芽生えるようになった。この結果，1990年代に入り，企業組織の内部要因に焦点を当てる資源ベース・アプローチが台頭する。

資源ベース・アプローチとは，企業が競争優位を獲得できるのは他社にはない独自の経営資源を持っているからであるとする研究である。企業が一時的な競争優位ではなく，持続的な競争優位を確保するには，企業内部の独特な経営資源こそが重要になると主張する理論である。この資源ベース・アプローチは，ペンローズの企業理論の影響を受けている。

ペンローズは，伝統的な経済学を批判して企業間に差異があることに着目し，その意義を強調するとともに，企業を「経営資源の集合体」ととらえ，個々の企業が有する異質な経営資源が企業成長に関係しているとした。このペンローズの研究に影響を受けた研究者たちが，資源ベース・アプローチと呼ばれる理論を構築したのである。それは1984年のワーナーフェルト（Wernerfelt, B.）の論文に端を発するが，その後その理論は多くの研究者によって展開されることになる。その代表的な研究者の1人がバーニー（Barney, J.B.）である。

バーニーは，ポジショニング・アプローチが企業の異質性を軽視し，必要な経営資源はどの企業も即座に入手できるという状況を暗黙に想定しているという。しかし，企業があらゆる経営資源を簡単に入手できるとすれば，すべての企業が同等になってしまい，結果的に競争優位を生み出す価値創造の戦略は存在しないことになる（十川［2013］78-79頁）。このため，資源ベース・アプローチは「企業間の経営資源の異質性」に焦点を当てるのである。

このような観点に立てば，企業の持続的な競争優位はそれぞれの企業が独特な経営資源を有するかどうかによる。企業が独特の経営資源を有していれば持続的な競争優位を構築できるが，そうでない場合，それを構築することができない。このため，バーニーの関心はどのような特徴を持つ経営資源が持続的な競争優位に貢献するのかということに移る。そこで彼は，そのような経営資源の特徴として，①経済的価値，②希少性，③模倣困難性，④組織能力をあげる。したがって，バーニーによれば，このような特徴を持った経営資源を有する企業が持続的な競争優位を構築できることになる。

そこで彼は，このような企業の経営資源をベースとする企業の競争優位を分析する際に有効となるVRIOフレームワークを提唱する（バーニー［2003］250頁）。このフレームワークは，上記の４つの経営資源の特徴の頭文字をつなげたもので，それぞれは以下のように考えられる（バーニー［2003］250頁，嶋口・内田・黒岩［2009］121-122頁参照）。

① 経済的価値（Value）……企業の経営資源がどれだけ顧客に対して価値があるのかを分析する。その価値が大きければ，競争優位となる。

② 希少性（Rareness）……企業の経営資源が市場のなかでどれだけ希少性があるかを分析する。その希少性が高ければ高いほど，他社はその市場への参入を控える。

③ 模倣困難性（Imitability）……企業の経営資源に対して，他社がどれだけ模倣しやすいかを分析する。その模倣が困難であれば，競争優位となる。

④ 組織能力（Organization）……企業の経営資源を活用できる組織体制が整備されているかどうかを分析する。組織の構築の仕方がまずければ，経営資源の有効活用はできない。

以上が資源ベース・アプローチの主張の概要であるが，そのアプローチの前提には企業が独自の経営資源を有し，それを企業の価値創造のプロセスに適切に配置すれば，競争優位が獲得できるという考え方である。それゆえ，この理論から導き出される戦略の要点は，企業の独自の経営資源に常に磨きをかけるとともに，その資源の流失を防ぐことにある（十川［2013］81頁）。一方，このアプローチでは，経営資源はあくまでストックとして扱われ，その有効な育成，活用，改善は問題にされていないという指摘がある（渡部［2010］179頁）。この点に，このアプローチの限界がある。

2.3　能力ベース・アプローチ

企業が持続的な競争優位を獲得するには，競争相手が保有していない，希少であったり，簡単に模倣できない経営資源を有するだけではなく，それらを巧みに組み合わせて活用し，さらには改善する能力が求められる。そこで，資源ベース・アプローチは，次のステップとして，このような能力に焦点を合わせる研究へと移行した。これが能力ベース・アプローチと呼ばれる理論である。それゆえ，このアプローチは資源ベース・アプローチの発展形態とみなされている。

能力ベース・アプローチは，企業が独自の資源をいくら豊富に持っていたとしても，それだけでは企業の競争優位とはならず，経営資源を他社と違う方法で組み合わせて活用し，さらには改善したりする組織能力こそが競争優位の源泉になるとするものである（十川［2013］82頁）。したがって，ここでいう組織能力とは，多様な経営資源を企業の独自の方法で組み合わせて，価値を創造する能力をいう。この組織能力に注目した代表的な研究者として，ハメルとプラハラードがいる。

ハメルとプラハラードは，競争優位の源泉として，企業のコア・コンピタンス（core competence）に注目する。彼らによると，コア・コンピタンスとは「顧客に対して，他社にはまねのできない自社ならではの価値を提供する，企業の中核能力」（ハメル＆プラハラード［1995］11頁）である。彼らによれば，このコア・コンピタンスは個々のスキルや特定の企業の枠を超えた集団的学習の結果として形成されるものであり，したがって，それは多様なスキルを調整し，複数の技術の流れを統合する能力でもある。

ハメルとプラハラードが，このコア・コンピタンスという概念を提起した背景には日本企業の競争力の向上がある。前述のように，1970年代の後半から，日本企業がアメリカ市場に進出し，現地企業と競争して勝つケースもみられた。これは，日本企業が長年かけてアメリカ企業から優れた技術やスキルを学習し，コア・コンピタンスを形成するに至ったからでもある。ハメルとプラハラードは，ソニー，トヨタなど，日本を代表する企業には，そのようなコア・コンピタンスが形成されているとみる。

ところで，日本企業のコア・コンピタンスを考える場合，ヒト，モノ，カネといった目に見える資源のみならず，情報や知識などの目に見えない資源にも目を向ける必要がある。というのは，日本企業のコア・コンピタンスは，組織内の暗黙的なスキルやノウハウが企業全体で共有される情報や知識によって形成されるケースが少なくないからである。その意味では，日本企業の競争優位の源泉を「知識」に求め，それを形式知と暗黙知に分類し，組織的知識創造の理論を構築した（第７章参照）野中・竹内理論は注目に値する（野中・竹内[1996]）[3)]。

しかしながら，このような組織能力は常に環境変化に対応させて改善・更新しなければ，新たな競争優位の獲得に際して，マイナスに作用する。すなわち，組織能力は新たな競争優位の実現を妨げる「硬直性」を内包しているのである。企業が持続的な競争優位を獲得するためには，企業環境の変化に対応して，その組織能力も変更させていかなければならないが，多くの企業は過去の成功体験に引きずられ，その努力を怠る。その結果，多くの企業では組織能力は硬直化するのである（十川［2013］83-84頁）。

こうして，近年では能力ベース・アプローチの議論に新たな視点が加えられつつある。企業が環境変化に対応して，またはそれを先取りして自社の経営資源の蓄積・活用パターンを常に洗い直し，必要とあればそれを更新していく必要があるとする理論である。このようにすれば，企業は環境変化に対してダイナミックに対応でき，持続的な競争優位を構築できるというのが，この理論である。これがティース（Teece.D.J.）などの主張するダイナミック・ケイパビリティ論である（渡部［2010］参照）。

3　競争優位から価値創造の戦略へ

3.1　競争優位構築の限界

1970年代後半から，企業間競争が激化したため，企業の経営戦略において競争戦略が重要な課題になり，その研究も盛んになって，競争優位構築のためのいくつかの有力な理論も誕生した。しかし近年，これまでの企業の競争優位の構築のあり方やその理論に対して疑問が提示されるようになっている。というのは，現在のような業際間や国際間の競争の激しい時代では，企業がある競争優位を構築したとしても，その優位性は短期間のうちに失われてしまうからである。

近年コンピュータをはじめとする情報通信技術の急速な発達によって，企業の「モノづくり」やビジネス・システムの構築が一変し，今ではかつて想像できなかったほど短期間で他企業の製品やビジネス・システムを模倣できるようになった。例えば，製品の製造についてみると，そのモジュール化が進み，汎用品が多くなり，発展途上国の企業でも先進国の企業の製品を簡単につくれるようになっている。

また，近年では過去の企業間競争とは異質の競争が繰り広げられ，競争のプレーヤーとルールも異なってきているので，企業の競争優位の構築は極めて難しくなっている。そのようななかで，企業の競争優位の構築について考えても，どれだけ意味があるのかという疑問もある。ここで紹介してきたポジショニング・アプローチ，資源ベース・アプローチ，さらには能力ベース・アプローチのいずれも，現在の企業間競争の状況を十分に説明できるとはいいがたい。こうしたなかにあって，キム（Kim, W.C.）とモボルニュ（Mauborgne, R.）は，**ブルー・オーシャン戦略**（blue ocean strategy）という新しい概念を提示した。

キムとモボルニュは，企業のビジネスの舞台である市場を海にたとえ，「赤い海（レッド・オーシャン（red ocean））」と「青い海（ブルー・オーシャン（blue ocean））」に区分する（キム＆モボルニュ［2005］20頁）。レッド・オーシャンはこれまでの産業，すなわち既知の市場空間を指し，ブルー・オーシャンはいまだ誕生していない市場，すなわち未知の市場空間を指す。レッド・オーシャンでは各産業の境界が引かれ，競争のルールも広く知られており，各企業はその産業内で限られたパイの奪い合いをし，さらにその製品のコモディティ化が進み，企業間競争がいっそう激しくなり，市場は血に染まっていく。

一方，ブルー・オーシャンでは，市場が未開拓であるため，企業は新しい市場空間を切り開くことによって，その業績を向上させようとする。ここでは既存の産業の枠組みを超えて，その外で新しい市場を創造するから，海図などは存在しない。キムとモボルニュによれば，これまで経営戦略の研究はレッド・オーシャンでの競争に焦点を当ててきたので，その競争を展開する方法については十分理解が得られているが，ブルー・オーシャンをいかに創造すべきかについては，指針はほとんどないという（キム＆モボルニュ［2005］21頁）。

実は，100年前には自動車，音楽レコード，航空，ヘルスケア，経営コンサルタントなどの市場や産業はなかった。30年前でも，投資信託，携帯電話，バイオテクノロジー，宅配便，ネットビジネスなどはなかった。しかし，現在ではそれらは大きな市場や産業となっている。このように，現在その姿が見えないけれども，将来大きな市場や産業になるものが多くある。ブルー・オーシャン戦略とは，このように新たな市場や産業を創造していく戦略で，それは未来に向けての戦略でもある。したがって，その戦略では他社との競争はないし，他社のベンチマークもない。キムとモボルニュは，レッド・オーシャン戦略とブルー・オーシャン戦略の特徴について，図表５-２のように比較している。

図表５-２　戦略の比較：レッド・オーシャンとブルー・オーシャンの比較

レッド・オーシャン戦略	ブルー・オーシャン戦略
既存の市場空間で競争する	競争のない市場空間を切り開く
競合他社を打ち負かす	競争を無意味なものにする
既存の需要を引き寄せる	新しい需要を掘り起こす
価値とコストのあいだにトレードオフの関係が生まれる	価値を高めながらコストを押し下げる
差別化，低コスト，どちらかの戦略を選んで，企業活動すべてをそれに合わせる	差別化と低コストをともに追求し，その目的のためにすべての企業活動を推進する

出典：キム＆モボルニュ［2005］38頁。

3.2　価値創造の戦略展開へ

企業が持続的な発展や成長を目指すためには，既存の産業や市場で競争するのではなく，新しい市場を切り開き，新しい産業を創造していく必要がある。しかし，それはそう簡単なことではない。企業の戦略へのアプローチを変えることが大事になる。キムとモボルニュによれば，ブルー・オーシャンを切り開く企業は，従来とは異なった戦略ロジックに従っている。彼らはバリュー・イノベーション（value innovation）こそがブルー・オーシャン戦略の土台となり（キム＆モボルニュ［2005］31頁），そこにおいては価値と革新が重んじられるという。

まず，企業が将来の顧客の価値観の変化を推測し，新しい製品やサービスを創造し，顧客のニーズを呼び起こすような提案をすれば，新しい市場が誕生する可能性がある。その意味では，企業は既存の競争相手と競争することを意識しないで，将来の新しい市場創造を目指して，その背後にある顧客価値を創造することが重要になる。これこそが未来に向けての戦略アプローチであり，企業の持続的な発展と成長を可能にさせる戦略と考えられる。製品のコモディティ化が進み，他社の製品を簡単に模倣でき，また市場に多種多様な製品があふれている時代において，企業が過酷な競争から抜け出すには，このような戦略の展開が望まれる。

しかし，日本企業についてみると，第２次世界大戦後から一貫して製品の品質向上に注力してきたため，「モノづくり」にかけては世界ナンバーワンといってもよいが，顧客への価値創造については，必ずしも優れているとはいえない。むしろそれを不得手としている企業が多い（延岡［2011］28-30頁）。このため日本企業は，モノづくりの能力のあまり高くないけれども，価値づくりのうまいアメリカ，韓国，台湾などの企業との競争で苦杯をなめるケースがみられる。とくに，この傾向はパナソニック，ソニー，東芝，日立製作所など，日本を代表する総合エレクトロニクス企業にみられる。近年，こうした企業のテレビ事業は，韓国や中国の企業の猛追にあい，大幅な赤字を計上し，縮小や撤退を余儀なくされたが，この事例はそれを如実に物語るものである。

とはいえ，顧客価値を創造するのも簡単ではない。顧客には多様な価値があり，しかもそれは極めて主観的なものだからである。製品やサービスに対する顧客の価値は個人によって異なる。ある顧客は製品に対する価値をデザインに置くかもしれないが，別の顧客はその機能や価格に置くかもしれない。さらに，顧客価値には現在の製品やサービスで，その価値を実現させようとする顕在的な価値から，将来において生じる潜在的な価値もあるが，市場創造には後者の顧客自身も気づいていない顧客価値を探す必要があるからである。

現在のような激しい企業間競争から抜け出すのは，以上のように新しい市場や産業を創造する必要があるが，それには前提として，イノベーションが不可欠になる。企業がイノベーションに果敢に挑戦することで，新しい市場や産業の創造に向けての新製品や新事業，または新しいビジネス・システムが構築できるからである。企業が持続的な成長と発展を遂げるためには，絶えず「破壊と創造」を繰り返すイノベーションに挑戦するしか道はない。ハメルはいみじくもいう。「イノベーションを持続できない企業は，一時の熱狂に乗じているだけで，いずれは消え去る運命にある」（ハメル［2001］56頁）。

さらに蛇足になるかもしれないが，あえて付け加えれば，企業が持続的な発展と成長を実現させるには，顧客価値の創造にとどまらず，広く世界の人々の幸せや社会の発展に寄与する「社会価値」の創造に向けてのイノベーションにも挑戦することである。それこそが，21世紀の企業に求められている経営で，また血で血を洗うような無用な過当競争から抜け出す方法でもあろう。

【注】

1）こうした企業イノベーションの概念については，次の文献を参照されたい。奥村［1986］46-48頁。
2）ビジネス・システム優位という考えは，加護野［1999］に基づいている。
3）野中・竹内理論については，野中・竹内［1996］を参照されたい。

Let's Try！

□①ポジショニング・アプローチ，資源ベース・アプローチ，能力ベース・アプローチの特徴と問題点について考えてみよう。

□②現在の企業間競争の特徴を指摘し，今後の企業の競争優位構築のあり方について考えてみよう。

さらに深く学ぶためにお薦めの本

- 網倉久永・新宅純二郎［2011］『経営戦略入門』日本経済新聞出版社。
- 十川廣國編著［2013］『経営戦略論（第２版）』中央経済社。
- ポーター［1999］『競争戦略論Ⅰ・Ⅱ』ダイヤモンド社。

第6章　組織と組織のなかの個人

Topic

仕事をすること自体が楽しい

テクノポップ・ユニット「Perfume」は，2015年に結成15周年，メジャーデビュー10周年を迎えた。アクターズスクール広島の第１期生によって結成され，メンバーチェンジを経て西脇綾香，樫野有香，大本彩乃という現在の布陣となったのは2001年のことである。翌年インディーズデビュー，中学３年生になると同時に上京し，2005年にメジャーデビューを果たした。

当初はプロデューサーの中田ヤスタカに「感情を込めずに。突き放すように冷たく歌って」といわれ「すごい戸惑い」があったという。「ずっと教え込まれていた，根づいていたスクールの歌い方。そこをはがすところから始まった」が，「この歌い方にも意味があった」ことを知った『コンピュータシティ』が転機となる。

メディア・アーティスト真鍋大度が演出を行う最新テクノロジーを駆使した近未来的なステージを可能にしているのは彼女たちの正確なダンスである。自分たちが間違えたら見せたい演出を見せることができなくなるというプレッシャーを感じながらも，この15年を振り返って「ずっと楽しかった」のだという。

入社して15年が経ったとき，読者のみなさんも「ずっと楽しかった」と思うことができるだろうか。そう思えるかどうかはさておき，企業組織に属し仕事をし続けている人は少なくないであろう。誰もが一生のうち幾度となく組織に加わりその影響を受けながら暮らしている。本章では，その組織と組織のなかの個人について理解を深めていく。

（NHK Eテレ「SWITCHインタビュー達人達」2015年11月14日放送）

1　組織はなぜ必要なのか？

1.1　組織の定義

最も有名な組織の定義の１つが，組織体を社会システムとして概念化したバーナード（Barnard, C.I.）の「２人またはそれ以上の人々の，意識的に調整された諸活動または諸力のシステム」（バーナード［1956］76頁）であろう。第65回紅白歌合戦のPerfumeのステージにはドローンも登場したが，そうした目に見える人や物を捨象して残る，１人ではできないことを複数の人間が協力し合って実現しようとする関係性をバーナードは組織とした。したがって組織は目に見えない構成概念である。

この定義の重要な含意は３つある（桑田・田尾［1998］）。第１に，組織を構成しているのは人間が提供する活動であり，人間ではないという点である。そのため組織の成立・存続には，個人から組織に必要な活動を引き出さねばならない。「動機づけ」の問題となる（2.1項～2.3項参照）。第２に，組織を構成する諸活動・諸力はシステムとして互いに相互作用を持つ点である。個々の要素には還元できない全体としての特性を持つがゆえに，組織は１人ではできないことが可能になる。ただし，時には利害の対立や意見の不一致が生じてマイナスの効果を生む。第３に，組織を構成する諸活動は意識的に調整されているという点である。組織は意識的調整のための手段をさまざま有しており，安定的な相互作用のパターンを生み出すのが「組織構造」（1.2項参照）や「組織文化」（1.3項参照）である。

バーナードによれば，組織が成立する条件は，①共通目的，②貢献意欲，③コミュニケーションである。短命で終わる組織がある一方で，長く存続する組織がある（厳密にはその背後で組織がつくられては消え，またつくられるというプロセスが繰り返されている）。われわれが目にしているのは「数多くの失敗者の中でうまく生き残ったもの」（バーナード［1956］５頁）といわれるが，では成立した組織が存続するには何が必要なのだろうか[1)]。組織の存続は変化する環境のなかで複雑な均衡をいかに維持するかにかかっている。

バーナードの組織の存続条件の理論である「組織均衡」とは，組織が参加者に対して継続的な参加を動機づけるのに十分な支払いをうまく用意できていることを意味する。参加者は，組織が提供する誘因と引き換えに貢献活動を組織に対して提供する。参加者は要求されている貢献に比べて等しいか，またはより大きい誘因を受ける限り組織への参加を続ける。したがって，参加者の貢献を引き出すのに足りる誘因を提供し，かつそれだけの誘因を提供するのに十分な貢献を参加者から引き出すことに成功しているならば組織は存続する（図表6-1）。

したがって，組織の存続は組織の「有効性」（effectiveness）と「能率」（efficiency）にかかっている。有効性とは，組織の目的の達成の程度のことである。ある手段が組織の目標水準を達成するときその手段は有効であるという。また能率とは，組織が必要とする参加者の貢献を確保するのに足るだけの有効な誘因を提供できる程度のことである。換言すれば，誘因≧貢献という状態を作り出している程度である。能率を高めれば，インプット（参加者の貢献）とアウトプット（組織が提供する誘因）の差が大きくなるため，誘因を支払う原資が大きくなる。ある目標について有効な手段は複数存在し，有効性基準を満たすもののなかからより能率的なものが選択されることになる（桑田・田尾

図表6-1　組織均衡

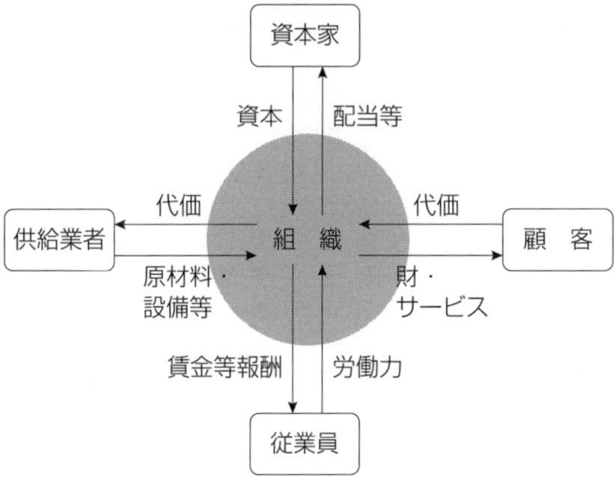

出典：桑田・田尾［1998］43頁。

[1998]）。

Perfumeの場合，テクノポップ・アイドルという方向性を選択したことが奏功した。当初3人はテクノの良さがわからなかったが，カッコいいと思えるようになってから心から聴いてほしいと思うようになったという。企業組織の場合であれば，その企業で働くことに対する誇りやその企業の社会的機能の重要性などが誘因となり，それら誘因の源泉は経営理念である（佐々木［2013］）。

1.2　分業と調整の枠組み：組織構造

２人またはそれ以上の人々が参加する組織では「分業」が生まれる。分業によって組織は１人ではできないことができるようになる。分業のメリットは，①個々の作業への習熟，②段取り替え（工具を持ち替えたり，持ち場を移動するなど本来求められている活動のほかに，その活動のために必要とされる活動のこと）時間の節約，③機械の発明，④人的資源の有効活用にある（沼上［2004］）。

前項で述べたように，組織の活動は意識的に「調整」されている。調整を伴わない分業は不毛であり，活動が意識的に結合されることによって目標の達成が可能になる。分担した参加者の活動が繰り返し生じるのであれば，場当たり的に調整を行っていては都合が悪い。分業と調整の枠組みを「**組織構造**」という。組織構造によって，誰が責任を持って何をすることになっているのかが決まり，安定的な相互作用のパターンが生み出されるのである。

組織構造研究の知的源泉はウェーバー（Weber, M.）の官僚制論と古典的管理論とされる。「官僚制」こそが組織設計の足腰であると説く沼上［2003］によれば，官僚制の基本はプログラム（標準化）とヒエラルキー（階層）にある。仕事の多くをプログラム化，すなわち繰り返し出現する問題を解決する手順やルールを決め，そのプログラムでは対応できない定型から外れた例外をヒエラルキーによってその都度上司が考えて処理する。

ヒエラルキーの設計のポイントは管理の幅とグルーピングである。１人の上司が管理する部下には適正な人数があるとする「統制範囲（span of control）の原則」は古典的管理論の主要原則の１つであり，通常は３人から６人といわれるが，上司の能力や部下の能力，例外の発生頻度や対応の難しさといった仕事の性質によって違ってくる。この管理の幅によって階層数が多くなるか少なくなるかが決まる。階層の数が決まれば，次は各階層での部門化の方法，分業の基準を考える。部門化の基準としては，①機能（職能）・役割，②知識・技術，③アウトプット，④時間があるが（藤田［2015］），基本は機能による部門化と事業に基づく部門化である。機能による部門化が行われている組織形態を「職能別組織」，事業による部門化が行われている組織形態を「事業部制組織」と呼ぶ（図表6-2）。

環境の不確実性が高まり例外的な事象が頻繁に生じると，階層上方への情報流が増して，トップが長期的な戦略思考に割くべき時間まで例外処理に追われるようになってしまう。こうした事態に対処する方法の1つが「**事業部制組織**」である。最高意思決定者のすぐ下の部門化が事業別に行われる事業部制組織では，各事業部は研究開発・製造・販売といった機能を備えるため（図表6-2B）自律的な事業単位とし，日常的に生じる問題の解決を事業部に委ねる[2)]。その結果，市場への適応力が高まる一方，独立性の高さゆえ自分のところの予算で開発した技術は他事業部には出さないとか製品をまたがるような大規模なプロモーションができないなどの問題点も生まれてくる。

共通利用が可能な資源の蓄積に強みを発揮するのが「**職能別組織**」である（図表6-2A）。トップ下の第一義的な部門化が機能別に行われている（その下で製品別に部門化されている）職能別組織では，共通するスキルを持つ従業員をグルーピングする。そのため知識・経験の蓄積と規模の経済性が働き，同じ職能のメンバーが1つの部門に集まるので専門性を高めやすく，職能間の調整が必要な決定はすべてトップまで上がってくるので中央集権的な管理が行いやすいというメリットを持つ。けれども取り扱う製品が増えた場合には，トップへの階層の上方情報流が増え，タイムリーな意思決定が難しくなり，個々の市場への対応に時間がかかってしまう[3)]。

このように，2つの組織形態の基本型にはそれぞれメリットとデメリットがある。これら2つの部門化の発展型ともいえるのが機能と事業など2つ以上の基準で部門化を行う「**マトリックス組織**」（図表6-2C）である。縦軸に事業，横軸に機能を置き，事業ごとの縦割り（セグメンテーション）に横串を刺すべく職能部門長に機能の視点から調整する権限を与えるものである。どちらの軸

図表6-2　代表的な組織形態

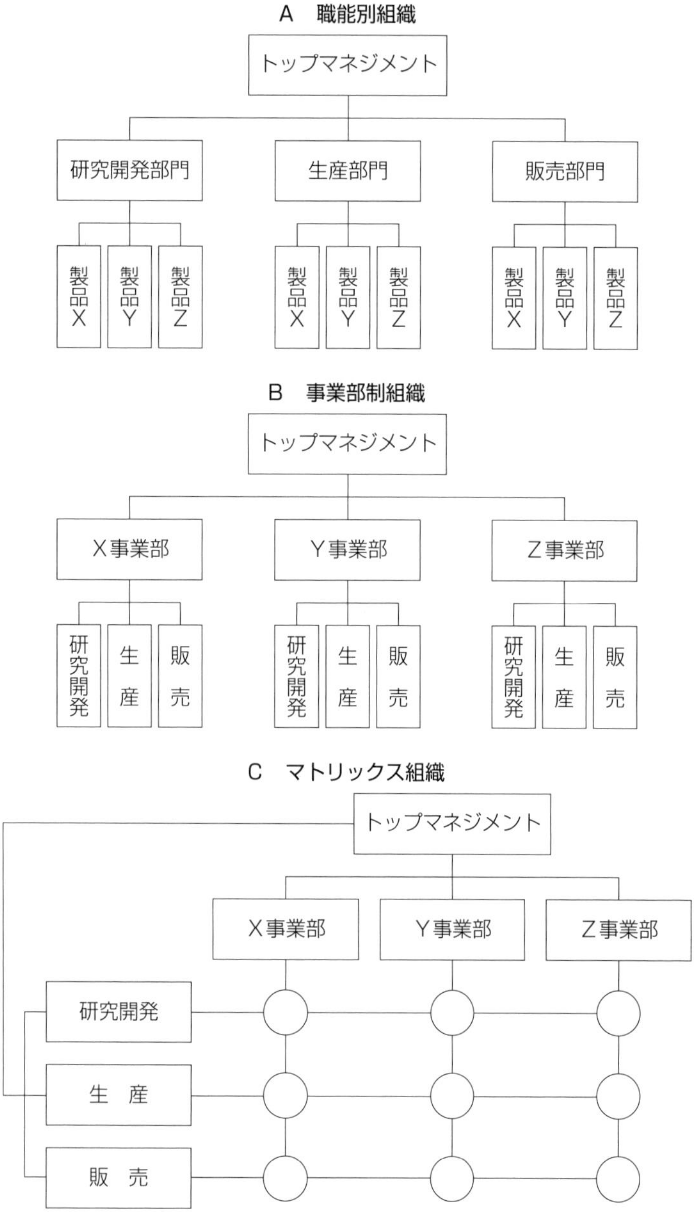

も同等に重視されるため2人のボスが存在することになり，命令一元化の原則が崩れ，新たな部門間対立が生じることもある。

そうした対立は物理的な距離，時間，言語，文化といった隔たりによって深刻になるため，マトリックス組織の多国籍企業版であるグローバル・マトリックス組織（第10章参照）は，理論上うまくいくはずだったが，失望する結果になった（Bartlett&Ghoshal［1989］）。官僚制に代表されるタテの階層組織に対する概念として登場したのがネットワーク組織である[4)]。次の特徴が指摘されている（若林［2009］）。①フラット（低階層）で水平的で緩やかな結合：トップとミドル，そして現場の距離が近いため，情報や知識の交換がスムーズに行えるため，顧客や市場ニーズへの対応がしやすく，環境にうまく適応できる。②特定の目的を果たすために従来の組織の壁を超えた協働：社内ではプロジェクト・チームを編成したり，社外では戦略提携を結んだりと，部門や会社を超えて1つの事業活動を行う。③組織内外に発達させたネットワークを通じた資源の動員：そうした資源を動員できる有用なネットワークそのものが組織にとってソーシャル・キャピタルとなる。④市場や外部の環境を基準にした意思決定：部門や組織の壁を超えてネットワークで結合しているので，外部環境で用いられる判断基準が使われる。⑤自己組織的で柔軟な変化：フラットで，柔軟で，水平的で，組織の境界を超えるといった特徴が，環境変化に対して自ら柔軟に構造変革を行うことを可能にする[5)]。世界中に分散した専門化した組織単位が相互依存関係で結びついた統合ネットワークで，効率，適応性，イノベーションという多次元の戦略課題を達成する組織モデル（Bartlett&Ghoshal［1989］）こそが第10章で登場するトランスナショナル組織に他ならない[6)]。現地資源が豊富で複雑な外部環境に直面している組織単位（海外子会社）を調整するには，集権化のようなフォーマルなメカニズムではなく，次項で取り上げる組織文化が用いられる傾向がある（Ghoshal & Nohria［1989］）。

分業と調整の枠組みとしての組織構造は以下のような次元で理解される。①専門化：分業が細分化されている程度（分業の基準），②標準化：人々の活動が手続きによって規定されている程度，③公式化：手続きや規則が文書化されている程度，④階層性：階層の数，⑤分権化：権限委譲の程度（経営階層の上部に集中する程度が高いと「集権的」，ロワーにも権限が委譲されている程度が高いと「分権的」という)。

1.3 組織文化

前項で取り上げた組織構造や第４章で取り上げた経営戦略は，1960年代後半から1970年代にかけて経営学の主要な研究領域であったが，1980年代の経営学の中心概念の１つとなったのが「**組織文化**」である。組織文化を「学習され共有された暗黙の仮定」と定義するシャイン（Schein, E.H.）は，文化のレベルを３つに分けている（シャイン［2004］26頁）。

レベル１　文物（人工物）

レベル２　標榜されている価値観

レベル３　背後に潜む基本的仮定

レベル１の文物は，具体的にはオフィスのレイアウトなど物理的な人工物，儀式や儀礼といった行動的人工物，そして逸話や英雄など言葉的人工物が含まれる。レベル２の価値観は，レベル１の人工物を生み出しており，例えばフリーアドレスのオフィスは「情報の共有」を重視する価値観を反映している。「そうはいっても座る席が次第に固定されてしまうんですよね」というコメントは，部門の垣根を越えたコミュニケーションを大切にする価値観が組織のメンバーに自覚されていることを意味する。対照的にレベル３は，信念や価値観が共有され，当たり前のこととなっていくにしたがって組織メンバーに当然のように受け入れられている状態，無意識の価値観ということができる。シャインによれば，文化の本質はこのレベル３である。

深く浸透し，広く共有されている組織文化を意味する強い組織文化は，何が重要であり何が重要でないかについて，組織メンバーの経験に共通の意味を与えることで判断や行動に方向づけを与えている。このことは，メンバー間のコミュニケーションを容易にしたり，メンバー間の行動の調整を可能にするという「内的統合の機能」が組織文化にあることを意味する。官僚制の標準化による事前調整に比べ柔軟で適応力に勝る。また組織文化には，組織の価値を示すことにより企業イメージと評判を対外的に作り出し，取り巻く環境にうまく適応する「外的適応の機能」もある。

他方，組織文化には，画一的であるために，これまでの価値観を否定するような新しい発想や工夫が生まれにくくなったり，変革への抵抗が起こるといった逆機能があることも忘れてはならない。

組織のメンバーに共有された価値観や信念はもともと創業者やリーダーの頭のなかにあったものであることが多い。それが言語での表現，具体的行動の共有，象徴の共有，教育などを通じて組織メンバーに浸透し共有され，組織文化は創造される。新入社員研修のなかに創業者の経営理念を学ぶ時間を設けている企業もあるが，そうした組織に適切に参加するために必要な価値観を習得する過程である「社会化」は，強い組織文化を創るうえで重要な役割を果たしている。

組織文化の変革は組織文化の創造以上に困難である。なぜなら，すでに根づいている旧来の組織文化をいったん破壊しなければならないうえ，さらに新しい組織文化を創造していかなければならないからである。坂下は，組織文化の変革プロセスを次のように整理している（坂下［2000］）。

ステップ1　トップによる戦略的ゆさぶり
ステップ2　ミドルによる戦略的突出
ステップ3　ミドルによる変革の連鎖
ステップ4　トップによる新パラダイムの確立

2　組織メンバーのやる気をどう引き出すか？

2.1　モチベーションの内容論

会社で聞かれる愚痴はたいてい「なんであの人は私より給料もらっているんだ」と，「なぜあの人が俺の上司なんだ」の２つだそうである[7)]。給与が低く，昇進が遅い日本企業は海外でも人手不足に悩まされているという[8)]。では給与を高くすればいいのだろうか。昇進すれば意欲的に仕事に取り組むのだろうか。ちなみにリゾートホテルを運営する星野リゾートでは，現場にできうる限り権限を委譲し任せている。任せれば，人は楽しみ，動き出す。

働き手が何より求めているものは高賃金である。「科学的管理法」で知られるテイラー（Taylor, F.W.）は言い切る。経営管理の命題を高い賃金と低い工賃を同時に実現することに置いたテイラーは，動作研究と時間研究を通じて工場労働者の生産性を維持するにはどのような賃金体系がよいかを検討した。科学的に設定された「課業」（ノルマ）を指図どおりの時間内に正しく達成したら通常の賃金より30％から100％の割増賃金を支給する「差別出来高給制度」が導入された。

科学的管理法の影響を強く受け行われたのが，従業員と会社の双方にとって望ましい作業条件の究明を目的とした「ホーソン実験」である。実験結果が示したことは，労働者の作業能率は職場の人間関係に対する満足度のような情緒的な状態に依存するということであった。生産性は人間関係などの賃金以外の要因と管理者の態度や行動によって決まっていたのである（佐々木［2013］)。

前節で述べた組織均衡論では，参加者は組織から誘因を受け，その見返りとして組織に対して貢献を行うことが想定されていた。では，そもそも参加者は何によって貢献を提供するよう動機づけられるのか。動機づけを引き起こす欲求にはどのようなものがあるかを特定しようとするのがモチベーションの「内容論」である。

内容論のなかで，経営学のみならず実務の世界にも大きな影響を与え続けてきたのがマズロー（Maslow, A.H.）の「**欲求階層説**」である。人間を突き動かす欲求は５つに分類でき，それらは階層を形成しているという点が特徴である。低次から順に，①生理的欲求，②安全欲求，③愛情欲求，④尊厳欲求，⑤自己実現欲求となっており，人間は低次の欲求が満たされるとより高次の欲求を満たそうとして，それが人間を突き動かすとの仮定がある。生理的欲求と安全欲求という人間が生命を維持するために生まれながらにして持つ欲求が満たされると，より高次の欲求である愛情欲求を満たすような，会社の一員になるなど帰属先を求めるものでなければ動機づけられなくなる[9)]。欲求階層説のもう１つの特徴は，自分がなりうるものへなろうとする欲求である自己実現欲求だけは完全に満たされることはない，と考えられている点にある。いったん満たされても，満たされれば満たされるほど，いっそう関心が強化される。

もう１つの代表的な内容論が，人間の基本的欲求についてマズローの欲求説に似た考え方を持つハーズバーグ（Herzberg, F.）の「**動機づけ・衛生理論**」である。インタビュー調査を通じて，達成，承認，仕事そのもの，責任，昇進という職務満足の決定要因と，会社の方針と管理，監督，給与，対人関係，作業条件という職務不満足の決定要因の２組の要因を識別した。前者は個人をより優れた遂行と努力へと動機づける効果を持つと考えられることから「動機づけ要因」と名づけられ，後者は不快さを回避しようとする欲求を満たせば職務不満足を予防する働きを持つが積極的な態度も生まないという意味で「衛生要因」と名づけられた。衛生要因が職務満足につながらない理由は，それが仕事そのものには関係がなく，成長したという実感をもたらさないからである。

なお，ハーズバーグの議論は仕事の満足感が連続的に変化していくことを仮定していないことに注意しなければならない。満足な状態と不満足な状態は１つの連続体の対極に位置するのではなく，別々の独立した尺度であると考えられたのである。「仕事に不満がある」の反対は「仕事に不満がない」であって，「仕事に満足している」ではないのである。

2.2　モチベーションの過程論

内容論に対しては，組織メンバーが目標達成のためになぜ特定の行動をとるのかを人間の欲求や満足だけでは説明できないという批判がある。「モチベーションの過程論」は，人間がどのように動機づけられるのかというプロセス，モチベーションが生起する心理的メカニズムを明らかにしようとする理論である。なかでも最も多く紹介されるのがブルーム（Vroom, V.H.）に代表される「**期待理論**」である。期待理論の根底には，人間は自己の利益のために企業組織のなかで仕事をしており，仕事行動の前に合理的な利益計算を行うという人間観がある（坂下［2000］）。

期待理論の基本的な考え方は以下の３点に要約される（藤田［2009］）。

①ある行為（仕事）を行うことで１次の結果（成果）が確率的に決まる。仕事と成果をつなぐ確率を「期待」と呼ぶ。

②１次の結果（成果）に従って２次の結果（報酬）が確率的に決まる。成果と報酬をつなぐ確率は「手段性」と呼ばれる。

③２次の結果（報酬）の魅力度は金額ではなく効用で表され，これを「誘意性」と呼ぶ（図表6-3）。

図表6-3　期待理論の基本的な考え方

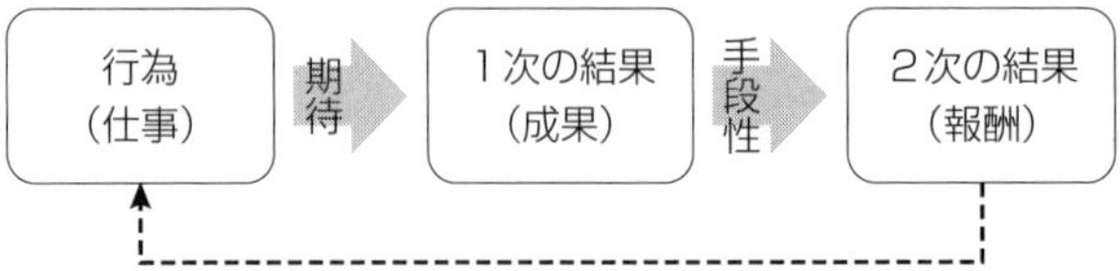

報酬の期待値を逆算，期待値が大きいほど「行為」への動機づけも大きくなる
出典：藤田［2009］123頁。

行為が成果につながる確率が高いほど，成果が外的報酬に結びつく確率が高いほど，報酬が魅力的であるほど，動機づけられることになる。3つの変数の積としてモチベーションをとらえているため，他の変数の値がいくら高くても，1つ（あるいは2つ）の変数の値が著しく低ければ，実際に行動を起こそうとする動機の程度は低くなる。

上述したように，期待理論の根底には前もって合理的な利益計算を行うという人間観がある。つまり，目の前にニンジンをぶら下げて走らせる（ぶら下がっていないと走らない）というモデルになっている。そのためこのモデルは，欠勤や離職に対する説明力は高いが，組織における高いレベルでの生産性を十分説明することはできないといった批判がある。

2.3　内発的動機づけ

期待理論では，仕事を通じて得られる報酬の魅力度が仕事に対する動機づけの大きさを決めると仮定していた。しかしながら，将来での利益を期待しない，行為自体が報酬をもたらす「自己目的的」な仕事も存在する。

チクセントミハイ（Csikszentmihalyi, M.）は「1つの活動に深く没入しているので他の何ものも問題とならなくなる状態，その経験それ自体が非常に楽しいので，純粋にそれをするということのために多くの時間や労力を費やすような状態」（チクセントミハイ［1996］5頁）であるフロー概念を提唱している[10)]。ロッククライミング，ダンス，チェスといったフロー活動の基本にあるのは自己の成長である。能力の習得を必要とするルールを持ち，目標を設定し，フィードバックをもたらし，統制を加えることができる。これらは挑戦と能力という2つの軸で説明される（図表6-4）。

図表6-4　フロー体験のダイナミックな特性

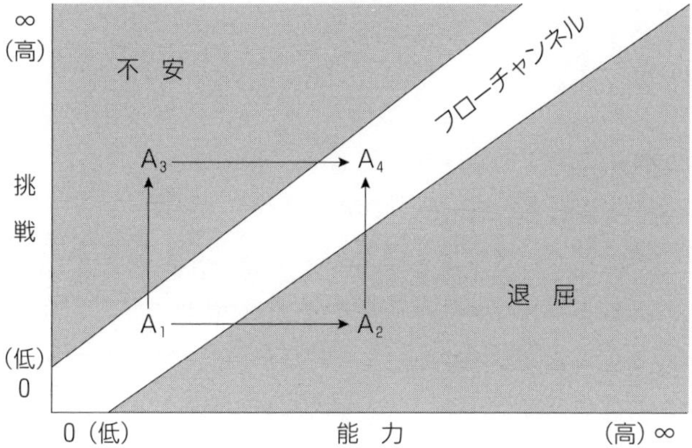

出典：チクセントミハイ［1996］95頁。

人間は同じことを同じ水準で長期間行うことを楽しむことはできない。退屈か不満を募らせ，再び楽しもうとする欲望が能力を進展させるか（A１→A２），その能力を用いる新たな挑戦の機会を見出すよう自分を駆り立てる（A２→A４）。A１とA４はともにフローの状態にいることを示しているが，A４はより大きな挑戦を含み，より高度な能力を要求するので，A１より複雑な経験と考えられている。このダイナミックな特性によって，フロー活動は人を成長と発見へと導く。仕事はできるだけフロー活動に似るよう設計し直されなければならない，とチクセントミハイは論じている。

このような楽しさといった感情は自分の内側から湧き上がってくるので，内的報酬と呼ばれ，内的報酬を目的として活動に従事する状態を内発的に動機づけられているという。デシ（Deci, E.H.）は興味深い実験を行っている。立体パズル「Soma（ソーマキューブ）」を使い，紙に描かれた形を13分以内に再現するという課題を１日に４問，３日にわたって行うというもので，２問終了後に８分間の自由時間を設定していた。デシが注目したのは，この８分間の自由時間の使い方であり，何をしてもいい状況下でパズル解きに費やした時間で内発的動機づけの度合いを測定した。被験者の学生の半分（統制群）は自由時間のかなりの部分をパズル解きに充て，３日目では自由時間の半分を費やしていた。パズルが解けたからといって何ら報酬がもらえるわけでもない（とも言っておらず，正確にいうと報酬に関しては知らされていない)。外的報酬が存在しない状況でもパズルに取り組んだのは，内発的に動機づけられていたからだと考えられた。

実はこの実験の目的は，パズル解きのような活動に内発的に動機づけられる程度が外的報酬が与えられると低下するという仮説を検証することにあった。もう半分の学生（実験群）には２日目だけ13分以内に解けば１ドル与えると伝えたところ，一貫して報酬を与えられなかった統制群の学生がパズル解きに費やす時間はむしろ上昇したのに対して，２日目に報酬を与えられた実験群の学生たちがパズル解きに費やす時間は，３日目には低下したのである。これは実験群の学生たちは純粋に楽しかったはずのパズル解きに楽しみを感じなくなってしまったからなのだろうか。さらなる検証が必要だとしつつも，デシは外的報酬を経験した後では内発的動機づけが低下するという仮説は支持されたと結論づけている（Deci［1971］)。

改めて整理すると以下のようになる。

外発的動機づけ：経済的・物質的なものをはじめとして，目に見える報酬（外的報酬）を与えることでモチベーションを喚起しようとする考え方

内発的動機づけ：仕事のやりがいなど，仕事それ自体からもたらされる報酬（内的報酬）によってモチベーションを喚起しようとする考え方

バーナードがいうように，組織の本質的要素がメンバーが貢献を組織に提供しようとする意欲にあるならば，十分な誘因を与えられるかどうかが組織の存続をかけた最も重要な仕事となる。経済的報酬を典型とする物質的な誘因のみならず，仕事の成果に対して誠意ある言葉で報いる評価的誘因，組織文化がメンバーのコミットメントを引き出す理念的誘因，そして仕事そのものが面白いと感じられフローを体験させる自己実現的誘因などに配慮した，誘因システムの設計が求められる（沼上［2003]，伊丹・加護野［1989]）。

3　組織にはなぜリーダーがいるのか？

3.1　リーダーシップの不動の2次元

1940年代までのリーダーシップ研究の主流はリーダー個人の持つ資質を探求することであった。肉体的特長，社会的背景，パーソナリティ，知性，欲求特性などが検討されたが，一貫した結果は得られなかった。そこで，1950年代から優れたリーダーはどのような行動をとるのかを問う。換言するとリーダーシップ・スタイルの有効性を解明する行動アプローチが採られるようになった。

何らかの尺度を開発してリーダーの行動を測定し，リーダー行動と部下の満足や集団の業績といった成果との関係を探るなかで，ミシガン大学の研究は従業員中心的監督と職務中心的監督という2つの種類のリーダーシップ行動を確立した。典型的には，従業員中心的監督とは部下に心配りをして可能な限り各自の望む方法で仕事をさせたり，部下を信頼して権限委譲したり，意思決定に参加させたり，部下のパーソナルな事情も理解するといった行動である。他方，職務中心的監督は作業を単純なタスクに分割して割り当て，リーダーが考えた能率的な方法でそのタスクを行わせ，決められたペースで手順通りにタスクが実施されるよう監督する行動である。高業績部門では従業員中心的監督，低業績部門では職務中心的監督が多いことが発見された。

オハイオ州立大の研究では，リーダー行動を測定する信頼できる尺度の開発や次元の確定が目指された。現実の企業における管理者がどのような行動をとっているのか。管理者や部下の行動の観察，インタビュー，リーダーシップ関係の文献レビューからリーダー行動を測定する項目が蓄積されていった結果，1,700超のリーダー行動が記述された。そこで明らかになったことは，2つの次元でリーダー行動の全体像に関わる情報がほぼ説明できることであった。すなわち，「構造づくり」（initiating structure）と「配慮」（consideration）である。

構造づくりとは，部下が目標の達成に向けて職務の効率的な遂行に必要な構造ないし枠組みを部下にもたらすリーダー行動である。また配慮とは，集団内での相互信頼，部下のアイデア・考え方の尊重，部下の気持ち・感情への心配りによって特徴づけられるような職場での人間関係を生み出し尊重するリーダー行動である。続いて，リーダー行動の次元とリーダーシップ成果の関係を探ることに焦点を当て，最も有効なリーダーは構造づくりと配慮の両方の尺度において高スコアであるという結論が得られた。

ミシガン研究の職務中心的監督と従業員中心的監督という２次元と，オハイオ州立大研究の構造づくりと配慮という２次元は，それぞれタスク指向のリーダー行動と人間指向のリーダー行動に対応するという点で類似している。しかし，ミシガン研究では２つのリーダー行動が互いに両立しないリーダー行動の同一次元の両極にあるように対比されているのに対し（図表６-５左），オハイオ州立大研究では独立した次元として扱われ，両立可能なものとしてとらえられたのである（図表６-５右）（金井［1991］）。

その後もリーダーシップ研究は蓄積されていくが，以下のようにまとめることができる[11)]。

- 「課題（仕事）に直結した行動」と「人間としての部下への思いやりや集団としてまとまりの維持に直結した行動」という２つの軸でリーダーシップ行動が記述できる。
- ２つの軸でハイスコアなHi-Hi型の普遍的有効性が確認されてきた。

図表６-５　人間指向のリーダー行動とタスク指向のリーダー行動の関係

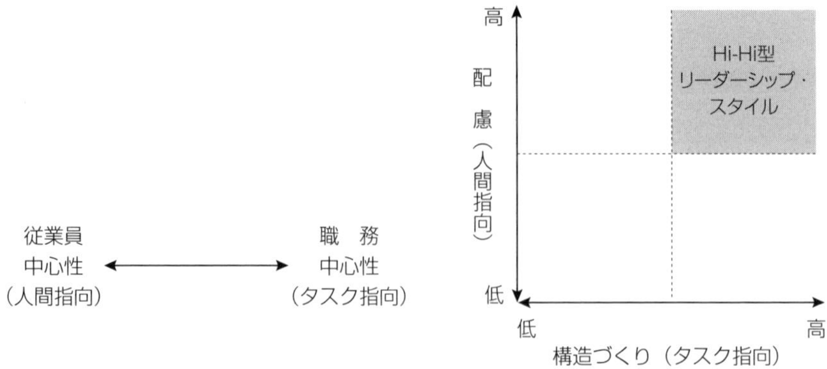

出典：金井［1991］93頁。

3.2　リーダーシップの状況適応理論

普遍的に有効なリーダーシップ・スタイルが存在するという分析枠組みの妥当性を考え直す方向へと向かったのが「**コンティンジェンシー理論**」である。リーダーが置かれた状況が異なれば，求められるリーダー行動が異なるというアプローチである。リーダーシップのコンティンジェンシー理論を初めて提唱したのはフィードラー（Fiedler, F.E.）とされる。彼はリーダーシップ・スタイルと組織状況を関連づけることを試みた。リーダーシップ・スタイルとは人間関係志向型とタスク志向型の２つである[12]。組織状況は３つの要素（リーダーとメンバーの関係，タスク構造，リーダーの地位のパワー）の組み合わせから，リーダーにとって有利か不利かどうかに分類された。得られた結果は，かなり好ましい状況とかなり好ましくない状況ではタスク志向型リーダーのほうが高業績であり，他方適度に好ましい状況では人間関係志向型リーダーのほうが高業績であった。

フィードラーのモデルは，時間の経過とともに状況要因が変化しうることを想定していなかった。時間の経過とともに変わるものといえば，部下の能力や意欲であろう。ハーシー＆ブランチャード（Hersey, P. & K.H. Blanchard）の「状況対応型リーダーシップ理論」（SL理論：Situational Leadership Theory）では，多くのリーダーシップ理論で見落とされていたり過小評価されていた状況要因の重要な要素として部下の特性に焦点を当てている（Hersey＆Blanchard［1978］）。

SL理論も，リーダーシップ・スタイルをタスク志向型と人間関係志向型の２つで把握するが，その組み合わせにより４通りのリーダーシップ・スタイルが想定されている。すなわち，①指示型（高タスク志向×低人間関係志向），②説得型（高タスク志向×高人間関係志向），③参加型（低タスク志向×高人間関係志向），④委任型（低タスク志向×低人間関係志向）である。彼らが注目した部下の特性とは，意欲と能力で構成される部下の準備性（readiness level）であった。

部下が職務に必要な能力も意欲もない場合，リーダーは具体的に明確な指示を出す指示型でなければならない。職務に必要な能力はないが，意欲はある場合，説得型で部下の能力不足を補うよう十分なタスク志向型の態度を示し，指示を受け入れてもらえるよう人間関係の構築に努める。職務に必要な能力はあるが，意欲がない場合，参加型で部下からの支援を引き出す。職務に必要な能力も意欲もある場合，委任型であまり多くのことをしないほうがよい。

3.3 リーダーシップ開発論

時間の経過とともに部下の能力や意欲が変わるなら，リーダーの能力や意欲は変わらないのだろうか。リーダーシップの理解・実践・開発を通じた社会貢献を使命とする国際的教育機関であるCCL（The Center for Creative Leadership）によれば，リーダーシップ開発のカギは以下の３つである（McCauley, Moxley & Velsor (eds.) [1998]）。

① チャレンジングな成長を促してくれるような経験
② チャレンジングな経験から学ぶ能力
③ 自分の経験を振り返るための他者のフィードバック

仕事の割り当ては，リーダーシップ開発において最も古くからある最も強力な手段の１つとされている。1980年代までリーダーシップ開発の体系的な試みの大部分は研修室における教育や訓練だったが，CCLその他で行われた多数の調査研究は，多くのマネジャーが仕事経験を主要な学習の源泉と考えていることを示してきた。それ以降リーダーシップ開発の理論と実践の両方において，実際の仕事の経験が重要な役割を果たすという認識が広がっていった。

では，成長を促す仕事経験とはどのようなものだろうか。当然ながら，すべての経験が等価ではない。重要なのはチャレンジである。マネジャーが挑戦的な職務状況に直面したときに職務上の学習が最も起こりやすい理由は，挑戦的な状況は従来の思考方法や行動を見直し，新しいやり方を考える機会を提供するからであり，挑戦的な状況では現状の能力と望ましい能力のギャップを埋めるように動機づけられるからである。

CCLの知見を踏まえながら，事業経営者がキャリアのなかで，どのようなイベントを通じてどのようなレッスンを得てきたのかを明らかにしたのが守島ほか［2006］である。事業経営者として仕事をするうえで役立っている経験のうち回答数が多かったのは海外勤務，最初の管理職，（小規模）事業の経営，入社初期の配属・異動，ナンバー２としての配属，新規事業の立ち上げ，他部門への異動，プロジェクトへの参画である。

なかでも，本社の事業部や本部などの長，子会社の社長など事業ユニットの長として１つの事業全体をマネジメントした経験を指す「事業経営」は事業ユニット長にとって重要なレッスンを多く習得できるイベントであった。さらに「事業経営」からより多くのレッスンを得ることができるのは40歳代後半から50歳代前半であった。

リーダーシップ開発論の基本的な主張は以下の３点である（守島ほか［2006］)。

① リーダーシップは業務上の出来事，すなわち仕事経験を通じて育成される。
② リーダーに必要な資質として一番重要なのは，そうした経験から適切な教訓を学びうる力である。
③ リーダーシップを育成する経験は，適切な時期に適切な形で与えなければならない。

日産自動車は若手社員を海外に送り出す研修制度を導入した[13]。入社４年目の時点で30人から50人を欧米やアジアの事業体に３ヵ月から６ヵ月間派遣する。海外派遣の後，絞り込んだ20人程度に国内外でリーダー研修を積ませる。40歳前後で子会社のトップ，40歳代で日産の役員が務まる人材を育成することが狙いだという。必要なイベントをどのくらいの期間経験させるのか。どのような組み合わせが早期の育成に寄与するのか。今後の課題である。

【注】

1）高橋［1995］は，バーナードの組織の成立条件は組織の活性化された状態の定義と基本的に合致しており，その意味で組織を成立・存続させること自体が非常に難しく，組織は常に成立しているのかと問いを投げかけている。なお，バーナードは意識的に調整が行われている組織を「非公式組織」との対比で「公式組織」と呼ぶが，本章では組織を公式組織の意味で用いる。

2）日本では事業部制を流行に乗って採用し，必ずしも自律的に行動できないエセ事業部が多数成立してしまったが，カンパニー制はこの事業部の独立性を大幅に高めたものと考えることができる（沼上［2003］）。

3）企業の成長を単一職能，単一事業単位，単一製品から複数職能，複数事業単位，複数製品への拡張ととらえることができるが，単一職能から複数職能への垂直統合戦略と職能別組織，単一事業から複数事業への多角化戦略と（製品）事業部制組織という組織形態の戦略の関連性が指摘されている（Chandler［1962］）。単一地域から複数地域への地理的多角化すなわち国際化戦略と，国際事業部制，世界的製品事業部，地域事業部，グローバル・マトリックスといった組織形態との関連性も議論されてきた。

4）マトリックス組織は組織内部に見られるネットワーク的な組織の具体例の1つとされる一方で（若林［2009］），機能別のフォーマル・ヒエラルキーに対抗して製品別のフォーマル・ヒエラルキーを対置するなど，ヒエラルキーに満ちた組織であるという指摘もある（沼上［2004］）。

5）ネットワークは「複数の何らかの対象があり，その対象の一部またはすべての間に関係が存在している状態」を特徴とし，そこにある何らかのつながりの型こそが本質だという（安田［2001］4頁）。ある行為者がなぜ特定の行為を行うのか？　行為の規定要因を，行為者を取り巻く他者の存在および複数の他者により形成された社会的なネットワークと対応させて考えるのが，ネットワーク分析の基礎となっている構造社会学の分析枠組みである。ネットワーク組織という組織のあり方あるいはそのメカニズムの解明に関心が集まる背景には，社会ネットワーク理論の進化と分析手法の発達がある（若林［2009］）。

6）組織は真空のなかで存在するのではなく，組織を取り巻く環境との相互作用のなかで存続している。バーナードは，組織均衡という概念からもわかるように，「公式組織の不安定や短命の基本的な原因は組織外の諸力のなかにある」（バーナード［1956］6頁）と考えていたものの，均衡の維持に必要なのは「内的な諸過程の再調整」（同）と述べている。組織の環境適応を組織内の調整プロセスの問題として扱っていたのである（山倉［1993］）。しかし，組織に重要な影響を及ぼす環境は組織化された他組織であり，組織が存続・成長していくには他組織との関係づくりが重要課題となる。ここでの他組織とは，当該組織にとって所有関係・資本関係がない組織であり（ある場合もある），当該組織と資源を交換する他組織との組織間関係を，組織内のようにヒエラルキーによって調整することはできない。そうした状況は，資本関係があっても海外子会社が本国から物理的にも文化的にも隔たりが大きい多国籍企業に当てはまる。かくして多国籍企業は組織ユニット間の交換関係のネットワークとして概念化された（Ghoshal & Bartlett［1990］）。

7）NHK「プロフェッショナル―仕事の流儀―“信じる力”が人を動かす 星野佳路」。

8）「日本企業は地球どこでも人手不足」『日経ビジネス』2015年9月7日号。

9）沼上［2003］は生理的欲求と安全欲求が満たされると，一足飛びに自己実現欲求を追求するよう理解されており，一歩手前の尊厳欲求について多くの人が真剣に考えなくなってしまうと指摘している。企業組織を運営するうえで日常的に一番重要なのは尊厳欲求であり，それを満たす手段として勝ち戦を経験させることにより有能感を獲得させる，仕事の成果に対して誠意ある言葉で報いる，の2つをあげている。

10）チクセントミハイは，18世紀中頃までに「たえず挑戦がある」生産様式だった家内工業は大量生産に対抗できなくなり，職人は大挙して工場で働くようになったため，以前には得られていた仕事の楽しさは「徹底的に破壊された」と述べている（チクセントミハイ［1996］191-192頁）。生産性を最優先に考えることは短期的には「フローを生み出す条件との著しい不一致を生む」（同書192頁）。

11）不動の2次元でリーダー行動を把握する支配的パラダイムの硬直性を問題視した金井［1991］は，新たなミドル・マネジャー像＝変革型ミドルを追求すべく「戦略的課題の提示」と「連動性の創出・活用」という次元の有効性を確認した。

12）フィードラーのリーダーシップ・スタイルの測定方法は独特である。LPC（Least-Preferred Co-worker＝最も苦手な同僚）スコアとして知られる質問票で測定され，LPCを相対的に肯定的に評価した場合，そのリーダーは関係志向型のリーダーシップ・スタイルとみなされ，他方LPCを相対的に否定的に評価・記述した場合，タスク志向型のリーダーシップ・スタイルとみなされた。

13）「日本経済新聞」2015年7月4日。

Let's Try !

□①関心のある企業の組織図から組織形態を調べ，なぜその組織形態を採用しているのか考えてみよう。

□②「リーダー」だと思う人物をあげ，そう考えた理由をリーダー行動の観点から検討してみよう。

さらに深く学ぶためにお薦めの本

- 高橋伸夫［2007］『コア・テキスト経営学入門』新世社。
- 沼上幹・加藤俊彦・田中一弘・島本実・軽部大［2007］『組織の“重さ”—日本的企業組織の再検討』日本経済新聞社。
- マッコール［2002］『ハイ・フライヤー—次世代リーダーの育成法』プレジデント社。

第 7 章　経営の意思決定と情報の管理

Topic

顧客にも意思決定を迫る！：ヨドバシカメラ

インターネットが普及し，双方向のコミュニケーションが可能になると，今まで収集できていなかった種類のデータや情報を得ることができるようになる。なかでも，最も有益なものの１つが顧客からのデータや情報である。

これまでも，POSシステム等から顧客の購買情報は得られていたが，購入しなかった者が自社と他社のどんな商品を比較していたか，他のどんな商品を買ったのかなどの情報を得ることはできなかった。

これらの情報を積極的に収集・活用している企業として，ヨドバシカメラをあげることができる。近年，大規模家電量販店の勢いに陰りが見え始めているなかで，ヨドバシカメラは顧客情報を有効に活用してリアル（実店舗）とバーチャル（電子商取引）を融合させた独自のビジネスを展開している。

ECサイトであるヨドバシ.comで，顧客が検索した商品名を分析し，検索回数に応じて品揃えを行ったり，EC上である顧客が閲覧した商品と同種の類似した商品情報を検索頻度が高い順に推薦したり，特定商品を実店舗でチェックした顧客にバーコード等により同種・類似商品の他店価格情報を紹介するなどのサービスを行っている。

ヨドバシカメラでは，これらさまざまな形で顧客に情報提供することで，顧客に対して購入の決断，つまり意思決定を静かに迫っている。もちろん，顧客には「NO」という選択肢もあるのだが，押し寄せる情報を目の前にして購買の意思決定気運は自然と高まっていく。

今日，企業にとっての意思決定は，何も自社の役員や社員が求めるものだけではない。インターネット時代の双方向のコミュニケーション環境下では，提供する情報によって，企業が顧客に意思決定を強く求めていくようになる。

1　経営組織における意思決定と課題

1.1　組織における意思決定

ビジネスの世界にとどまらず，人類の歴史自体，人間の選択の積み重ねによって築かれたものであるといっても過言ではない。フランスの有名な劇作家であり哲学者でもあった，アルベール・カミュ（Albert Camus）は，「人生は選択の集積である」との名言を残した。有史以来，不確実な環境に直面した組織のリーダーは，熟考し，想定し，計算して，最終的に取るべき行為を選択しなければならない環境におかれた。

世界最大の電子商取引サイト「アマゾン・ドット・コム」の創業者であり社長であるジェフ・ベゾス（Jeff Bezos）も，2010年プリンストン大学の卒業式辞で，「私たちは人生のさまざまな局面で，何を選ぶのか決断している。大きな決断もあれば，小さな決断もあるだろう。けれどもそうして私たちが選んできたものが積み重なって，現在の私たちは存在している」と卒業生に語りかけている。

誰にとっても，選択はやっかいな仕事であり，直面する問題が難解であればあるほど避けたくなるものである。この選択は「**意思決定**」（decision making）と呼ばれ，個人の場合は経験や訓練によってその力が磨かれ発展させることができるものの，一方これが企業における意思決定となると話は違ってくる。

経営学者であるドラッカー（Drucker, P.F.）は，「決定を下すことは経営者本来の仕事である。（中略）組織全体に対して，また組織の業績や成果の上に，重大な影響を及ぼしうるような決定をなすことを期待されている人間こそ，我々は経営者と呼ぶことができる」（ドラッカー［1966］212頁）と述べて，重要な決定を下す者が経営者であると明言した。

しかし現代企業においては，決定を下すのは経営者だけではなく，管理者も同様である。管理者は，組織から職位の一定範囲内で意思決定を行う義務を与えられており，その責任配分によって自身が保護されていない限り，意思決定の負担に強くさらされる立場にある。今日，経営者や管理者が直面する経営上の課題は複雑であり一様でない。また，課題を解決して達成しようとする目的は，容易に到達できるレベルに設定されることは少ない。企業人は，意思決定を必要とされる場面において，常にリスクを背負う環境下にあるといえる。

1938年，アメリカのベル電話システム傘下ニュージャージー・ベル電話会社の社長であったバーナード（Barnard, C.I.）は，ビジネスの世界に意思決定の概念を公式に取り入れた最初の人物である。バーナードは，「経営組織において，２つの条件『達成されるべき目的』と『用いられるべき手段』の存在が明確になった時，意思決定が問題となる」として，「これらは２つの環境，すなわち①目的と②物的世界（社会的世界，外的事物と諸力，その時の情況）により影響を受け，この２つの関係を調整することが意思決定であり，それは①目的を変更するか，或いは②目的を除く他の環境を変えることによって達成される」と説いた（バーナード［1956］193頁）。

またバーナードは，組織の意思決定が個人のものとは異なる点についても言及し，組織に求められる意思決定はその過程において専門的であり高次に論理的でなければならないとして，組織における意思決定プロセスの専門化の重要性を唱えた。さらには，「相対的重要性の見地からすれば，主要な関心を要するのは管理者の意思決定ではなく，非管理的な組織参加者の意思決定である」として，「効果的な組織行為が行われる『現場』での反復的な意思決定が必要だ」（バーナード［1956］200頁）と述べ，組織における意思決定は経営者１人が行うものではなく，各階層にて行われ，そのすべてが重要なものであると説明したのである。

1.2　合理的選択と不確実性の低減

経営のなかで，意思決定という行動に焦点を当ててさまざまな概念を広く提供したのが，「組織における意思決定の研究」により，1978年にノーベル経済学賞を受賞したサイモン（Simon, A.H.）である。彼は，経営では何かを行うことを選択する行為が重要であると考え，組織を科学的に分析することにより，意思決定の行為を明らかにすることに知力を注いだ。

サイモンの考えで特徴的な点は，「現実世界において客観的で合理的な行動をするために，解かねばならない問題の大きさに比べて複雑な問題を定式化し

図表７－１　客観的合理性実現の障害

	客観的な合理性の実現要因	実際にある障壁
1	合理性は各選択に続いて起こる諸結果についての，完全な知識と予測を必要とする。	実際には，結果の知識は常に部分的（断片的）なものに過ぎない。
2	諸結果は，将来のことであるゆえ，諸結果を価値付けるに際して，想像によって経験的な感覚の不足を補わなければならない。	価値は，不完全にして予測ができない。
3	合理性は，起こりうる代替的行動の全ての中で，選択することを要求する。	実際の行動では，可能な代替的行動のうち，２，３の行動のみしか思い出せない。

出典：サイモン［1989］103頁。

解決する，人間の知的能力は極めて小さい」として，「限定された合理性の原則」を唱え，合理的な行動を必ずとるとされてきた経済人の前提に疑問を呈し，その後の意思決定研究に大きな影響を与えたことである（サイモン［1989］371頁）。

サイモンは，次の３つを満たすものが理想的な客観的合理性であるとした（サイモン［1989］102頁）。

(1) 意思決定に先立ち，パノラマのように代替的選択肢を概観すること。
(2) 各選択によって生ずる複雑な諸結果の全部を考慮すること。
(3) 全代替的選択肢から１つを選択する価値体系を有していること。

しかし実際の経営行動では，「この理想的な姿には示されない多くのまとまりのない要素を含んでいる。（中略）実際の行動は，この定義のような客観的な合理性に３つの点で及ばない」として，図表７－１のように，組織において客観的かつ合理的な意思決定を行うことは難しいと説明している。これを日常のビジネス活動にたとえれば，価格が最も安い海外企業から部材を仕入れることを計画した企業が，その国との間の為替差損リスクを心配して容易に意思決定ができないといった事例をあげることができる。価格が安いことで被るリスクは高くなる。意思決定はいつも単一の要因で決定できるものではないとサイモンは語っているのである。

またサイモンは，代替的選択肢の比較検討過程を経ずに選択された案で行動

図表7-2　経営組織が社員個人の意思決定に与える方法

1	組織は，仕事をメンバーに分割する。各メンバーに完成すべき課業を与えることによって，組織はメンバーの注目をその課業に向けさせ，それのみに限定させる。
2	組織は，標準的な手続きを確立する。ある仕事は，特定の方法でなされなければならないと決めることによって，その仕事を実際に遂行する個人は，その仕事をどうやって処理すべきか毎回決める煩わしさから解放される。
3	組織は，権限と影響の制度を作ることによって，組織の階層を通じて決定を下に（そして横に，あるいは上にさえも）伝える。
4	組織には，全ての方向に向かって流れるコミュニケーション経路がある。この経路に沿って意思決定のための情報が流れる。この経路にも，公式的なものと非公式的なものの両方がある。
5	組織は，そのメンバーを訓練し教育する。これは影響の「内面化」と呼ぶことができる。それは，組織のメンバーの神経系統の中に，その組織が行いたいと欲している意思決定の基準を注入するものだからである。

出典：サイモン［1979］129-130頁。

することは合理的とはいえず，組織において代替的選択肢の検討を可能な限り行うことが意思決定を行ううえで合理性を高めることになる，とも説いた。サイモンはこれを，経営組織における「意思決定の影響のメカニズム」として，社員個々人の意思決定にも影響を与える重要なものとしてその方法を図表7-2のように示した。

1.3　意思決定と経営組織のあり方

企業の存立目的は，組織の継続と成長にある。そのためには，収益を上げる必要があり，何らかの経済活動を行わなければならない。この活動を具体的な経営目標に置き換え，何らかの方法を用いて達成することが経営行動であり，経営者によって組織内にその内容と活動規範が示される。もちろん，経済活動の規範だけでなく，同時に企業の設立背景や発展経緯に沿った経営理念も併せて示される。

なかでも経営目標は，組織が近未来・中長期において達成しなければならないものであり，数値等で可視化され組織内外に明示される必要がある。さらにはこの経営目標を規定するものが経営理念であり，企業が社会と結ぶ誓約の意味を持ち，社会に対して負う責任とも言い換えられる。したがって目標を達成しようと思わんがあまり，適切でない方法を用いて事業活動を行い収益を上げようとすることは，企業が社会と交わした約束を反故にすることと同意になり，社会的信用を著しく傷つけることになる。

企業において，経営理念は経営者によって示され，最高位に位置づけられる意思決定である。これらは早々頻繁に変更されるべきものではないが，一方，経営目標の場合は経営環境の変化やヒト，モノ，カネに代表される経営資源が適切に調達・活用されていない場合には変更を余儀なくされる。

経営目標が現実と乖離したものであれば，企業内では目的に向かい到達しようとする社員の意識が希薄になってしまう。そのため経営者は，社員の達成意識を強くするため，実施すべき経済活動における経営目標を到達可能範囲内にとどめ，適切に設定する必要がある。

この点について，バーナードに従えば，企業における経営目標達成においては，非経営者の目標達成意識の強さと意思決定の内容が極めて重要であるとのことである。バーナードは，「相対的重要性の見地からすれば，主要な関心を要するのは，非管理的な組織参加者の意思決定である」（バーナード［1956］200頁）と唱え，そのため，非管理者を適切な行為の選択に導く過程こそが，経営者や管理者が行うべき意思決定であるとした。しかしながら，一方では，組織内の職位が上層部から下層部に下がるに伴い，意思決定の条件だけではなく，その型・性格も変わるとして，図表７-３のように種別して経営者や管理者にそれを認識し留意することを促したのである。

図表７-３　意思決定の階層別特徴

1	上層部　経営者の意思決定	•追求すべき目的に関わるもの。 •従業員全体に関するもの，組織自体の発展と保全に関するもの。
2	中間層　管理者の意思決定	•広い目的を，より特殊な目的に分割すること。 •行為の技術的工学的問題。
3	下層部　非管理者の意思決定	•行為が組織的である限り，技術的に正しい行為に関係するもの。

出典：バーナード［1956］200頁。

2　意思決定と情報

2.1　経営組織が保有する情報と管理

情報に関わる議論において，「**データ**」と「**情報**」はいつもその中心である。マクドノウ（McDonough, A.H.）は，データ，情報，および知識を明確に区分し，情報から知識へと連続的変化の関係が存在するとして，その概念整理に知見を注いだ研究者である。彼は，「データは，ファクト（事実）である」（マクドノウ［1966］78頁）として，企業の現状そのものを数値等で表したものであると定義した。他にも，「データとは，発生した取引や事象などの事実であって，一般に何らかの媒体上に記録し，保管，処理，流通，伝達の対象となるものである」（前川［1981］12頁）とした定義もあり，データは，企業の現状について客観的に明示したものであると示唆されている。

一方，情報は，企業において社員間や顧客とのコミュニケーションにも内在し，それらは伝達媒体へ記録され，それにより伝達媒体そのものを管理する行為から発生する。ここでいう伝達媒体は，文書等書面資料や，コンピュータ等で活用する磁気・光媒体等である。近年では，コンピュータ内情報ファイル（データベース等）が一般的になっており，企業において多種・多量な情報の管理が可能になっている。

企業で活用する情報伝達媒体の形式は，伝票，日報，報告書，最近では写真や動画が貼付されたものまでさまざまである。また，企業で行う「情報活用」とは，情報伝達媒体の内容を業務の目的によって選択し活用する行為を指し，具体的には伝達媒体の内容を業務目的により書き加えたり，書き換えたりすることを指している。これらは一般に情報処理と呼ばれるが，そのために必要となる時間，費用，効率，質の高さなどが要求される。その結果企業は，社員の業務処理能力（情報リテラシー）と，情報システムの処理能力に大きく依存することになる。

企業における情報活用を，目的によって種別すると次の３つになる。

⑴ 定型業務処理のための情報活用

組織管理業務と定常的な経営管理業務に分けられる。組織管理業務とは，会計処理，人事関連処理等を指しており，利潤追求活動とは直接関係しないが，企業活動を支える重要な基盤業務である。経営管理業務とは，利潤追求活動に直接関連した事務処理業務を指し，販売・在庫管理，物流管理，顧客管理などである。

⑵ 新規事業の企画・立案のための情報活用

研究開発や新製品・サービスの創造に関わる業務がこれにあたる。現在の利潤追求活動には直接関係していないが，将来の利潤獲得につながるものであり，企業の永続的な存続を考えると不可欠な業務である。また，この情報には，数値等の計量的なものだけではなく，アイデアやデザインなどの知的財産も含まれている。

⑶ 意思決定のための情報活用

⑴，⑵によって集められた情報を集計・分析（情報処理）して，経営者が事業遂行上の重要な意思決定を下す際に有用する情報活動である。この場合，組織の意思決定を円滑かつ効果的にする目的で，コンピュータを用いた情報システムを活用することが一般的である。

企業活動において生じるデータは，コンピュータによる処理によって「情報」として経営者に提供され，意思決定に有用される。マクドノウによれば，情報とは，「特定の状況における価値が評価されたデータ」と定義している（マクドノウ［1966］78頁）。これを前川は，「判断，選択，予測，計画策定などの行動にあたって意思決定を行う当事者に役立つメッセージである」（前川［1981］13頁）として，意思決定との関係により明示している。いずれにしても意思決定において，「情報」は極めて重要な経営資源であり，経営者には，図表7-4のような，情報が有する特徴を十分に理解して情報価値を高め，活用することが求められる。

こうした特徴は，情報自体に当初から価値があるのではなく，企業における経営戦略に合致させて，その実現や重要な意思決定に貢献してはじめて価値が生まれる。

図表7-4　意思決定で活用する情報の特徴

1	情報は，必要とする者にのみ，価値を有するものである。
2	情報は，時間の経過によって，一般に価値は減少する（一般化する）。
3	情報は，利用者の活用能力（情報リテラシー）によって，その価値が決定づけられる。
4	経営組織にて，情報活用のためのツール（情報システム）を管理・運用する者（グループ）を事前に決定する必要がある。

企業で扱われる情報は一般に経営情報と呼ばれ，企業の管理活動や利潤追求活動に関わるすべての情報を指す。現在では，経営情報の管理のためにコンピュータを用いた情報システムを活用することが有効とされ一般化している。この情報システムは，とくに「経営情報システム」と呼ばれ，経営情報を体系化して管理し，事業実践に効果的に役立たせる意図を持っている。

2.2　意思決定と情報・知識の構造化

「データ」と「情報」について，その対応技術と活用を意思決定との関わりにて明らかにしてきたが，ここではさらに「**知識**」との関係について解説していく。

データ・情報・知識の関係について，齋藤に従えば，「データは，特定の対象や世界の属性（状態や構造）を記述するものであり，分析の素材である。データが受け手の主体によって価値あるものと認められた場合，情報となる。データや情報の集まりが，一定以上の構造や体系を持っている場合，知識となる」とされている（齋藤［2005］39頁）。

また，これらの違いを説明する言葉として，「フロー」と「ストック」という表現がしばしば用いられる。情報はフロー性が強いとされ，知識はストック性が強いとされる。これについて野中・竹内は，「情報は行為によって引き起こされるメッセージ（事実）の流れ（フロー）であり，メッセージの流れから創られた知識は，情報保持者に信念として定着（ストック）し，コミットメントと次なる行為を誘発する」として，情報と知識の違いを明確にしている（野中・竹内［1996］86頁）。

企業活動においては，こうしたデータ，情報，知識は別々に存在しているのではなく，利用者が情報を管理する過程において，収集→検索→分析→立案→蓄積→提供→伝達の流れのなかで変換して活用している。また，蓄積された知識は構造化され新たな知識を生み出す源泉になる。このように，情報管理により定常的にデータ収集を行い，知識を創造し，それらを積極的にビジネスに活かしていく経営スタイルを「**知識創造経営**」と呼んでいる。

野中と竹内は，1970年代から80年代の日本企業の急伸の要因を，海外識者が頻繁に言及する「終身雇用」「年功序列」「系列」などの，日本的な仕組みによるものではなく，組織的な知識創造経営により生み出された技術や技能であったと解説している。そこでは，言葉にしにくい「暗黙知」と，言語化され，他の部署やチームにも水平展開可能な「形式知」という2つの知識がうまく昇華されたとしている（野中・竹内［1996］90-93頁）。

暗黙知と形式知は，ポランニー（Polanyi, M.）が『暗黙知の次元』で示表した「知識」の分類である。彼は，「私たちは，言葉に出来るより多くのことを知ることができる」（ポランニー［2003］18頁）と言い，言語などの明示的・形式的表現では伝達不可能な知を「暗黙知」と呼んでその存在を指摘し，言語などの明示的・形式的表現での伝達が可能な知を「形式知」とした。

知識創造経営を実現する代表的なフレームワークに，図表7-5のように4つの知識変換モードに区別した各モードの英語の頭文字を取って，SECIモデルと呼ばれているものがある。個人が持つ暗黙的な知識を「共同化」

図表7-5　4つの知識変換モード

出典：野中・竹内［1996］93頁。

(Socialization),「表出化」(Externalization),「連結化」(Combination),「内面化」(Internalization）していくことで，個人の知識が，組織共有の知識となることを意味した経営の基礎理論である。

この変換モードは，それぞれ次の4つに種別されており，そのモードを経ながら「螺旋（スパイラル)」状に高まっていくというフレームワークである。

① 個人の暗黙知からグループの暗黙知を創造する共同化

② 暗黙知から形式知を創造する表出化

③ 個別の知識から体系的な形式知を創造する連結化

④ 形式知から暗黙知を創造する内面化

このなかでも,「組織においては，暗黙知から明確なコンセプトを作り出す表出化が知識創造の鍵を握っている」として，企業においては，形式知と暗黙知が相互作用することで新たな価値創造につなげることが可能となり，重要であると説いている（野中・竹内［1996］98頁)。

2.3　経営の意思決定を支援する情報科学

企業を取り巻く環境は変化が激しく，競合他者がひしめいている。そうした状況下にあって，経営者には事業リスクを極力取り除き，的確な判断を行うことが求められる。そのため，必要となるデータを迅速に収集・蓄積し，分析を行う目的で用いられている経営ツールが情報システムである。

情報システムを実現する技術は，IT（Information Technology）と呼ばれる情報通信技術であり，なかでもその発展を支えてきた中核技術の1つがデータベース技術である。

データベースについて植村は,「組織に関するデータをまとめて制御し，複数の利用者が共有するシステムをいう。データは必要最低限の冗長さを持って統合されてデータベースを形成し，利用者がそれぞれの業務に都合の良いやり方でそれを共有する。但し，利用者のデータベースに対する視点は異なっていても，操作する方式は統一され，集中制御される」(植村［1979］17頁）と定義している。情報システム導入において，データベースを用いる利点として，主に次の3点をあげることができる。

(1) データ間の相互関連づけができ，連続的に相互関係を参照する「リレーショナルデータベース化」を可能にする。
(2) 新たなデータが追加・削除されても，他の既存データに影響が及ぶことのない独立性を持っている。
(3) ファイルとしてデータが分散されているので，集中して管理することでユーザ制限が簡単になる。

経営者に課される経営戦略などの重要な意思決定では，広範で多様なデータを組織外から収集する必要が生まれる。経営者はこれらのデータの個別属性や内容よりも，むしろデータの傾向や時系列的な変化に着目する。そのため必要とされるデータが部門や目的ごとに個別のファイルで格納されている場合，適宜データを入手することが難しく，結果的にファイルを共有・統合した一元管理が必要になる。

このため，データベースを用いて蓄積されるデータの形式や名称，データ間の関係性等について事前に組織全体で約束事項を明確にすることが必要である。これによって一元的にデータの管理・活用が実現し，経営者は必要データを迅速に入手することが可能になる。

1970年代後半から1980年代にかけて，高性能で価格性能比が著しく向上したミニコンやオフコン[1)]と呼ばれるコンピュータが普及した。これにより複数のコンピュータを組み合わせた情報システムが必要とされるようになり，分散化したデータベース・システムが構築され始めた。「データは論理的に統合せよ，しかるのち物理的に分散せよ」（植村［1979］183頁）とは，まさにこの時点のデータベースのあり方を端的に示した言葉であった。

分散管理されながらもデータ間の相互関連づけを可能にし，連続的に相互関係を参照することが可能になるデータベースをリレーショナル・データベース（Relational Data Base Management System：RDBMS）と呼ぶ。1990年代に入り，企業が活用するデータが増加するに伴い，RDBMSが有用されるようになった。RDBMSは，トランザクション制御と呼ばれる複数同時利用者からのデータの更新等を正確に処理する仕組みを持っている。しかし，トランザクション制御は，高速に同時並行でデータを処理する業務には不向きであるため，近年では企業で扱うデータ量の多様化および増加により，検索速度が遅くなる欠点があらわになってきた。

すでに30年以上もの間，データベースといえばRDBMSだったが，近年の情報システムにマッチした技術シーズとして，NoSQL，NewSQL系[2)]のデータベースが登場している。これらのデータベースでは，RDBMSの欠点を補い，かつ信頼性が高いオープンソースの活用によってコスト軽減も図れる利点があり，現在ではデータベースに関連する技術および経済革新が起こっている。

3　意思決定と情報システム

3.1　情報システムの組織管理への適用

企業が活用する情報システムのなかでも，中核機能の1つになっているのが「**意思決定支援システム**」（Decision Support System：DSS）である。企業の経営者が戦略的な意思決定の際に手がかりとなる情報を提供する役目を有しており，競合他社との競争優位や，顧客の獲得・維持，新規事業・製品の企画立案，国際的な事業展開等，選択の失敗が経営に致命的な影響を及ぼすと考えられる場合に想定リスクを軽減する目的で用いられる。

一般に，意思決定支援システムによって扱う情報は，「経営管理情報」や「作業管理情報」で構成される。例えば，部材調達情報，生産情報，物流情報，在庫情報，営業情報，販売情報，顧客情報，顧客支援情報等は業務系，人事情報や会計情報は管理系の主なものである。これらは，定常的な業務においては社員により入力されるものであるが，近年ではインターネットの普及に伴ってコンピュータやスマートフォンを用いて顧客が直接Webサイトから情報入力することが増え，外部からの情報も同様に企業の情報システムに蓄積され活用されるようになっている。

とくに企業活動では，定常化された現場業務を行うことと，それに関する情報やデータを入力する作業は切り離すことができなくなっており，社員に高い情報リテラシーが求められている。これらの情報入力の際にヒューマンエラーが頻発し，入力された内容に信憑性が薄まると，「戦略的意思決定」における不確実性やリスクの軽減が難しくなり，経営者の意思決定支援に影響が出てしまう。

そこで昨今では，業務実施の現場において情報やデータ入力のヒューマンエラーを減らし，本来の定常業務実施の効率性を損なわないようにする目的で，自動的に情報やデータの収集ができるPOSシステムや電波を使って物品や人物を自動識別するRFID（Radio Frequency Identification）など，電子機器の導入が進んでいる。これらの機器は，入力時のヒューマンエラーを低減するとともに，入力作業自体を高速化・円滑化して，業務の効率的実施に寄与している。

企業では，収集されたデータや情報を蓄積・分析する情報システムを，情報システム部など専門部署で管理運用させるか，もしくは外部専門業者に有償で管理させている。情報セキュリティの重要性が強く唱えられる昨今では，コストよりも確実に情報の管理運用を行ってくれる専門業者に委ねることが多くなっている。

3.2　意思決定支援システムの発展と普及

1970年代になると，社員の所属や職能によって種別されたデータや情報を個別に扱うのではなく，経営全体の効率化と経営者の意思決定支援を重視して，データや情報を分析して活用しようとする考えが浸透し始めた。この考え方は，「システム思考」，「システムズ・アプローチ」と呼ばれ，情報システムの導入目的が企業組織全体マネジメントの最適化に変化してきたことを意味した。

「企業組織全体マネジメントの最適化」とは，経営を１つのシステムとしてとらえ，そのなかで発生する諸問題を経営の視点から認識し，情報システム等を用いて経営工学的な分析手法によって解決しようとする考え方である。この頃から，企業をめぐる問題は多様で複雑化し，コンピュータを用いた情報システムによって企業内外の関連データや情報を広範かつ迅速に収集・分析して，意思決定に活用することが求められるようになった。

こうした流れのなかで浸透したのが「**経営情報システム**」（Management Information Systems：MIS）と呼ばれる概念である。これは，処理能力や蓄積能力を著しく向上させたコンピュータ間に互換性を持たせ，共通の概念でデータや情報を処理する，統一した統合情報処理・管理システムのことである。

複数のコンピュータの統合は「システムインテグレーション」と呼ばれるが，この技術を背景に経営情報システムというコンピューティング概念が広がったのである。

その具体的な姿を理解するならば，宮下の定義が明確である。「経営情報システムは機能別サブシステム[3)]を統合して，管理者が必要とする情報を必要な時に必要な形で迅速に提供しようと試みたもので，データベースやデータコミュニケーション，情報検索などの技術を用いて経営情報の提供を実現しようとしたものである」（宮下［1991］65頁）。サイモンも，MISのあるべき姿を「トップマネジメントにとって極めて重要な情報システムは恐らく，外部源泉から情報を収集し，かつそれを選別するようなものであり，また戦略的なプランニング努力を支援するように設計されたものである。これらのシステムこそ，そう呼ばれることは滅多にないが，真の『経営情報システム』なのである」としている（サイモン［1979］183頁）。

しかしその後，MISへの注目度合いは当初の熱狂ぶりとは対象的に急速に冷めていく。情報システム技術の進展が目覚ましく，そこから供与される業務の効率化・省力化の凄さばかりに人々の目がゆき，経営における意思決定への有用性の側面がすっかり見落とされるようになってしまったのである。ただし，宮下によれば，それでも経営情報システムの概念は一定の役目を果たしたとしている。「構造的なデータ処理によって蓄積され整備されたデータを利用して管理者に意思決定情報を提供するという点において，限定的ではあったがそれなりの貢献をするものであった」（宮下［1991］63頁）とされている。サイモンをはじめ，識者の多くは，MISの概念は期待外れに終わったとしたが，MISが経営者の戦略的な意思決定過程に変化をもたらすきっかけとなったのは事実であろう。

その後も，多様で複雑化する経営環境は経営者層の役割を戦略的な計画策定にとどまらせず，経営政策の策定，組織編成の検討，資本・資金計画の策定など多岐に広げた。これらの意思決定業務は，管理者層が行う意思決定とは異なり，比較的長い時間軸を持っている。また必要とする情報は企業外部から入手されるものが多く，それらの情報を内部情報と融合させ，さらには要約的な内容にしたものが求められる。

このような特徴を整理し，意思決定支援システムとして明示化したのがスコット・モートン（Scott-Morton, S.M.）である。彼は，1970年代前半，経営に関わるあらゆる情報を保存し，ユーザー（経営者）自身が，直接コンピュータを操作することで，そこから必要な情報を得るというDSS（Decision Support Systems）の概念を提唱した。スコット・モートンは，ゴーリー（Gorry, G.A.）とともに，経営活動をシステムの視座からアンソニー（Anthony, N.R.）の研究とサイモンの研究の２つを検証し，２人の考えを図表7-6のようにマトリックス化した情報システムの枠組みを築いた。

ここで基本の１つとなったアンソニーの考えは，経営組織体の活動を①戦略的計画，②マネジメント・コントロール，③オペレーショナル・コントロールの３つのプロセスに分類するものであり（アンソニー［1968］24頁），一方，サイモンの考えは，意思決定を①構造的な意思決定と②非構造的な意思決定の２つに種別するものである（サイモン［1979］66頁）。

スコット・モートンとゴーリーは，サイモンの意思決定問題の２分類に加え，「半構造化（semi-structured）」問題を加えて３分類とし，非構造化問題と併せてこの２種の問題の解決に対しては経営科学的なアプローチは有効でなく，異なるアプローチを持つ情報システムの活用が有効であると説いたのである。

図表7-6　スコット・モートンとゴーリーによるDSSの枠組み

		管理のタイプ		
		オペレーショナル コントロール	マネジメント コントロール	戦略的計画
意思決定のタイプ	構造的	会計 売掛金処理 受注処理	予算分析 短期予測 人事報告など	財務，投資 倉庫立地 流通システム
	半構造的	生産スケジューリング 在庫管理	信用評価，予算編成 ブランド配置，プロジェクトスケジューリングなど	新ブランドの設置 M&A，新製品計画 QA計画など
	非構造的	ソフトウェアの購入 貸付承認など	交渉 ハードウェアの購入 陳情活動など	R&D計画 新技術開発など

出典：飯島［1993］34頁。

さらに彼らは，非構造や半構造の意思決定を行うことが多い経営者にとって，個々のオペレーションデータが主なコンテンツである情報システムを，階層を越えて結合しても有効に機能しないとした。

飯島は，これを機能面から簡易に解釈し，「利用者（経営者層）が対話を通じて意思決定問題の状況を明確にし，問題に対する理解を深め，さらに問題解決ができるようにコンピュータによって支援するシステム」として，意思決定支援システムを定義づけている（飯島［1993］38頁）。

3.3　ビジネス・インテリジェンスとビッグデータの活用

1990年頃から欧米企業を中心にコンピュータの演算速度およびRDBMS の処理能力の向上により，情報処理の専門家でない経営者や社員が，収集されたデータを独自に加工して市場分析，売上分析，顧客思考分析等を行い，ビジネス上の意思決定を迅速化させようとする考えが起こった。これは**ビジネス・インテリジェンス**（Business Intelligence）と呼ばれ，「経営者や社員が収集したさまざまなデータ群を加工して，売上分析，利益分析，顧客動向分析などを専門家に頼ることなく自分自身で明らかにして，それらを迅速かつ円滑に意思決定に活かす経営様式」と定義することができる。

企業では，多種多様なデータを収集しているが，その多くは日々のオペレーションデータであり，経営者の意思決定に直接にはあまり役立たない。そのため，これらのデータを加工し，明確な目的を持った者の意思決定に際して，有効な判断情報に変えて提供する必要がある。このデータや情報を加工する行為がビジネス・インテリジェンスである。

具体的な手法としては，基礎的なデータを統計分析し，その結果をグラフ化する加工作業から，応用的にソフトウェアに委ねたデータマイニング（Data mining）まで多岐にわたる。加工作業の代表格としては，「比較」をあげることができる。対前年比，対前年同月比，予実対比など，指標や値のさまざまな比較結果が経営者の意思決定に役立つ。さらに，このような「比較可能化」を実現する加工作業は，ある値について過去時点での実績と比較する「期間比較」（垂直比較），競合他社等との優劣を比較する「相互比較」（水平比較），標準指標と自社の値を比較する「標準比較」に種別できる。

一方，データマイニングは，「整理されていないデータから，予期されていない再利用可能な知識を掘り起こす作業」と定義される。換言すれば，企業で多量に収集・蓄積されるデータを解析し，そのなかにある潜在的・決定的なパターンや法則性を抽出する手法である。有名な事例として，世界最大の小売りチェーンであるウォルマート社が，1990年代の中頃，収集した多量の顧客購買データからデータマイニングによって「週末，赤ちゃん用紙おむつを買うお客はビールを買う確率が極めて高い」という発見的事実を得て，おむつ売り場の近くにビールを配架することにより両方の売上げを上昇させたという実話がある。

ビジネス・インテリジェンスの有効性が認識されていく一方で，浮き彫りになった課題は，適切にデータや関連ソフトウェアを扱える人材が不足しているという事実である。彼らはデータサイエンティストと呼ばれ，活用すべき統計分析手法や，得られた解析結果から有効な事実を得るための統計学の知識を備えた専門家である。今後，企業において，情報分析・情報活用の有用性がますます高まるなかで，データサイエンティストを抱え置くことが重要な要件となるであろう。

2010年頃から，「**ビッグデータ**」という言葉が新たにメディアを賑わすようになってきた。現状，明確な定義は存在していないが，非構造化データと呼ばれる会話，音声，動画といった多様な形式のデータを大量に扱うことを示した言葉である。ビジネスにおいて，インターネットにつながる機器（Internet of Things：IoT）が収集する固体データや，通信ログのような頻度が細かく多量なデータが日々収集されており，それらの集合体を指して用いられることもある。

この代表的な事例としては，PASMOやSuicaをあげることができる。定期券を代替するICチップにより，駅構内の乗降客の出入りを日時単位で把握できる仕組みである。JRでは，このデータを用いて，時刻表の策定にとどまらず，駅ビルに入居するテナントを選別し，品揃えのアドバイスを行い，収益力の強化に用いている。

近年，企業では，ITにも「市場変化への迅速な対応」，「意思決定の迅速化」，「顧客の嗜好やニーズの把握」など，売上や利益に直結する貢献が求められている。しかしながら，社内で権威を持つ一部の人々の経験や勘など，属人的な能力に頼る意思決定スタイルではそれらを実現することは難しい。そのため，社内外に散在する多様多量なデータを収集分析し，現状の課題を科学的に正しくとらえることが必要であり，それらの結果を用いて将来のビジネス機会とリスクを見定め，いち早く意思決定に良い手を打つことが企業競争力の源泉になると考えられ始めている。

具体例となるが，近年，小売業で「オムニチャネル」という言葉をしばしば耳にする。タブレットやスマートフォンの普及で，消費者がいつ，どこにいても，ECサイトに接続できる環境が整ってきている。そのため，小売業者には消費者の購買行動や嗜好の多様化に対し，実店舗，ECサイト，SNSサイト等さまざまなチャネル（＝オムニチャネル）を用いて，リアル店舗とネットの融合によって対応することが求められている。

このような環境下で重要なことは，複数のチャネルから得られるデータを結合・分析して，顧客の購買動向に対し理解を深めることであろう。今後は，SNS上の口コミ，コールセンターで得た情報等，その他複数チャネルからの情報を一元的に取り扱い，顧客行動を理解していくことが必要である。

この事例としては，セブン＆アイ・ホールディングスの戦略をあげることができる，同グループでは，イトーヨーカ堂で売られる生鮮品から衣類に至るすべての商品を，PCやスマホのECサイトから購入することができ，それらを最寄りのセブン－イレブンで受け取り，支払いを行うことができる仕組みを構築している。まさに，ネット店舗とリアル店舗の融合といえる。

一方，製造業では，原材料調達や製品製造にとどまらず，代理店や販売会社など取引会社を含めたサプライチェーンを世界市場において構築する動きが活発化している。さらには，海外市場の重要性が高まるに伴い，海外拠点の製造・販売情報を精緻に分析するために，各海外拠点の細かなデータの収集や分析環境を整備することが課題である。現状では，直近数ヵ月分のデータを事前に集約した状態で蓄積するのが一般的だが，ビッグデータ時代では，数年分のデータをそのまま蓄積できることから，相当間の時系列分析が可能となり，長期間に及ぶ新事実が得られることになる。

ビッグデータは，従来のIT発展の延長線上に位置する事象で，新たな技術イノベーションを指す言葉ではない。そうしたなかで，ビッグデータが注目される理由は，構造化データだけを対象とした従来のデータ活用だけでなく，非構造化データも活用し，競争力強化が得られる分析結果を得たいとする企業のニーズと一致したためである。しかし，ビッグデータ活用の本質は，多様で多量なデータの高速処理ではなく，得られた分析結果から将来の傾向やパターンを予測し，最適な意思決定を行う点にあるといえる。

【注】

1）ミニコン（＝オフコン）とは，1960年代から1990年代頃まで存在したコンピュータの製品カテゴリーの１つである。ミニコンは，汎用機に比べ小型だが，性能はそれなりに高く，価格的にも安価であった。日本では，中小企業の事務処理向け小型コンピュータ「オフィス・コンピュータ」（office computer：オフコン）が普及した。
2）NoSQLは，簡便なデータストアの方式を採用して，読み書きを並列で高速に実行できることを目的にしたデータベースであるが，SQLが使えないことで，開発効率が悪い欠点があった。NewSQLは，SQLを使えるようにし，加えて，データの処理の一貫性を実現する仕組みが取り入れた新しいデータベースといえる。
3）サブシステムとは，情報システム全体のなかで機能単位に分割された１つ１つの構成システムのことである。

Let's Try !

□①サイモンは，合理的な意思決定が困難であることをいくつかの理由をあげて説いたが，あなたが現在直面する課題を例にとり，それを解決するために必要な意思決定を邪魔している理由を具体的にあげて整理してみよう。

□②現代の企業経営において，データや情報を収集・分析して活かすことがなぜ重要視されているのか，その理由を調査して具体的に列挙してみよう。

さらに深く学ぶためにお薦めの本

- サイモン［2016］『意思決定と合理性（ちくま学芸文庫版）』筑摩書房。
- ダベンポート＆ハリス［2013］『分析力を武器とする企業―強さを支える新しい戦略の科学』日経BP社。
- 遠山暁・村田潔・岸眞理子［2015］『経営情報論（新版補訂）』有斐閣。

● ロベルト［2006］『決断の本質―プロセス志向の意思決定マネジメント』英治出版。

第 8 章　新製品の開発とマーケティング

Topic

インサイトの発掘とカテゴリー・イノベーション

デオドラント（制汗剤）のエージープラス（Ag+，現在はエージーデオ24）はテレビCMのオンエア前，店頭に陳列しただけの状態で売上が急上昇し，単品売上のナンバーワン商品になった。つまり商品パッケージのコミュニケーション効果のみでヒット商品になったのだ。

現代の日本におけるあらゆる消費財市場は，少子高齢化などによりその規模が横這いから減少傾向にあるとともに，さまざまな商品があふれ競争が激しく，新しいヒット商品を生み出すことが難しくなってきている。インターネットやSNSの普及によって消費者の身の回りには大量の情報が押し寄せ，情報爆発と呼ばれるようになった。あらゆる商材はコモディティ（日用品）化し，安売りをしないと関心を呼びにくくなり，メーカーからの情報よりも口コミが重視されるようになった。メーカーが新製品を発売し宣伝しても，よほどのことがないと見向きもされない状況（アテンション・エコノミー）になっている。

このような状況で新製品を発売しヒットさせるには，消費者にとって「今まで見たことがない驚きや意外性」を持った商品づくり，いわゆる「カテゴリー・イノベーション」が必要であるとされる。エージープラスは，それまでの「香りのエチケット」を謳ったデオドラントが主流の市場に，「殺菌消臭」という本格的な高機能を備えたデオドラントの新カテゴリー商品として発売し，消費者に驚きと意外性をもたらすとともに，消費者が気づいていなかった潜在ニーズ（インサイト）をとらえ，口コミを喚起させヒット商品となったのである。

1　マーケティングの体系と成り立ち

1.1　マーケティングとは

マーケティングにはさまざまな定義がある。「売れる仕組みをつくること」「販売活動を不要にすること」「交換過程を通じてニーズと欲求を充足させること」といったものである。またアメリカのマーケティング協会によれば,「マーケティングとは顧客，依頼人，パートナー，社会全体にとって価値のある提供物を創造・伝達・配達・交換するための活動であり，一連の制度，そしてプロセスである。」とかなり複雑な定義がなされている。

そもそも**マーケティング**（marketing）とは，市場（market）を対象にした活動（+ing）である。市場（しじょう／いちば）とは売り手と買い手が集まり売買が行われる場所である。主語はあくまで売り手であり，マーケティングとは簡単にいえば「市場において売り手が成功（売上を確保）するための科学」である。

現代は市場を取り巻く環境が複雑化している。消費者は賢くなりインターネットやSNSの普及とともに，企業活動に関する情報はすべてガラス張りになってきている。例えば飲料水を売る企業は原料・材料が安全・安心なものでなければならないのは当然だが，生産過程では地球環境にやさしい活動をしなければならない。社員に対しても適切な労働環境を提供しなければならない。企業は企業倫理や社会的責任（CSR）を果たすことが求められ，それに反する行動をとるなら世界中から非難され，企業のブランド・イメージが下がり，事業そのものが立ち行かなくなる。

またマーケティングの応用範囲も広がってきている。企業は自身が販売する商品にブランド名をつけ，その知名度や信頼度を上げることで安定的な売上の基盤をつくろうとする。このブランドの適用範囲が現在どんどん広がっているのだ。

もともとブランド名は石鹸や酒類，化粧品などの工業製品につけられるものであったが，現在では「日本」「秋葉原」などの地域や，パーソナル・ブランドなどのように私たち個人にも応用されるようになってきた。また販売を目的とした商品やサービスだけでなく，慈善団体やNPO法人など売上や利益を目的としない組織でもマーケティングは応用できる。さらには自身の就職・転職活動や昇進試験などの際にも，自分自身を商品に見立て，マーケティング理論を適用して自分自身の強みを踏まえ，競争相手（競合）との差別化やポジショニングを明らかにすることを通して，売り込み先（ターゲット）に対して効果的な売り込みを図ることも可能といえる。

本章では，現代社会でさまざまに活用できるマーケティングについて明らかにしていく。

1.2　マーケティングの歴史と変遷

マーケティングが生まれた時代背景は，「作れば売れる時代」すなわち需要が生産量を上回る時代から，動力革命や生産システムの革新で大量生産が可能となって，逆に生産量が需要を上回るようになるという大きな転換期にあった。「作れば売れる時代」には企業は生産効率を追求して生産量さえ増やせばよく，売り方の工夫ともいえるマーケティングは不要だった。ところが，いざ大量生産が可能になってみると今度は需要を上回る大量の商品が生み出せるようになり，商品が余って売れ残るようになってしまった。すなわち「作るだけでは売れない時代」が到来し，売るための工夫や努力が企業に求められるようになったのである。

このような時代背景からアメリカでは物が豊かに流通するようになるとともに，マーケティングが盛んになった。そして当時は「より良い物」＝「消費者の求めているもの」を工夫し開発することに注力されたのである。かつては「作った製品を売る」発想だったのを「消費者が望む製品を作る」発想へと大きく転換させる「消費者志向のマーケティング」が当時のマーケティングの根幹であった。

そしてそこで生まれたのが「**市場調査**（マーケティング・リサーチ）」である。「消費者が求めているもの」を明らかにするために顧客の心理を調査・研究して，それに合った商品開発（プロダクト・プランニング）に取り組んだのである。

図表8-1　主な消費者効果プロセス・モデル（反応階層モデル）

AIDMA	AISAS	AITRA
古典的モデル	ネット時代のモデル	化粧品業界のモデル
Attention（注意）	Attention（注意）	Attention（注意）
↓	↓	↓
Interest（興味）	Interest（興味）	Interest（興味）
↓	↓	↓
Desire（欲しい）	Search（検索）	Trial（試用）
↓	↓	↓
Memory（記憶）	Action（購買）	Realize（実感）
↓	↓	↓
Action（購買）	Share（共有）	Action（購買）

1920年にホール（Hall,S.R.）によって提唱されたAIDMA（アイドマ）の法則は，消費者を購買行動へいざなうためにどのような心理状態の変化をもたらせばよいのかを示したものである。これはアメリカ大陸の行商人のノウハウをもとにしたものといわれる。その後このモデルはさまざまに発展した。インターネットやSNSが普及した現代ではAISAS（アイサス）モデルが基本とされている。消費者は注意（Attention）し興味（Interest）を持ったら，すぐにスマホで検索（Search）し，良いと思ったら即ネットで購入（行動：Action），翌日に届いた商品を試してその評価をネットに口コミ（Share）する，というパターンである（図表8-1）。

企業は消費者のニーズとウォンツにあったものを作らねばならないと考えるようになり，企業のトップや役員といった経営層のレベルでもマーケティングをとらえるようになった。これを「**マネジリアル・マーケティング**」と呼ぶ。経営のトップが何を作るかを決定するとともに，生産者と消費者の間のモノやサービスの流れを管理・制御するという視点に立つべきとする考え方である。

一方，マーケティングの基本的な主体は，消費財メーカーにおける課長クラスなどの中堅社員であり，対象となる活動は商品開発や広告などのプロモーション企画，販売企画などであった。「いかに売れるモノを作り売るか」という実務ベースの活動が中心となり，そこで蓄積された理論や手法がさまざまな業種や組織・個人にまで応用され広がっていったのである。

この「いかに売れるモノを作り売るか」という実務ベースのマーケティング

は時代とともに，①マス・マーケティング，②セグメンテーション，ターゲティングなどによる伝統的マーケティング，③関係性マーケティング，の主に３つのフェーズで変遷してきた。次にこれらの特徴を見ていこう。

①　マス・マーケティング

全消費者を対象にしたフィールド・ハンティング型とでもいうような原始的で単純なマーケティングである。テレビや新聞などに大量のマス広告を投じ，大量生産した製品等を流通チャネルに押し込み，一方的に販売する方式である。

②　セグメンテーション，ターゲティングなどによる伝統的マーケティング

現在の最も基本的なマーケティングでありトラッピング型とも表現される。ニーズに応じて消費者を年代や性別，ライフスタイルなどで区分（セグメンテーション）し，これらのセグメントから適切な対象顧客を選定（ターゲティング）する。また競合との差別化を意図し，自他社商品の位置づけを明確化（ポジショニング）するなど，いわゆるSTP（セグメンテーション，ターゲティング，ポジショニング）戦略を踏まえたマーケティングである。

③　関係性マーケティング

現代は市場の成熟化，消費者の個性化・多様化，企業間の競争が激化するなどにより，顧客争奪戦の時代である。新規顧客の獲得は，従来からの顧客を維持するのに比べて約５倍もコストがかかるともいわれる。そこで顧客との長期間に及ぶ安定的・継続的な関係を結ぶことが重視されるようになってきた。「企業が顧客に対して，長期継続的な取引関係の維持という観点から，双方向的な対話・交互作用を重視し，価値を共に創造していくことにより，新製品やサービスを開発し，顧客の信頼を獲得し，相互利益と持続的成長を目指す活動（和田［1998］）」が「**関係性マーケティング**」の本質である。またその究極の姿は，一人ひとりの顧客とメーカーあるいはブランドとの関係を重視するワン・トゥ・ワン・マーケティングと呼ばれる。

またこういった流れから，メーカーと消費者とのインタラクティブな交流を

通じて新製品開発を行うというスタイル（インタラクティブ・マーケティング，協働型マーケティング）も注目されるようになった。

1.3　マーケティングの体系

(1)　マーケティング戦略立案プロセスの全体像

前述した「伝統的マーケティング」は，最も基本的で本質的なマーケティングの考え方であることから，まずはその戦略立案プロセス全体の流れを見てゆこう。

そのプロセスは，①環境分析と市場機会の発見，②対象市場の選定，③マーケティング戦略・計画の立案，④実行・評価・管理，の４つで構成される（図表8-2）。

最初の「環境分析と市場機会の発見」のプロセスでは，どの市場に参入すべきなのか，複数の候補市場を分析して代替案となる複数のチャンスを見出す。主に活用するのは3C分析（消費者・競合他社・自社の分析）とSWOT分析（自社の強み・弱み・外部の機会・脅威の分析）である。

次の「対象市場の選定」のプロセスでは，具体的に参入すべき市場を決める。ここではSTP分析（セグメンテーション，ターゲティング，ポジショニング）

図表8-2　マーケティング戦略立案プロセスの全体像

環境分析と市場機会の発見
３Ｃ分析
SWOT分析
どの市場に参入すべきか？
チャンス（複数）を見出す。
対象市場の選定
STP理論
セグメンテーション
ターゲティング
ポジショニング
参入する市場を決める
・製品カテゴリー
・ターゲット（消費者）
・活かすべき強み（イメージ，シーズ等）
マーケティング戦略・計画
４Ｐ理論
製品　Product
価格　Price
流通　Place
販売促進　Promotion
商品企画・開発
・商品コンセプト　・商品企画・設計
販売促進企画
・宣伝・売場づくり　・プロモーション
実行・評価・管理
マネジメント
売上実績，計画差の分析
対策検討・立案・実施

が主な分析ツールとなる。対象市場や消費者層を複数に分解し，ターゲットをそのうちの１つに特定するとともに，そこにおける自社品と他社品の位置づけを明確化（ポジショニング）することによって差別化を図る。

３つ目の「マーケティング戦略・計画の立案」プロセスでは，具体的な「**マーケティング・ミックス**」である４Ｐすなわち製品（プロダクト），その価格（プライス），取り扱う売場（流通チャネル：プレイス），販売促進策（プロモーション）の具体内容を企画し設定する。

最後の「実行・評価・管理」のプロセスでは，実際に商品を発売するとともにプロモーションを実行し，その結果である売上やコストの実績を計画段階のそれと比較分析し課題を抽出するとともに，改善策などを組み立て実行することを通じて，商品の継続的な育成を図っていく。

(2)　現代マーケティングにおける重要な課題と理論

現代の市場ではインターネットやSNSの普及にともない，情報爆発という現象が起きている。１つの市場に国を越えて多数の企業が参入し競争が激化しており，発売される新製品の数も膨大である。しかし消費者としての私たちの記憶に残るのは，そのうちのごく僅かでしかない。情報量の増大に比べて私たちが気をとめ注意できる能力には限界があり，その限られた「注意」の総量を多数の企業やブランドが奪い合う構図ができあがっている。この現象をアテンション・エコノミーと呼ぶ。どのようなマーケティング戦略も，まずは消費者の「注意」を確保できないと，コミュニケーション自体が始まらない。この点が現代市場における企業にとっての最大のマーケティング課題の１つといえる。

また市場にはさまざまな商品があふれているが，消費者にとってはニーズがひととおり満たされているため，よほどの画期性がないと商品に対する興味は湧かない状況にある。安売りでもされない限り，興味を示さない状態になっている。また商品に関する情報も作り手である企業からよりも，消費者が実際に使って評価した口コミを重視する傾向にある。このような現象を商品のコモディティ（日用品）化と呼ぶ。企業はこのコモディティ化から脱却しない限り，安売りの悪循環から抜け出せず，売上減とコスト増から経営そのものが立ち行かなくなる。この「脱コモディティ化」も現代市場におけるもう１つの重要なマーケティング課題である。

このような状況を打破するためには何が有効なのだろうか。膨大な情報のなかで消費者の注意を惹きつけ，興味・関心を抱かせることによってコモディティ化から脱却するための本質的課題として挙げられるのは，消費者が気づいていない「**インサイト**（潜在ニーズ）」を発見することである。私たちの脳の働きのうち，私たち自身が意識して考えている顕在意識の割合はわずか３～５％といわれ，残る95～97％もの働きは自分自身も気づかない潜在意識や無意識と呼ばれるもので占められているといわれる。この潜在意識・無意識のなかにこそ，まだ誰も気づいていない魅力的なマーケティングの機会が眠っていると考えられる。

この潜在意識や無意識を探ってインサイトを発見できれば，今までには無かった新しいカテゴリーの商品開発（カテゴリー・イノベーション）が可能となったり，企業が気づいていなかったブランドの潜在的な魅力に気づかされ，新しいブランド・プロモーションの開発（コマーシャル・イノベーション）が可能になる。

カテゴリー・イノベーションの例としてはアサヒのスーパードライ（辛口生というビールの新カテゴリー）や資生堂のデオドラント・エージープラス（現在のエージーデオ24，殺菌消臭という制汗剤の新カテゴリー）などが挙げられ，コマーシャル・イノベーションの例としてはキットカットの高校生の受験のお守りとしてのプロモーション（高校生はキットカットのパキッとした歯ごたえでストレスを解消する習慣があることがわかり，それを「きっと勝つ（≒キットカット）」というゴロ合わせとともに受験期の高校生に対する販売促進に応用したもの）などがある。

これらを通じて企業はブランドを強化し定着させることで，競合から差別化し売上基盤を確立することを重視している。したがって「ブランド論」や消費者のインサイトを探るための「市場調査」がいっそう重要性を増しているといえよう。また企業が活動する場は自国のみならず世界全体に広がってきており，グローバル・マーケティングが重視される一方で，日本国内では少子化や高齢化などから地方の産業が衰退していることから，地域活性化マーケティングも重要な社会的課題となっている。また進化するICTのマーケティングへの活用手法にも注目が集まっている。

2　マーケティング戦略のプロセス

本節では，マーケティングの最も基本的で本質的な伝統的マーケティングの手法について，段階的な推進プロセスを取り上げ，順を追って解説する。

2.1　市場機会の発見：対象市場への参入戦略の策定

まずは(1)市場環境を広くとらえ，そのなかから自社にとっての機会を複数抽出し，(2)そのなかから実際に参入すべき対象市場を決め，(3)参入のための具体的な戦略を定める。これらの具体的な手法について解説する。

(1)　市場機会の発見

自社が取り組むべき市場とその周辺市場も含めて幅広く市場環境の情報を収集，分析し，そのなかから複数の市場機会を発見，抽出することが最初のフェーズである。

①　３Ｃ分析：市場環境の整理

そこで活用されるのが**３Ｃ分析**である。３Ｃとは市場（顧客：Customer)，競合（競合他社：Competitor)，自社（企業：Company）の頭文字をとったものである。

文字通り，まずは市場（顧客）環境がどのような状況になっているのかを，主に２次データ（すでに調査済みの文献や市場の販売実績データなど）を活用して時系列も含めて，これまでとこれからの環境変化を構造的に解明，予測する。次にその市場で競争相手となる企業がどのような対応を図っているのかをとらえる。さらにはそういった環境変化を前提にしたときに自社の経営資源や強み弱みなどを網羅的に抽出し分析していく。

図表８-３は３Ｃ分析の構造と分析事例を示している。ポッキーの市場に明治製菓が後発でフランを企画した場面を想定した記入例である。「市場」では，候補となる広範な市場環境を細分化してとらえ，後のSTP分析におけるセグメンテーションやターゲティングへとつながるものとなる。「競合」は，競合となる他社を分析するものであり，STP分析のポジショニングへとつながるもの

図表8-3　ポッキーに対する明治製菓の３Ｃ分析（想定例）

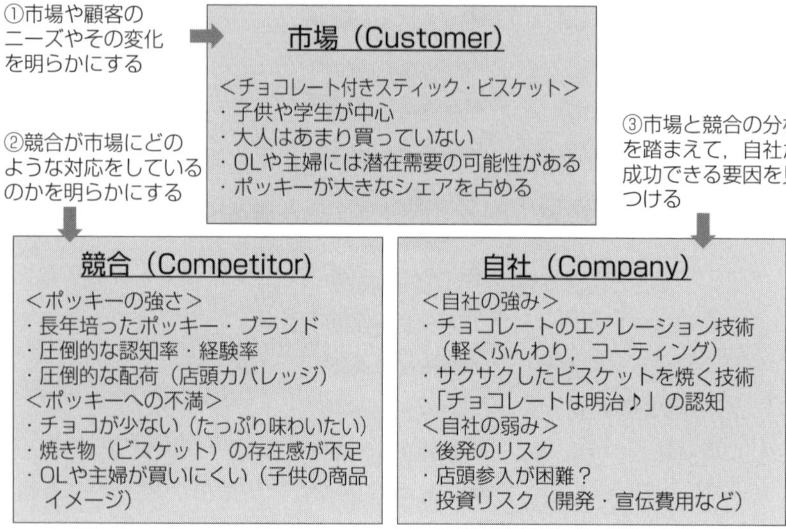
①市場や顧客のニーズやその変化を明らかにする
市場（Customer）
＜チョコレート付きスティック・ビスケット＞
・子供や学生が中心
・大人はあまり買っていない
・OLや主婦には潜在需要の可能性がある
・ポッキーが大きなシェアを占める
②競合が市場にどのような対応をしているのかを明らかにする
③市場と競合の分析を踏まえて，自社が成功できる要因を見つける
競合（Competitor）
＜ポッキーの強さ＞
・長年培ったポッキー・ブランド
・圧倒的な認知率・経験率
・圧倒的な配荷（店頭カバレッジ）
＜ポッキーへの不満＞
・チョコが少ない（たっぷり味わいたい）
・焼き物（ビスケット）の存在感が不足
・OLや主婦が買いにくい（子供の商品イメージ）
自社（Company）
＜自社の強み＞
・チョコレートのエアレーション技術（軽くふんわり，コーティング）
・サクサクしたビスケットを焼く技術
・「チョコレートは明治♪」の認知
＜自社の弱み＞
・後発のリスク
・店頭参入が困難？
・投資リスク（開発・宣伝費用など）

である。

②　SWOT分析：外部・内部環境分析法（強み・弱み・機会・脅威）

SWOTとは，強み（Strength），弱み（Weakness），機会（Opportunities），脅威（Threats）の略である（第４章２節参照）。

図表8-4は**SWOT分析**のフォームとその記入例を示している。図の上半分は外部環境（市場，顧客，競合会社，その他の環境）を表し，下半分は内部環境（自社内の経営資源や所有ブランドなど）を表している。一方，左半分は自社にとっての良い材料を，右半分は悪い材料を表している。この２×２の４つの象限に重要な情報や発見事項を整理していく。

左上は外部環境における良い材料＝機会，右上は外部環境における悪い材料＝脅威であり，左下は内部環境における良い材料＝強み，右下は内部環境における悪い材料＝弱み，ということになる。

ここから見えてくるのは，まずは左半分から「強みを活かして機会をとらえる」という視点と，右半分からは「克服すべき脅威と弱み」の視点である。複

図表8-4　ポッキーに対する明治製菓のSWOT分析（想定例）

	（良い材料）	（悪い材料）
外部環境	Opportunities（機会） ○チョコをたっぷり味わいたい ○焼き物（ビスケット）の存在感が欲しい ○OLや主婦が買いやすい商品がない	Threats（脅威） ×20年培ったポッキー・ブランド ×圧倒的な認知率・経験率 ×圧倒的な配荷（店頭カバレッジ）
内部環境	Strength（強み） ○チョコレートのエアレーション技術（軽くふんわり，コーティング） ○サクサクしたビスケットを焼く技術 ○「チョコレートは明治♪」の認知	Weakness（弱み） ×後発リスクへの懸念 ×Product：差別性ある商品を創れない？ ×Price：研究や製造設備の初期投資が掛かりすぎる？ ×Place：売場はポッキーが占領していて，店頭で扱ってもらえない？ ×Promotion：ポッキーが典型ブランドで定着していて，今さら新ブランドのポジションなんて築けない？

数の市場を分けてこの分析をそれぞれ行っていくなかから，挑戦に値する市場機会が抽出される。

また自社の強みだけではカバーできないが，外部との提携などによって相互にメリットを生み出すことができれば，オープン・イノベーションによってとらえられる市場機会も増えるだろう。

③　オープン・イノベーション

「**オープン・イノベーション**」とは新しい技術や新製品の開発に向けて，従来からの組織の枠組みを越えて，幅広く知識・アイデア・技術の融合を図ることである。例えば企業間の提携，産学連携プロジェクト，異業種間交流プロジェクト，大企業とベンチャー企業の共同研究などのような形態である。

3C，SWOT分析を通じて，自社の強みのみでは事業機会の獲得に不十分なら，オープン・イノベーションを通じて外部から自社に不足する強みを取り入れ，自社の強みと融合させることにより，確実な事業機会の獲得につなげられよう。

オープン・イノベーションの概念は，ハーバード大学経営大学院教授のチェスブロウ（Chesbrough,H.W.）によって2003年に提唱されたもので，組織内部のイノベーション促進のために，企業内部と外部の技術やアイデアの流動性を高めるとともに，組織内部から起こったイノベーションを組織外に展開するモデルを示す。実施にあたっては，一般的には秘密保持契約を結んだ共同開発や情報交換から行うことが多い。またオープン・イノベーションに相対する概念として，自社内に研究者を囲い込んで研究開発を行う自前主義や垂直統合型のイノベーション・モデルをクローズド・イノベーションと呼ぶ。

なおオープン・イノベーションとは新製品や新技術だけでなく，人事制度やCSRなど広範囲にわたる概念である。

(2) 対象市場の選定と参入戦略：STP戦略の立案

複数の市場機会が発見できた後は，それらを総合的に評価し対象市場を決める必要がある。またオープン・イノベーションを組み込む場合は，その評価をリスクも含めて判断しなければならない。

STPとはセグメンテーション（Segmentation），ターゲティング（Targeting），ポジショニング（Positioning）の頭文字をとったものである（図表8-5）。

まずセグメンテーションでは市場を複数のセグメントに分解する。その分け方としては，製品カテゴリーや流通チャネルで分ける方法，消費者層で分ける方法，さらにそれらを組み合わせる方法などがある。製品カテゴリーはさらに階層化されたサブカテゴリーでも分けられる。例えば化粧品ならスキンケア，

図表8-5　STP戦略の概要

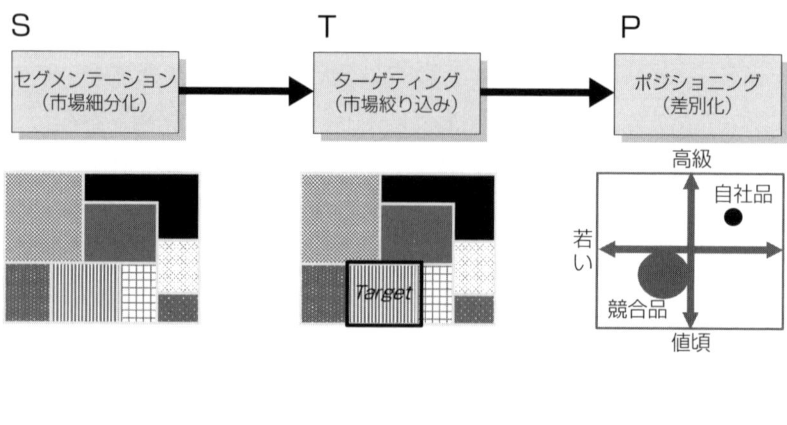

メーキャップなどの分類から，スキンケアをさらに効果の視点で美白スキンケア，保湿スキンケアなどに分けたり，化粧水，乳液などの単品の製品カテゴリーで分けるなどである。消費者を層別に分ける方法としては，一般的には顧客の年齢や性別，収入などのデモグラフィック属性，あるいはライフスタイルや価値観などの心理的な嗜好の違いといったサイコグラフィック属性で区分するなどの方法がある。

市場を複数のセグメントに分けたら，それぞれの参入可能性を分析・判断して，通常1つの対象市場を選定する。これがターゲティングである。

次は，このターゲット市場に参入・攻略するうえで競合他社製品（競合ブランド）と自社製品とをどう差別化するのか，相互の位置づけを明確化する。これがポジショニングである。通常，縦横2つの軸で市場をマップ化し，そこに自他社品を位置づけていく。縦軸は多くの場合，価格（価格イメージ）を置く。横軸は自社品の特性や差別化ポイントによってさまざまな軸を設定することになる。

以上のSTP戦略が構築できれば，対象市場への参入戦略が策定できたことになる。

2.2　新製品の開発と4P戦略

次はいよいよ具体的なマーケティング要素，いわゆるマーケティング・ミックス（4P）を具体設計する段階となる。

(1)　マーケティング・ミックス

実際に市場参入を果たすうえで必要となる主要なマーケティングの4要素であり，製品（Product），その価格（Price），売場となる流通チャネル（Place），販売促進策（Promotion）から成る。これらの頭文字である4つのPをもって4Pと呼ばれる。

(2)　製品開発プロセス

これらのなかでとくに重要なのは製品開発のプロセスである。その期間は短いもので半年から1年，長いものでは数年以上と長期間を要するものであり，会社全体の組織が連携し多くの人材を活用するなど，企業にとって多大な経営資源を投入する活動といえる。またいったん開発した製品は量産され在庫として流通や店頭に並ぶため，その製品自体に問題がある場合はリコールや製品回収などの企業にとって致命的ともなりかねない莫大なリスクを伴うものでもある。製品開発プロセスは大きく分けて，①商品企画，②設計・デザイン，③試作・評価，④量産化，の４つのタスクがある。以下，化粧品を例に順を追って解説する。

①　商品企画

ここではSTP戦略に基づく商品コンセプトづくりが重要となる。研究開発したシーズを活かし，ターゲット顧客のインサイト（潜在ニーズ）をとらえた独自性を備えるとともに，ポジショニング・マップで位置づけられたようにターゲット市場内の他社の競合商品に対する明快な差別性を持つものが求められる。それと併せてターゲット顧客に届けるためにふさわしい販売の場所（流通チャネル），商品の価格も基本方向が決められる。

商品コンセプトが出来たら，それを具現化する商品概要を企画する。中味処方，容器仕様，価格や原価などの仕様の概略を企画としてまとめあげる。通常，経営トップにこれを提案して承認を得る。なぜならこの後に社内の多くの部門が動き，原材料の購買や量産化などに関わるさまざまな経営資源が投入されることになるからである。

②　設計・デザイン

中味処方や容器設計などの技術部門・購買部門などが本格的に動き出す。中味処方は使用感触や香りなどの官能評価と効果測定を行い，合格ラインに達した試作処方を品質保証試験にかけ，問題ないかどうかを確認する。一方の外装面ではパッケージ・デザイナーが容器の形状や色，加飾（かしょく）と呼ばれる金色のホットスタンプや塗装による質感の向上などさまざまな要素を決めていく。通常，基本的な仕様は共通だが見え方の異なる２～３案程度のデザイン案が考案・制作される。

③　試作・評価

試作品をつくり，消費者調査によって実際のターゲット消費者の評価を確認する。中味処方は仮容器に入れて数ヵ月程度，自宅などで試用してもらう（ホームユース・テスト）。またパッケージ・デザインは会場テストなどでターゲットの消費者に見せ，競合商品と比較して意図通りの印象を与えられるかどうかを確認する。目標に満たない点があれば修正，改善する。目標水準をクリアした試作品をもって，経営トップに量産化へ進むための承認をもらう。この時にパッケージ・デザインの複数案を１案に絞り込む提案も実施する。

④　量産化

工場で量産に向けた試作と品質保証などの量産実験が実施される。原料や材料の購買先が決定され，発売後の販売計画をもとに生産計画や原材料の仕入計画などが立てられ実行に移される。

以上が商品開発プロセスの概要である。ここでマーケティング・ミックスのうちの製品と価格の２つが決定されるとともに，ターゲットを踏まえた販売の場所となる流通チャネルと販売促進策の２つの基本方向が提示される。

図表8-6　プロモーション・ミックス

項目	ツールの種類
広告	新聞広告，雑誌広告，テレビ広告，DM広告，折込広告，屋外広告，交通広告，店内POP，衛星メディア広告，インターネット広告 他
販売促進	■消費者向け ・価格訴求型：キャッシュバック，クーポン，増量パック，バンドリング ・使用経験提供型：サンプル，デモンストレーション ・誘引提供型：懸賞，景品，コンテスト 他 ■流通業者向け ・アローワンス，特別出荷，見本市，コンテスト 他
イベント・体験	スポーツ，芸術，娯楽，フェア，工場見学，企業博物館 他
PR	パブリシティ，プレスキット，セミナー，広報誌，企業サイト 他
人的販売	販売プレゼンテーション，販売会議，インセンティブ・プログラム 他
ダイレクト・レスポンス	カタログ，DM，テレマーケティング（電話），電子メール，TVショッピング，オンライン・ショッピング 他

⑶ 販売促進策の企画

商品仕様が決定すると，販売促進策の企画立案が始まる。具体的にはプロモーション・ミックスと呼ばれるさまざまな方策（図表8-6）が組み合わされて実施される。

「**プロモーション・ミックス**」にはテレビや新聞，雑誌などの有料のマス媒体を使った広告や，テレビや雑誌などに記事として採り上げてもらい媒体費をかけずに露出するPR（パブリック・リレーション：広報）といった方策や，店頭の売場づくりと関連した大量陳列や無料サンプルの配布，懸賞キャンペーンなどの販売促進のほか，従来からの顧客に直接伝達するためのDM（ダイレクトメール）などのダイレクト・レスポンスといった方法がある。

近年ではインターネットでの販売促進策としてバナー広告や消費者参加型のSNS投稿によるコンテスト・イベントなどのほか，ネット閲覧者の属性データなどからターゲット層か否かを自動判別してふさわしい広告をマッチングして表示するようなRTB（Real Time Bidding：リアルタイム入札）タイプのネット広告などが展開されている。

特に近年はIMC（Integrated Marketing Communication：統合型マーケティング・コミュニケーション）という概念が一般化し進化してきている。これはさまざまなメディアにおよぶコミュニケーションを消費者の立場から再構築すべきとし，①メッセージの一貫性，②多様なコンタクト・ポイントの活用，③行動反応の重視，などを基本的考え方とする。

具体的には，消費者が購買の意思決定に至るプロセスごとに，影響する接点を発見しようとするパーチャス・ファネルといった分析法や，消費者がどのようにメディアに接して購買に至るかを調査するカスタマー・ジャーニーという考え方，さまざまなコミュニケーションの媒体を①有料媒体，②所有媒体，③無料媒体の３つの視点からとらえ直し，それらの最適な組み合わせを考えるトリプル・メディア，販売する商品とは直接関係のない魅力的なコンテンツを企業が自ら作り消費者を引き付けるコンテンツ・マーケティングなどのアプローチ法が活用されている。

2.3　発売後マネジメント

発売後は売上実績が明らかになる。実績と計画の差とその要因を明らかにし，売上が不足するなら追加の販売促進策を講じたり，逆に好調ならどのくらいまで売上が伸びそうなのかを予測し増産計画に反映させたり，好調な要因を明らかにしてその後の育成策を考える。また短期的な対策だけではなく，長期的なブランド育成を図り，企業にとっての永続的な売上基盤として確立させていくことが発売後の重要な課題である。

ここではとくに長期的視点から，ライフサイクル・マネジメントとロングセラー化への重要ポイントについて説明する。

⑴　ライフサイクル・マネジメント

菓子，化粧品，パソコンなどの商品カテゴリーにはそれぞれ開発期，導入期，成長期，成熟期，衰退期，終末期という**ライフサイクル**が存在する。同様に自社の商品やブランドにもライフサイクルが存在する。企業では常に自社商品（ブランド）の売上推移を注視し，それぞれの商品やブランドがライフサイクルのどの段階にあり，次の段階にいつごろ移りそうなのかを推定・考慮し，適切な対策を講じる必要がある。

その商品やブランドが属する商品カテゴリー全体のライフサイクルから影響を受けることはもちろん，競合ブランドの状況や他の商品カテゴリーとの間接的な競合なども関係する。市場における総合的な状況を注視しながら活性化策を講じたり，ブランドのコア価値を存続させながら商品カテゴリーを増やすブランド拡張や，商品カテゴリーをスイッチさせていくことなどによって，商品構成は変わってもブランドそのものは永続させ成長させていくことが望まれる。

⑵　ロングセラー化の重要ポイント

ブランドのロングセラー化が企業にとっての長期的な経営課題である。そのための条件としては，次の４つが挙げられる。

①　革新性：ブランド（商品）の初期条件としてのカテゴリー創造

②　一貫性：アイデンティティ確立のための不変的要素の維持

③　適応性：リニューアルやブランド拡張（品揃え拡大）による市場変化への適合

④ 継続性：顧客との関係性（絆）の維持・強化のための継続的なマーケティング努力

3 マーケティングの重要テーマ

3.1 ブランド論

(1) ブランドの価値

ブランドの語源は自分の牛を他者のものから区別するために押した焼き印にあるといわれる。「焼かれた」という意味の「burned（バーンド）」が「brand（ブランド）」に変化したという説である。

アメリカのマーケティング協会によれば，「**ブランド**」とは「ある売り手の財やサ－ビスを他の売り手のそれとは異なるものとして識別するための名前，用語，デザイン，シンボル，およびその他の特徴」とされる。文字や図形で具体的に表現された商標を使用して表現する。その対象範囲は狭義ではルイ・ヴィトンやクリスチャン・ディオールなどのファッション分野の高級な商品群を指すこともあるが，飲料や洗剤などの日用品の商品もブランドといえる。さらには地域やサービス，個人までもがブランドの対象となってきている。

ブランドがいったん確立されると，安定的な売上基盤ができあがる。愛用者はその品質を評価し信頼し，それを目印に継続的に購入をするようになる。現代の成熟市場におけるコモディティ化から脱却するためには，ブランドの確立は強力な差別化ポイントになる。これが現在，ブランド論が注目される主な理由である。

製品からブランドへと価値を高めるうえで，「価値次元の階層性（図表8-7)」が参考になろう。まず製品には「基本価値（機能的価値)」がベースになければならない。石鹸でいえば汚れが落ちることである。そのうえに「便宜価値」がある。単に汚れが落ちるだけでなく，汚れ落ちが速いことや冷たい水道水でも汚れ落ちに差がない，固形でなく顆粒のためサッと溶ける，などのプラスアルファの利便性などである。これら2つは製品力の部分であり，効用を提供し信頼を築くものといえる。その次に想定されるのは「感覚価値（快楽的価

図表8-7　価値次元の階層性

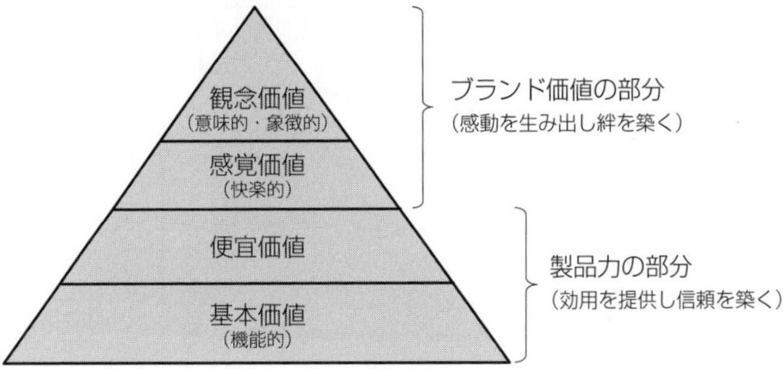

出典：和田［2002］に基づいた青木［2011］54頁。

値)」である。石鹸の香りがよい，洗濯物の肌触りが良いなどの心地よさや快適さを提供するものである。そして最後が「観念価値（意味的・象徴的価値)」である。消費者にとって欠かせないものとなった商品，ブランドの意味を表すものである。

これら上位の2つの価値がブランドによるものとされる。ブランドによって，商品はモノとしての機能性だけではなく，消費者自身のライフスタイルや思い出を想起させるなどにより，強い愛着や他には替えがたいといった気持ちを呼び起こさせるほどにまで，価値の水準を高めることが可能になるのである。

(2)　ブランドの諸概念

図表8-8はブランドの諸概念を表したものである。

図の左の「**ブランド要素**」とは消費者の五感を通じて認識されるブランド表現の要素であり，商標で守られたネームやロゴ，スローガン，パッケージなどである。

右のブランド知識とは消費者の頭のなかに形成されるものでブランド認知（どの程度知られているのか）とブランド・イメージ（どのようなイメージでとらえられているのか）で構成されている。

そして中央のところが企業が資産としてマネジメントすべきブランドの概念である。①ブランド・ロイヤルティ（ブランドに対する消費者の忠誠心や愛着の強さ)，②ブランド認知（どの程度知られているのか)，③知覚品質（消費者が購入目的に照らして代替品と比べた際に知覚できる品質や優位性)，④ブラ

図表8-8　ブランドの諸概念

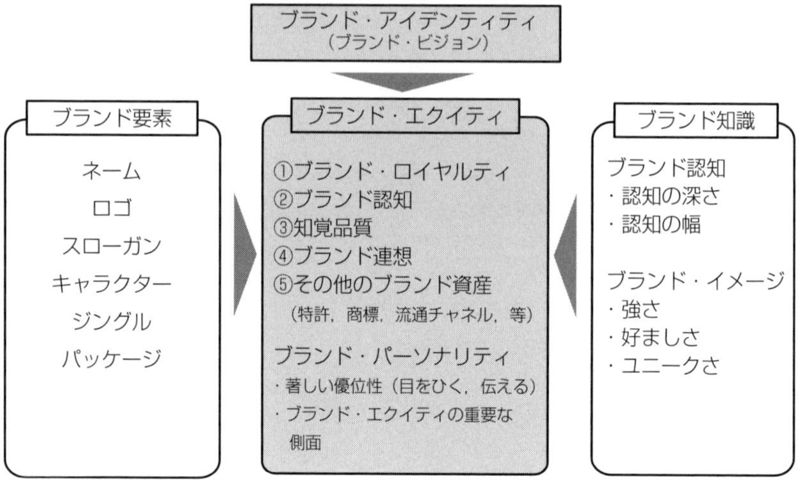

ンド連想（消費者がそのブランドに関して連想できるすべてのもの），⑤その他のブランド資産（特許，商標，流通チャネルなど）である。さらにブランドにはまれにブランド・パーソナリティ（ブランドに重ね合わせることのできる人間的な性格や特徴）が備わることがある。これを持つブランドは「目をひく」「伝える」などの点で著しい優位性を持つとされる。そしてこれらの要素からブランドの資産価値である「**ブランド・エクイティ**」が決まるとされる。

企業はブランドの目指すべき理想の姿をブランド・アイデンティティとして描き，上記の要素を，この理想の姿に向けて進化・発展させていくことにより，ブランド・エクイティを向上させていく。またブランド・アイデンティティは企業内のモチベーションを高めるだけでなく株主や取引先などのステークホルダー全体を包括して組織力を結集する意図からブランド・ビジョンとも呼ばれる。

⑶　ブランドの諸政策

企業が具体的に採るべき主な**ブランド政策**は次のとおりである。

対顧客の政策としては，ブランド共創（顧客との対話のなかからブランドを進化・発展させる），通常のマーケティング活動（本章2節を参照），グローバル戦略（詳細は後述），などが挙げられる。

企業内での政策としては，**ブランド・ポートフォリオ**（企業所有の複数のブランド間で，イメージや特徴，ターゲットなどが重ならないようにポジショニングし，効果的・効率的なフォーメーションを構築する），ライフサイクル・マネジメント（時代の流れやターゲットの変化などをとらえ，商品追加やブランド・リニューアルなどによってブランドの鮮度を保ちライフサイクルを管理），ブランド・マネージャー制（1つのブランドに対し，責任を負うポジションを設け，新商品の開発から損益責任まですべてを任せる組織体制）などが挙げられる。

とくにブランド定義はブランドの理想像となるブランド・アイデンティティ（ブランド・ビジョン）を明文化し，ブランド・ポジショニングとブランド拡張（ある製品で確立されたブランドを，他の製品やカテゴリーに広げて使用する）の範囲を規定するものとして，きわめて重要なブランド政策の根幹となるものである。

またブランドは企業名のコーポレート・ブランドとその下に位置づけられる製品（群）を表すプロダクト・ブランドなどのブランド階層を有する。これらの階層関係は，上から下へのイメージ連想の効果（ブランドの傘）と下から上へのイメージ連想の効果（ブランドの梃（てこ））があり，それぞれの企業やブランドの置かれた状況に応じて効果的に使い分けることが重要である。

また対企業政策としてはライセンシング（ブランドを保有する企業が，他の製造業や小売企業にブランドの使用を許諾し，プロモーションや商品化・販売を行うビジネス）によってブランド拡張を図ったり，大規模な流通企業に対しては対象の流通企業に限定したブランドとして「**プライベート・ブランド**」（Private Brand：PB）を開発・提供する政策などがある。なおこのプライベート・ブランドに対して，本来のメーカーが創る自社ブランドを「**ナショナル・ブランド**」（National Brand：NB）と呼ぶ。

3.2　市場調査と消費者行動

市場調査の手法は図表8-9のとおり，大きく分けて，インターネットのアンケートなどによって市場や消費者を数字で統計的にとらえる定量調査と，座

図表8-9　定量・定性調査とその主な手法

項目	内容	主な手法	パネル・リクルート	規模
定性調査	対話などから情報を聴きだす調査	・FGI（フォーカス・グループ・インタビュー：座談会形式） ・デプス・インタビュー（1対1） ・エスノグラフィー（行動観察） ・モチベーション・リサーチ 他	有り	小
定量調査	アンケートから情報の大きさを計る調査	アンケート調査（WEB等）	有り	大
2次データ調査	すでにあるデータベースや年鑑などを参照・抽出する	・国勢調査データ ・市場データベース ・POSデータベース 他	無し	大

談会形式で意見を聞くFGI（フォーカス・グループ・インタビュー）や行動観察（エスノグラフィー）などによって消費者の発言や行動を収集して解釈する定性調査がある。またすでにある国勢調査データや全国店舗におけるさまざまな商品の売上実績を蓄積したPOSデータベースなどの２次データを活用する方法もある。

これらの調査手法のうち，インサイトを発掘するうえでとくに注目されるのが，定性調査の１つであり，精神分析学の分野で開発・使用されている投影法などを応用したモチベーション・リサーチである。モチベーション・リサーチは消費者の心の内部の深層部分に隠されている考えや感情を引き出すための構造化されていない調査技法であり，深層面接法（デプス・インタビュー：１対１の対話によりテーマを深く掘り下げる），連想法（ブランドを人にたとえるなど），文章完成法（文章の空欄を埋める），絵画統覚テスト（図柄や絵を見た反応を調べる）などがある。

またインターネットやSNSを駆使した先進的な調査法として，ソーシャル・リスニング（世界中のつぶやきを時系列で定量的に分析）やMROC（特定のテーマの掲示板をインターネットに数週間から数ヵ月間オープンし，興味ある不特定多数の人が本音を書き込む）などのほか，脳神経科学を応用したニューロサイエンス調査などさまざまな調査手法が考案・開発されている。

3.3　これからのマーケティング

本節では今後の重要課題となるグローバル・マーケティング，ソーシャル・マーケティング，地域活性化マーケティングの3つを取り上げる。

(1)　グローバル・マーケティング

1990年代以降，先進諸国において国内市場の飽和が進み，多くの企業が成長のために国境を越え国外の市場機会を探索せざるを得なくなった。また発展途上国では経済成長，人口の増加に伴い，先進国企業が進出する機会も増大してきた。さらにインターネットによって，企業が国境を越えて容易に他国の消費者に直接商品・サービスを販売できるようになった。このような背景から先進国の企業を中心にグローバル進出が活発化したのである。

企業の**グローバル・マーケティング**の発展段階は，国内マーケティングから，①商品のみを国外に販売する輸出マーケティング，②自社のビジネス拠点を国外にも構える段階の国際マーケティング，③さまざまな国に自社のビジネス拠点を構える多国籍マーケティング，④自社の拠点が地球規模におよぶ段階のグローバル・マーケティング，というようにとらえられる。

また輸出マーケティングの段階では自国内の本社が主導権を握るが，国際マーケティング以降は部分的に現地法人が主導権を握ることも想定される。自国の本社が主導権を握るものを延長マーケティング，現地法人が主導権を握る（現地化する）場合をマルチ・ドメスティック・マーケティングと呼ぶ。

さらにビジネスを展開する国の数が多くなるほど，さまざまな要素について標準化（世界共通化）すべきか，現地化（現地適合化）すべきか，という問題が発生する。主に本社は標準化を志向し，現地法人は現地化を志向する傾向がみられる。グローバル化が進むほど，これらをいかに組み合わせるべきかが重要であり，全体最適を意図した“いいとこ取り”の組み合わせを複合化と呼び，企業ごとに取り組みが進んでいる。

グローバル・マーケティングにおいて企業が取り組むべき4つの重要課題が挙げられる。1つ目は経営理念である。他国において自社の事業が求められる理由とは何か，を本質的に明らかにしておくべきである。2つ目はSTP戦略（グローバル・セグメンテーション・ポジショニング）である。市場を知り，いかにSTPを組み立てるか，はグローバル市場でも重要である。とくに多数の国で展開する場合には国ごとの経済状況や人口，文化などのマクロレベルの変数とともに通常国内でも考慮する消費者層の好みやライフスタイルなどのミクロレベルの変数を融合させたハイブリッド変数を分析し，国を横断した共通のグローバル・セグメンテーションを明らかにすることがターゲットを設定するうえで重要ポイントとなる。３つ目は前述の複合化，すなわちグローバル標準化と現地適合化（現地化）をいかに効果的・効率的に組み合わせるか，である。そして４つ目は参入方式である。輸出，技術供与，現地生産，合弁，M＆Aなどさまざまな選択肢があるが，事業の置かれた段階や環境に応じて，都度最適な方法を選ぶことが求められる。

⑵ ソーシャル・マーケティング

社会対応の科学として，1960年代後半から登場した。具体的な対象としては病院やNPO法人などの売上や利益を直接の成果としない非営利組織のマーケティングと，営利組織であっても強く求められるようになってきた社会的責任に対応するための**社会志向のマーケティング**，の２つの流れがある。

なお類似の概念としてコトラーらが提唱するマーケティング3.0が挙げられる。これは「価値主導のマーケティング」と言われ，その目的は「世界をよりよい場所にすること」であり，市場に対する企業の見方としては，「マインドとハートと精神を持つ全人的存在」であり，企業はこれを実現するためにミッション，ビジョン，価値などを掲げるべきであると主張する。ちなみにマーケティング1.0は製品中心のマーケティング，マーケティング2.0は消費者志向のマーケティングである。

⑶ 地域活性化マーケティング

日本は少子高齢化が急速に進み，先進諸国が持つ課題を先取りする「課題先進国」と呼ばれる。そのなかで地域産業の衰退から，その活性化が大きな課題の１つとなっている。

具体的な**地域活性化マーケティング**の流れは，①地域資産を発掘し，②コンセプトを編集，③ブランド化を図り，④人口流入を促進，⑤地域産業・生活の活性化，へとつなげていく。

また自治体による「誘致モデル」のような単なる「産業集積論」から，地域の魅力で企業が自ら集まり参加するような「誘因モデル」となる「産業クラスター論」へと理論的な中心が移ってきている。

コンセプト開発組織としては，アクター（ビジネス主体の企業とそのパートナーとなる研究機関，サポート組織など），フォロワー（行政機関），地域外協力者（目利き，作り手）などから構成されるべきことや，６次産業すなわち「１次＋２次＋３次」あるいは「１次×２次×３次」というような融合によって雇用・交流・定住人口増加などの波及効果を導くべきとされる。

以上，新製品開発とマーケティングの基礎的な知識について説明した。経済・社会情勢の変化や技術革新とともにマーケティングの理論，適用範囲やとらえるべき課題そのものも変化している。さまざまな場面で活用可能なマーケティングに常に関心を持ち，学んでほしい。

Let's Try !

□①新カテゴリーを創ったブランドを１つ選び，その特長を発売当時に主流だった競合ブランドと比べて，その開発の背景となったインサイトは何かを考えてみよう。

□②関心のある企業を選び，その企業が持つさまざまなブランドを調べ，それぞれのブランドの違いや位置づけ（商品カテゴリー，ターゲット，価格帯，流通チャネル，ブランド思想など）を整理して，企業が考えるブランド・ポートフォリオを推定してみよう。

さらに深く学ぶためにお薦めの本

- アーカー［2017］『ブランド論』ダイヤモンド社。
- 岸川茂，JMRX［2016］『マーケティング・リサーチの基本』日本実業出版社。
- グロービス経営大学院［2009］『グロービスMBAマーケティング』ダイヤモンド社。

第9章　事業資金の調達

Topic

おカネと会社

血液は，常に体の隅々まで行きわたり，循環しているからこそ，われわれ人間を含む多くの生物は生きることができる。もしも，その血液が止まってしまったとしたら，われわれは確実に死に絶える。企業で血液に相当するものがあるとしたらそれは「おカネ」である。企業も同様，血液であるおカネが回らなくなると倒産してしまう。

テレビドラマでも銀行が融資を渋ったために企業が倒産してしまうシーンはよくみかけるが，これは多くの場合，通常の会社業務を継続するために必要な資金が底をついてしまったことを表現している。

また企業は，常に新しい付加価値をおカネにつけることにより，古い血液を多くの栄養を含んだ新しい血液に絶えず転換させていかなければならない。企業の生存と発展は新しい価値を付加しつづけることでのみ達成される。

おカネは新しい企業を生み出す源でもある。これまでにない技術やビジネスモデルを持つ企業はおカネを上手に活用しながら，新規のマーケットを創出し，社会に大きな変革と富をもたらした。実際にアメリカでは，日本でもお馴染みのグーグル，アマゾン，フェイスブックのような社会に大きな影響を与えた企業が続々と誕生してきた。

この大きな要因の１つとして，リスクマネーという血液が成長企業に行きわたる仕組みが高度に整備されている点が指摘されている。わが国においてもこのような仕組みの質をさらに高めて，これを活かすような国民の意識改革が求められる。

1　資金調達

1.1　おカネの重要性

個人であれ，企業であれ，あるいは国であれ，非営利団体も含む多くの組織は，必ずおカネを利用しおカネに関わる活動を行っている。その意味でおカネは，経済活動を行うどの組織にとっても必要不可欠なものである。そして，一般的に財務管理といえば，企業のおカネの流れに関する活動を指す。なぜなら，生産活動を行う企業が最も多くの資金を必要としているからである。

ところで，企業といっても個人企業もあれば会社企業もあり，会社企業にも合名会社，合資会社，有限会社，株式会社などがある。これらの形態のなかでも，最も重要視されるのが株式会社である。なぜなら，大多数の国民は株式会社が生み出した製品，商品，サービスを享受しており，その購買のおカネは株式会社で働くことによって発生するからである。そこで本章では，企業あるいは会社という場合，株式会社を前提として議論を進めていく。

一般的に企業を運営するにあたって，おカネを調達し，それを運用しなければならない。企業にとってのおカネは，個人事業主であれば経営者自身が資金を拠出することも多いが，大企業であれば多くの投資家から可能な限り低いコストで資金を集める必要がある。その集める方法も，株式を発行して株主から集めるほかに，金融機関からの借入や社債の発行等のさまざまな方法がある。企業という組織によって集められ，経営者が自らの裁量で使用するおカネを「資本」といい，企業がその活動に用いる資本を集めることを「**資本の調達**」という（古川［1998］10頁）。

調達された資本は，企業内で設備の購入，原材料・商品の仕入れ，従業員の雇用，将来の投資活動などに運用される。この活動を「**資本の運用**」という。つまり企業は，固定的な資産を使用し，原材料等の流動的な資産を投入しながら生産活動を行うことによって付加価値製品を生み出し，販売し，その代金を回収する。この循環のプロセスを通じて，投下した資本よりも多くの資本にすることが企業の目的である。

図表9-1　資金調達源泉の分類

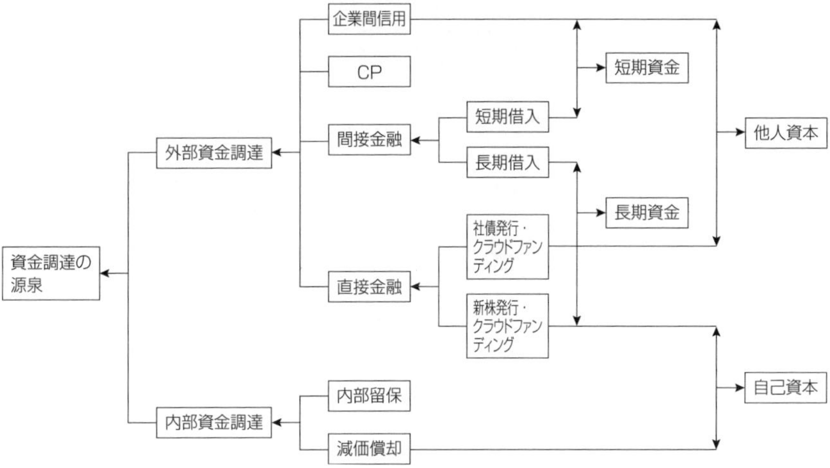

1.2　資金調達の類型

企業が資金調達を行うということは，資金を必要とする企業が資金に余裕のある個人などから，金融システムを通じて資金の融通を受けることを意味する。したがって，資金調達の諸形態はその国の金融システムによって大きく影響を受ける。1980年以降には，金融自由化と金融技術のイノベーションが進展している状況下で，資金調達の手法は多様化かつ複雑化している。そのため企業の資金調達に関する意思決定は年々重要性が高まっている。資金調達の源泉は図表9-1のように示される。

1.2.1　外部資金調達（外部金融）と内部資金調達（内部金融）

企業の資金調達は，資金調達源泉を企業内部に求めるか企業外部に求めるかによって，外部資金調達（外部金融）と内部資金調達（内部金融）とに大きく分類される。

外部資金調達とは，資本市場を通じた株式や社債などの発行による調達や，銀行を中心とする金融機関からの借入による調達が主体となる。

前者は図表9-2で示されるように，直接金融と間接金融に分類される。究

図表9-2　金融資本市場における資金の循環

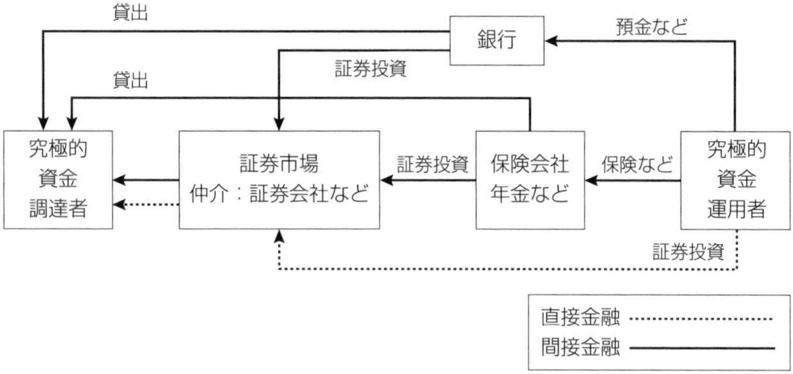

出典：新井富雄「長期資金調達の制度」榊原・菊池・新井・大田［2011］183頁。

極的資金運用者である投資家が，究極的な資金調達者である企業が発行した株式や社債などの本源的証券を直接購入する金融形態は直接金融と呼ばれる。

これに対して，銀行や保険会社などの金融仲介機関は間接証券と呼ばれる自らの負債（預金証書，金融債，保険証書など）を発行して最終的貸し手である投資家から資金を調達する。その資金で金融仲介機関が，最終的借り手である企業が発行する本源的証券（株式や社債，借入証書など）を保有する金融形態のことを間接金融と呼ぶ[1)]（榊原・菊池・新井・大田［2011］182頁）。

一方，**内部資金調達**とは，企業が資金の循環過程の繰り返しの活動を通じて得られる企業内部での資金調達手段である。内部留保と減価償却費などの非現金支出項目が主な手段としてあげられる。

1.2.2　他人資本調達と自己資本調達

さらに資金調達は，調達された資金が将来返済を義務づけられているかいないかで，他人資本調達と自己資本調達とに分類される。他人資本調達は将来の一定期日に元本の支払いが義務づけられており，貸借対照表上の「負債」を構成するものである。こうした他人資本調達には，銀行借入や社債発行などのほか企業間信用がある。

一方，自己資本調達とは企業の出資者による資金提供であり，返済の義務はない。株式の発行による調達や内部資金調達がこれにあたる。

1.2.3　企業間信用

外部資金調達には，商品・サービスの売り手である企業が買い手に対して代金の支払いを一定期間猶予することによる，企業間での貸借関係を意味する企業間信用が含まれる。つまり，企業間信用では取引先が企業に信用を供与することになる。この際には手形が振り出されることが多く，これまで日本企業，とくに中小企業の資金調達手段として企業間信用は重要な位置を占めていた。

1.2.4　クラウドファンディング

近年では，ITを活用したこれまでにない資金調達の仕組みが注目を集めている。これはインターネットを介して不特定多数の投資家から資金調達を行うことから，クラウドファンディングと呼ばれている。クラウドファンディングでは，これまで困難であった個人の投資へのハードルを下げることにより，これまで金融機関が融資に関して中小企業・小規模事業者や起業家に対して消極的になっていた部分を補完しうる可能性がある（中小企業庁［2014］412頁）。

1.3　日本企業の資金調達の変化

1.2項で述べたように，企業の資金調達は国の金融システムに左右される。第2次世界大戦後から1970年代初頭までの高度成長期には，日本企業は投資機会も多く設備投資資金を中心とする旺盛な資金需要を賄うために主に外部資金，とくに銀行借入が主な資金調達手法であった。つまり高度成長期における日本の企業金融は間接金融が主体であった。しかも銀行はその資金を有効活用するために自らのグループを形成し，いわゆる六大銀行（三井銀行，住友銀行，三菱銀行，富士銀行，三和銀行，第一勧業銀行）を中心に六大企業集団を形成した。銀行は多くの企業のメインバンクとなり，企業もいざというときの資金繰りに備えるために特定の銀行をメインバンクとして位置づけた。これが系列融資であり，メインバンクシステムであり，銀行と企業間の戦略的取引関係を担保するものとして株式の相互持合も行われた（坂本・松村［2009］15-16頁）。

しかし1970年代の半ば以降，高度成長期の終わりとともに大企業の資金調達形態は大きく変化した。金融自由化と金融技術のイノベーションが進展し，資本市場の国際化も同時に進められて，各国で多くの金融に関わる諸規制が緩和されたことを背景に，間接金融から直接金融への移行がわが国においても進められた。具体的には，①外部資金への依存度が低下して内部資金の比重が増加した，②外部資金のなかで銀行借入が減少して証券市場において資金調達を行う比率が上昇，すなわち1980年代にはエクイティ・ファイナンス，1990年代には普通社債など有価証券発行による資金調達が増加した，③証券市場を通じる資金調達手段が多様化し，海外市場での資金調達も活発になったことである（榊原・菊池・新井・大田［2011］183頁）。

2　直接金融

2.1　エクイティ・ファイナンス

エクイティ・ファイナンスとは，直接あるいは迂回した株式発行を伴う資金調達のことを包括的に指す言葉である（榊原・菊池・新井・大田［2011］196頁）。具体的には，企業が投資家から払込金を受け取って新株発行を実施する有償増資や新株予約権付社債の発行による資金調達などがあげられる。通常，金融機関からの借入は金利を付して元本を返還する必要があるが，エクイティ・ファイナンスは返済の必要がない点で財務的安定性が増す。すなわち，一般的な借入は負債となるのに対して，新株発行・新株予約権付社債などの発行により調達した資金は返還する必要がないために，貸借対照表においては純資産に該当することになる。

2.2　株式と株式発行

2.2.1　株式とは

株式とは，株式会社の株主たる地位であり，株式会社の自己資本の調達手段として会社における出資者の持分を示している。株主の責任は出資額を限度として会社の損失に責任を負う，いわゆる間接有限責任である。

株主は，会社の事業活動に伴う収益変動リスクを最終的に負担する。つまり，会社の業績が向上すれば株主に帰属する利益は高まり，業績が低迷すれば株主は損失を被る。株主は債権者への元利払いを済ませた後の残余財産に対する請求権を持っているので，企業の事業リスクだけではなく財務リスクも負担する（榊原・菊池・新井・大田［2011］184-185頁）。

株主はその持分に応じて会社を所有しており，会社に対してさまざまな権利を持っている。それらの権利は大きく自益権と共益権に分けられる。

自益権には，剰余金配当請求権，残余財産分配請求権があり，これらは会社から経済的利益を受けることを目的とする権利のことを意味する。剰余金配当請求権とは，株主が会社から利益の配当を受ける権利である。残余財産分配請求権とは，会社清算時に株主が残余財産の分配を受ける権利である。いずれの利益分配も株主の保有株式数に応じて行われることになる。一方，共益権は株主総会議決権など株主が持株数に応じて経営に参与することを目的とした権利のことである（会社法308条１項・325条）。

株式会社は，剰余金の配当や残余財産の分配に対する権利等について内容の異なる株式を発行することができる（会社法108条）。このように内容が異なる株式を種類株式という。１種類の株式のみを発行する会社に対して，２つ以上の内容の異なる種類株式を発行する株式会社のことを種類株式発行会社と呼ぶ。そのうち，標準となる株式を普通株式と呼ぶが，具体的には以下の９つの種類株式がある。

① 剰余金の配当に優劣をつける。
② 残余財産の分配に優劣をつける。
③ 議決権の制限を設ける。
④ 株式の譲渡制限を設ける（譲渡制限種類株式）。
⑤ 株主の要求によって会社に取得を請求できる規定を置く（取得請求権付種類株式）。
⑥ 会社が一定の事由が生じたことを条件としてその株式を取得できる規定を置く（取得条項付種類株式）。
⑦ 株主総会の決議で会社がある種類のすべての株式を取得できる規定を置く（全部取得条項付種類株式）。
⑧ 株式数にかかわらず，株主総会の決議を覆すことができる権利をつける

(拒否権付種類株式)。

⑨ 種類株主総会により取締役や監査役を選任できる（取締役・監査役選任権付種類株式)。

実務上活用されている種類株式には，普通株式，優先株式，劣後株式（後配株）がある。これは3.2項で説明するメザニン・ファイナンスで用いられる。とくに優先株式を用いた投資スキームの活用が増加している。

優先株式とは，種類株式の一種で，普通株に比べて剰余金の配当を優先的に受ける，あるいは会社が解散後の残余財産の分配を優先的に受け取れる，あるいは両方について優先的に受ける等，投資家にとって権利内容が優先的になっている株式のことを指す。

一方，剰余金の配当部分で，所定の優先株主配当金以外に普通株主配当を受け取れる「参加型」と，所定の優先株主配当しか受けられない「非参加型」とがある。また，ある事業年度において優先株主に対して支払うべき株主配当の金額が配当金の額に達しない場合，その不足分が次期以降の剰余金から次期以降の優先株主配当金と合わせて支払われる「累積型」と，次期以降には繰り越さない「非累積型」とがある。

優先株式は，議決権については制限されるのが一般的である。銀行のように規制によって自己資本比率が定められている会社にとっては，優先株式を発行することでその比率を向上できるというメリットもある。また，銀行以外でも2007年には伊藤園が，個人株主の開拓を目的に議決権はないが配当が25％増しの優先株式を導入した。2014年度末の優先株の個人比率は約43％と普通株を10ポイント強上回った。

近年，アメリカにおいては優先株式をベンチャー企業の資金調達手段として活用するケースが多いが，わが国においても同じ目的で優先株式を利用するケースがみられるようになっている。

2.2.2　株式発行による資金調達

株式発行は，最初に株式会社を設立する場合に行われる。会社の設立後にも事業遂行のための資金調達や支配権の移動のために新株発行は実施される。新株発行は，株主から一定金額の資金の払込が行われる有償増資と，払込を伴わない無償増資とに分けられる。

有償増資の形態は，公募増資，株主割当増資，第三者割当増資等に分類される。公募増資とは，広く一般の投資家を対象に新株の申し込みを募集して資金調達を行う方法のことである。発行価格は市場価格に近いので時価発行増資とも呼ばれる。株主割当増資とは，既存の株主に持分比率に応じて新株引受権を与えて新株式を発行する方法のことである。発行会社の従業員や親会社，業務提携先，取引先や金融機関など，第三者に引受権を与えて新株を発行する方法が第三者割当増資である。この方法は，業務提携等の安定株主を増やしたいときや経営危機に陥っている企業が経営再建のために資金を調達しようとするときにとられることが多い。

一方，無償増資の代表的な方法は株式分割である。また，後述する転換社債型新株予約権付社債の株式への転換（無償増資）やワラント債の新株予約権の行使（有償増資）も増資の一形態である。

新株式発行のメリットとしては，借入や社債と違って返済義務を負わずに多額の資金調達が可能であること，自己資本を高めること，さらに資金の使途が限定されず担保や保証人の必要がない等の点があげられる。

2.2.3　社債による調達

社債とは，企業が債権を発行することにより資本市場から直接，資金を調達する手法であり，貸借対照表上の負債を構成する。株式との主な違いは以下のとおりである。

① 社債で資金を調達した企業は，利息の支払いと元本返済の義務を負っており，その支払いの滞りは債務不履行（デフォルト）になる。

② 負債の支払利息は税法上損金になる。

③ 社債権者には株主のような議決権は与えられない。

社債の利息はそれを発行する機関の信用によって決まるために，投資家はその発行機関の信用や安全度を評価する必要がある。そこで投資家に対してその信用度や安全度をランク付けして情報を提供する格付け会社が存在する。例えばアメリカのムーディーズ社やスタンダード・アンド・プアーズ社は世界的に名が知られており，わが国では日本格付研究所と格付投資情報センターがあげられる。社債は性質によって普通社債，劣後債，新株予約権付社債の３つに分類される。

⑴　普通社債

普通社債とは，企業が債権を発行することにより，資本市場から事業資金を調達する手段である。そのなかでも社債には基本的に償還までの期間と利率が定められ，投資家には定期的に利払いがされ，満期になると額面の金額が償還される。

企業のメリットとして，融資の場合に銀行と借手企業との間は相対関係となり，制約条件も多くなるが，社債であれば引き受け手は複数で，比較的柔軟な条件設定も可能となり多額の資金調達が容易になる。原則として信用格付が高い社債ほど利率（クーポン）は低くなる。

⑵　劣後債

劣後債とは，一般の債権者よりも元本および利息の支払い順位の低い社債のことである。つまり劣後債の保有者は，会社が解散した場合，他の債権者への支払いをすべて終えたあと，最後に債務を返済される立場になる。このため，社債の一種ではあるが限りなく株式に近い性格を持つことになる。債務不履行のリスクが高いために，利回りは相対的に高く設定されている。

金融機関の発行する劣後債については優先株と同様に，一定の制限の下，自己資本比率規制上において資本として計上することができることから，金融機関が自己資本比率を高めるために発行することがある。

⑶　新株予約権付社債

新株予約権付社債は，通常の社債としての性格を有しながら，新株を引き受けることができる権利（オプション）がついており，社債と新株予約権の双方の性質を有している。新株を引き受ける権利を行使しなければ，社債として利息を得ることができる。

新株予約権とは，あらかじめ決められた条件で会社に対して新株式の発行または自己株式の提供を請求し，それを購入できる権利のことである。従来，新株予約権は転換社債（Convertible Bond：CB）や新株引受権付社債（ワラント債）に組み合わせる場合にだけ発行が認められた。2002年４月の商法改正により新株予約権制度が新設され，従来の転換社債の新株への転換請求権，新株引受権付社債の新株引受権（ワラント），そしてストックオプションは，「新株予約権」という名称に統一されることになった。これに伴い，従来までの転換社債と新株引受権付社債も，「新株予約権付社債」という名称に一本化された。なお，新株予約権付社債のなかで，従来の転換社債と同様の商品性を持つものを「転換社債型新株予約権付社債」という。

新株予約権付社債は，転換社債型新株予約権付社債（転換社債）と新株予約権付社債（ワラント債）の２つに区分される。

①　転換社債型新株予約権付社債

転換社債型新株予約権付社債（転換社債）は，発行時に決められた条件で株式と交換できる権利のついた社債のことである。普通社債にはない株式への転換権がついている分，利率は普通社債よりも低く設定されている。転換するときは，あらかじめ定められた価格（転換価格）で株式に転換する。転換しなければ，普通社債と同じように毎年一定の利払いがあり，満期には額面金額が償還される。

一例として，X社の転換社債を考えてみよう。X社は，社債額面ベースで転換価格1,000円につき１株と交換することができるという条件が付帯した転換社債を新しく発行した。さらに金利（クーポン）を年１％とし，満期は３年とする。投資家であるあなたはこの転換社債を100万円分購入したとする。この転換社債はX社の株式を１株当たり1,000円で購入できる権利が付いている債券ということになる。仮にこのX社の株式がその後上昇し，１株当たり1,200円になったとする。するとあなたは，この転換社債を株式に転換して売却することが可能になる。その利益は（1,200円－1,000円）÷1,000円×100万円＝20万円となる。つまり，20万円の利益を得ることができた。また，逆にその会社の株価が下落して１株当たり700円になったとする。この場合，転換社債を株式に転換すると当然損失を被るので，社債として３年間保有し続ければ，最終的には元本100万円が償還されて，さらにその３年間の金利として計３万円を受け取ることになる。

② 新株予約権付社債

新株予約権付社債（ワラント債）とは，あらかじめ定められた価格（行使価格）で新株を買うことができる権利（ワラント）がついている社債のことである。ワラント債は，転換社債と同様に，「社債としての確実性」と「株式の値上がり益」を併せ持ち，社債と株式との中間的な性質を持っている（中島［2015］186-188頁）。普通社債と同じ発行額で同じ償還価格の場合，新株を買う権利（コール・オプション）がついている分だけ，普通社債よりも利率は低く設定されている。

従来までのワラント債の非分離型は，新株予約権を分離して譲渡できない新株予約権付社債として規定されることになった。一方，ワラント債の分離型は，社債と新株予約権を同時に発行するものとして，新株予約権付社債に含まれなくなった。

2.2.4 コマーシャルペーパーによる調達

コマーシャルペーパー（Commercial Paper：CP）による調達も重要な資金調達手段の１つである。CPは，企業が短期の資金調達を目的に，オープン市場において割引形式で発行する無記名無担保の約束手形のことをいう。企業が直接金融で資金を調達するという点では社債と類似している。また，CPは有価証券ではなくいわゆる手形なので，社債が証券会社で扱われるのに対して，CPは銀行等でも扱われる。

CP市場は，アメリカで自然的に発生した市場であり，日本では1987年11月に創設された。1989年５月には，日本銀行による公開市場操作（CPオペレーション）が導入されている。

社債の償還期間が通常１年以上なのに対して，CPの償還期間は通常１年未満で，とくに１ヵ月ものや３ヵ月ものが多い。またその金利水準は企業の信用力を反映して決まるため，通常は短期プライムレートより低いコストで資金を調達できることが多い。

3　間接金融と多様化する資金調達手法

3.1　間接金融

1.2項で述べたように，間接金融とは，銀行等の金融機関からの借入をいう。借入金は，株式や社債と比較するとより機動的に資金調達が可能である。ただし借手企業は債権者である金融機関に利息を支払い，期日には返済しなければならない点で，貸借対照表上では「負債」の部に含まれる。

3.1.1　銀行借入

日本企業にとって，最も一般的な外部資金調達手法が借入金である。借入金には，銀行からの借入のほか保険会社など銀行以外からの借入もある。借入によって調達された資本は他人資本であり，貸借対照表上の負債となる。借入の期間により長期と短期に分類される。

短期借入金とは，弁済期限が貸借対照表日の翌日から起算して1年以内に到来するものをいい，流動負債として計上される。一方，弁済期限が貸借対照表日の翌日から起算して1年を超えるものを長期借入金といい，固定負債に計上される。短期借入金は主に運転資金に使われ，長期借入金は設備投資などの固定資産への投資に使われることが多い。

しかし多くの中小企業の場合には，運転資金を短期で借り入れて返済期日がくると一度全額返済し，新たに短期借入金として資金調達を行う，いわゆる借り換えを繰り返すことによって実質的に短期借入金を長期借入化しているケースも多い。

銀行借入の形態は，大きく商業手形割引，手形借入，証書借入，当座借越の4つに分類される。

①　商業手形割引

商業手形割引は，顧客から受け取った満期前の商業手形を銀行に譲渡し，譲渡日から満期日までの金利相当額を割引料として手形金額から差し引いた額を受け取る形態の資金調達のことを指す。

② 手形借入

手形借入は，金銭貸借において，企業が銀行に自己振出の約束手形を担保として差し入れて資金の借入を行うものである。手形借入は手形の信用を利用するものであり，ある程度の信用力のある法人が利用できる制度である。

③ 証書借入

証書借入とは，企業が銀行と融資条件（融資金額，返済方法，利率等）を記載した金銭消費貸借契約証書を取り交わすことによって融資を受ける方法である。証書貸付は長期の融資で利用され，資金使途が設備資金や長期運転資金の際に利用される。

④ 当座借越

当座借越とは，当座預金口座を持つ企業が預金残高よりも高い金額を振り出した小切手や約束手形などの支払いに対して，契約に基づく借越限度額まで銀行が応じるという借入形態である。

3.2 メザニン・ファイナンス

メザニン・ファイナンス[2)]とは，図表９−３で示されるように，デット・ファイナンスとエクイティ・ファイナンスの中間に位置するファイナンス手法で，劣後ローンやハイブリッド証券（劣後債，優先出資証券，優先株等）の発行による資金調達を指す。これは他の債権より優先的に弁済される相対的にリスクの低い社債や，一般的な銀行借入等で代表されるシニア・ファイナンスより投資リスクが高い。企業にとってはデットとエクイティの双方の特色を活かした資金調達が可能となり，投資家にとっては比較的信用力が高い企業への投資においても社債への投資よりも高いリターンが見込まれるというメリットがある。

社債投資がローリスク・ローリターン，株式投資がハイリスク・ハイリターンとすると，メザニン投資はミドルリスク・ミドルリターンと考えられる。欧

図表９-３　メザニンの位置づけ

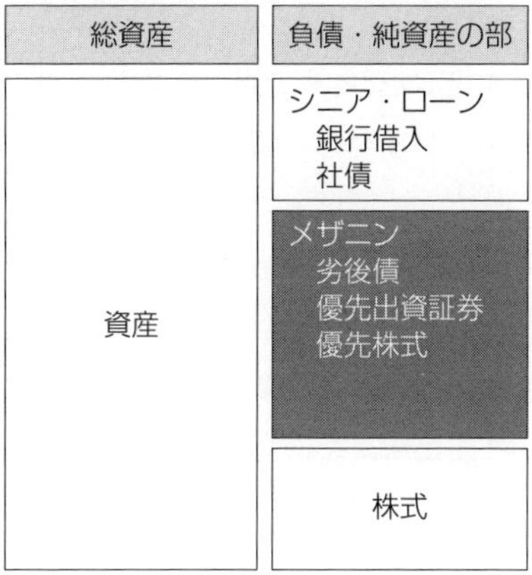

米では，メザニン・ファイナンスを専門とする投資銀行や，メザニン投資を専門とするファンドが多数存在しており，資金調達手段および投資機会の多様化が進んでいる。

わが国においても，メザニン・ファイナンスを有効に活用することにより，資金調達手法の多様化を進める必要がある。三菱総合研究所［2013］によると，メザニン・ファイナンスを普及させることは，「新規の資金供給」と「既存の供給資金の転換」の両面からわが国におけるリスクマネー供給の拡大に寄与すると述べている。

具体的に前者の面では，「融資で調達するにはリスクが高いが，出資を募るにはリターンが低い」といったミドルリスク・ミドルリターンの新規事業や新規設備投資に対する資金供給が円滑になる点があげられる。一方後者の面では，事業再生中の企業に対して，既存の銀行融資や社債を一時的に劣後ローンや劣後債ならびに優先株式にリファイナンスし，通常の融資より資本性の高い資金で企業再生を中長期的に支えることが可能になる。

また，投資家の立場からみても，メザニン・ファイナンスの普及によってミドルリターンの投資商品が増加することは，投資機会の拡大に資するという意義がある。

3.3　サイバーダイン社とトヨタの種類株を用いた資金調達

種類株式についてはすでに2.2項で説明したが，わが国においてもそれを用いたこれまでにみられなかった資金調達手法が注目を集めている。

2014年に，サイバーダイン社が東証マザーズに上場したが，上場株式の10倍の議決権がある種類株を経営者が持ち，上場後も実質的に支配権を握る仕組みを採用した[3)]。サイバーダイン社の創業者・山海嘉之氏の上場後における保有割合は，発行済み株式総数ベースでは合計約43％にとどまるが，普通株式の10倍の議決権を有するB種類株式を保有する仕組みによって議決権ベースでは約88％となった。

このような議決権数の異なる複数の種類株式（一般に「議決権種類株式」と呼ばれる）を用いて上場後における創業経営陣の支配力維持を図る事例は，グーグル，フェイスブック，リンクトイン等のアメリカのIT企業ではよくみられる。わが国ではサイバーダイン社が初めてであり，多くの注目を集めた。このような仕組みは，アメリカにおいてdual class structureと呼ばれている。これにより創業経営陣が安定した経営基盤を持ち，長期的な経営を行うことによって企業価値の向上が期待されている。

アメリカでは種類株式を利用したIPOが盛んであるが，日本では株主平等の原則が重視されることから，上場前に種類株式を普通株式に転換しておくことが通例であった。日本では，2008年7月に東京証券取引所の有価証券上場規定が改正されて，未上場会社が議決権の少ない株式を上場することが可能となった。

さらにトヨタ自動車が実施した中長期の株主づくりのための新たな資金調達手法は，国内外から多くの注目を浴びた。トヨタ自動車が発行登録した「AA型種類株式」と呼ばれる種類株式のことである。同社はこの種類株を発行するため，2015年6月の定時株主総会で定款を変更し，株主の承認を得て，「第1回AA型種類株式」を発行した[4)]。

具体的に発行決議を経てトヨタは，初回およそ総額5,000億円（5,000万株）を上限に，5回に分けて「AA型種類株式」を発行し，発行済み株式総数の5％未満（1億5,000万株）に抑えている。調達資金は，燃料電池車や情報化・

高度知能化モビリティ技術の開発などの中長期的な研究開発に投資する予定である。トヨタは種類株と同数の普通株を自己株式取得で買い取り，希薄化を回避する。

この種類株には，以下のようないくつかの条件がある。

① 発行価格は発行価格決定日の普通株式の株価の120％以上。
② 配当は初年度から発行価格に対して年率0.5％，1.0％，1.5％，2.0％と上昇し，５年度目以降は2.5％となる。
③ 議決権付き。
④ 普通株式への１：１の転換権付き。
⑤ 発行価格での取得を会社に請求できる。
⑥ 残余財産の分配においては，一般債権者に劣後し，普通株主に優先する。
⑦ 譲渡に制限がある。

商品性としては転換社債型新株予約権付社債のようだが，議決権が与えられている点で大きな違いがあり，市場で流通しないため，発行後５年間の流動性は低い。配当も当面は普通株式より低い。種類株主にとっては，(1)普通株式への転換，(2)種類株式のまま保有，(3)発行価額での取得請求の３つの選択肢がある。

普通株に転換する場合は，５年後以降にその権利を行使することができ，権利行使すると発行価額で普通株式に転換できる。種類株を持ち続けたい場合はそのまま保有できる。ただし５年間は普通株への転換はできないため，キャピタルゲインや換金の時期は限られる。また，当面は普通株の配当利回りより低い配当率になる。一方，トヨタは発行価格で全株を取得することができる。

今回の「AA型種類株式」が，中長期保有を志向する個人投資家に向けて販売されることと，譲渡制限があることも重要な点であり，長期的には株主構成比率のなかで個人株主の割合が高まることが予想される。つまり，この種類株式の発行と普通株の買い入れを長期にわたって継続することによって，長期に保有したい同社のサポーターとしての個人株主の割合を増加させることが，今回のトヨタの種類株の発行の目的でもあると考えられる。

【注】

1）新井［2011］によると，企業が証券市場で資金調達を行ったとしても，その証券が金融仲介機関によって購入された場合，それは「間接金融」の一部であると述べている（新井富雄「長期資金調達の制度」榊原・菊池・新井・大田［2011］182頁）。
2）メザニンとは英語で中２階や劇場の２階席を意味する。
3）サイバーダイン社ホームページ
http://www.cyberdyne.jp/company/IR.html（2015年10月９日）
4）トヨタ自動車ホームページ
http://www.toyota.co.jp/jpn/investors/stock/share.html（2015年10月５日）

Let's Try !

□①資本コストの重要性について調べてみよう。
□②種類株式を用いた資金調達について，コーポレート・ガバナンスの観点から調べてみよう。

さらに深く学ぶためにお薦めの本

- 小山明宏［2011］『経営財務論』創成社。
- 榊原茂樹・菊池誠一・新井富雄・大田浩司［2011］『現代の財務管理』有斐閣。
- 坂本恒夫・松村勝弘編著［2009］『日本的財務経営』中央経済社。

第10章　企業経営のグローバル化

Topic

ユニクロのグローバル展開

われわれが慣れ親しみ愛用しているユニクロは，一地方の衣料品小売店から始まった。ユニクロを展開するファーストリテイリングは，SPAの導入とグローバルな展開で，日本を代表する世界的企業に成長した。

SPAとは，企画から製造，販売までを一貫して行うアパレルのビジネスモデルを指し，価値連鎖（value chain）の各タスクの活動を自らが手掛けることで，規模の経済性と差別化を追求して競争優位の確保を狙うものである。これによって生産コストは当然ながら，流通コストも大幅に減らせる。ユニクロは，SPAを活かした経営戦略で業界トップの地位を築いたのである。

一方，ユニクロのSPAモデルは，中国をはじめとしたアジア諸国の経営資源を整合することで成立している。つまりユニクロは，自ら製造工場をつくらず，上海と広東にある事務所を通じて現地の企業に委託して生産している。その際，現地企業との間で長期的かつ安定的な取引関係を結び，品質管理を行うとともに，技術や経営ノウハウを提供している。

また製品のデザインや企画は，世界市場で受け入れられやすいユニバーサルを志向して，グローバルな事業展開を経営の基本にしている。今，ユニクロは，“ユニクロ”から“UNIQLO”へと姿を変えている。

1　企業活動のグローバル化

1.1　日本企業のグローバル展開

今日，企業の活動の場は国内から海外へと展開し，地球規模で事業を展開している。またその内容も製品の販売から原材料の調達に広がり，さらには経営に必要な諸資源（人や資金）も調達する場になっている。昨今では新製品の研究・開発も海外で行うようになってきた。企業活動のグローバル化が進んできたのである。ここで「**グローバル化**」（globalization）とは，国境を越えて活動する「国際化」（internationalization）がさらに発展して，地球規模で行う企業活動を指している。

日本企業のグローバル化は，1985年以降の円高傾向のなかで，そのスピードを速めた。2017年度には製造業の23.8％が海外生産となっている（第2章参照）。自動車産業でみると，2016年度のトヨタ，日産，ホンダの3社の総販売台数約2,000万台のうちの約1,500万台が海外での現地生産・現地販売である。

1980年代中頃までの日本企業の海外活動といえば，主に製品を輸出して販売するというものであった。1950年代は繊維・雑貨，1960年代は家電，1970年代は自動車・電機を主力とした，いわゆる「メイド・イン・ジャパン」製品を売る市場として海外をとらえていた。当時言われた国際企業とは，輸出比率の高い企業であった。

こうした流れのなかで，「三河モンロー主義」[1)] と評されるほど内向きであったトヨタ自動車は，1984年にGM社との合弁会社を立ち上げた。NUMMIと名づけたこの合弁会社は，トヨタにとって日米間の貿易不均衡を回避するための選択であり，海外生産の歴史的実験でもあった。その後，海外生産は1990年代末期までに北米からヨーロッパ，そして中国，インドなどへと広がり，企業活動のグローバル化は進展した。

1.2　企業活動のグローバル化の過程

企業がグローバル化していく過程を，製造業を通して理論的に明らかにした学者の１人としてダニング（Dunning, J.H.）がいる。彼はグローバル化の過程を５段階で説明した。すなわち，①間接輸出の段階，②直接輸出の段階，③現地生産Ⅰの段階，④現地生産Ⅱの段階，⑤地域・グローバル統合の段階である（図表10-１参照，Dunning［1993］）。

(1) 間接輸出と直接輸出の段階

国内のみで活動を行う企業が，製品の輸出を始めた段階である。その多くは商社等の貿易専門業者を介した間接輸出である。輸出量が増大すると，自社で海外の販路を開拓したり，現地に販売会社を設立して，海外での実質的な経営活動が始まるようになる。この段階になると，自社による直接輸出が行われ，さらには製品技術やノウハウの移転が生じる。

(2) 現地生産の２つの段階

やがて企業は，現地国に自社の子会社や合弁会社を設立して現地生産に踏み切る。現地生産の初期段階では，輸出製品のコストダウンを狙ったものが一般的で，現地で部品の加工と組立を行うようになる。それが進むと，次の段階として完成品の生産，さらには現地市場向けの新製品開発までが現地で行われるようになる。ここでは市場，開発，生産を１つに結びつけた企業活動の現地化の段階に入る。

(3) 地域・グローバル統合の段階

海外での売上が多くなると，国内事業と海外事業を一体化したグローバル市場対応型の経営が始まる。そこでは原材料・部品の調達，開発・生産拠点の設

図表10-１　ダニングの５つのステージ

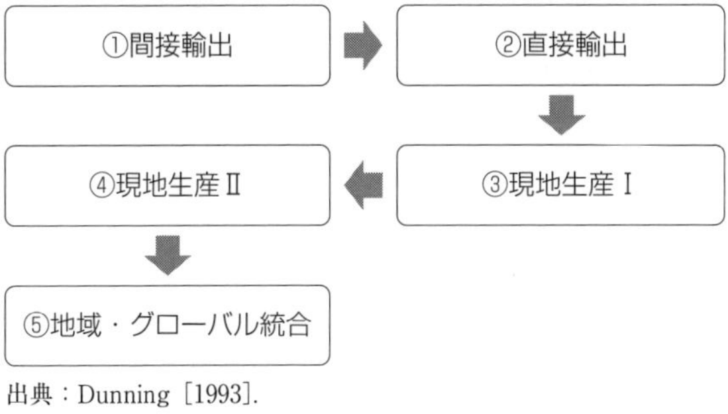

出典：Dunning［1993］.

置，販売市場の開拓など，いずれの活動についてもグローバル型の経営体制を構築する段階に入る。

1.3　グローバル展開の動機

こうした製品の輸出から現地生産，現地経営への歩みは，企業発展の過程を示すものである。そこには国際的な販売市場と経営資源を求める動機がある。そうした動機は次のように説明できる。

⑴　販売市場を求めて：国内市場はいずれ飽和し衰退していくため，それに代わる市場を見つけなければ企業の成長が望めない。このため，企業活動のグローバル展開はほとんどといってよいほど輸出からスタートし，段階的に拡大していく。

⑵　経営資源を求めて：国内資源の限界を補うために，企業は安価で入手しやすい市場を海外に求める。安くて豊富な労働力や原材料の確保は企業経営にとって重要である。また現地市場に適合するための技術や情報を獲得することは，競争力を高めていくためにも重要である。

図表10-2　海外直接投資の７つのタイプ

⑴天然資源確保型	単なる輸入より安定的かつ合理的な価格を確保しうる確率が高い理由による，昔ながらの直接投資である。
⑵低賃金指向型	海外立地と国内立地との賃金格差が主な理由。労働集約的生産活動では低賃金のメリットを活かせない理由はない。
⑶貿易摩擦回避型	輸入国の輸入制限的通商政策やそれを生み出すような環境により促成された直接投資である。
⑷市場密着型	販売市場に生産拠点を同時に設けることは，市場のニーズを製品に反映させるうえで大きな意味を持つ。
⑸経営資源獲得型	後発国企業の海外直接投資のなかでよくみられるタイプ。後発であるがゆえ，経営資源の内部蓄積が相対的に不足する。
⑹サポートシステム整備型	製品の輸出では，優れた製品を適正価格で提供するだけでなく，販売のためのサポートシステムを整備する必要もある。
⑺グローバル・ネットワーク構築型	商社や金融機関にとってグローバル・ネットワークを構築することがとくに重要な意味を持つ。

出典：Dunning［1993］，伊藤［2007］。

⑶　グローバル経営の効率を求めて：企業活動をよりグローバル化の方向へ展開させるために，状況に合わせた経営の効率化が求められる。とくに市場ニーズを活かした製品開発は，現地の経営資源を活用することで高い効果が期待できる。

こうした企業のグローバル活動は，現地市場に資金を直接投資して活動を行うところに特徴がある。海外に資金を直接投資する目的は企業の置かれた状況や経営戦略と関わる。**海外直接投資**の基本的な形態は次の７つにまとめられる。すなわち，⑴天然資源確保型，⑵低賃金指向型，⑶貿易摩擦回避型，⑷市場密着型，⑸経営資源獲得型，⑹サポートシステム整備型，⑺グローバル・ネットワーク構築型である（図表10-２参照）。

1.4　プロダクト・サイクル理論とOLI理論

企業のグローバル展開の動機とそのための必要条件を説明する理論的枠組みとして広く使われるのが，バーノン（Vernon, R.）のプロダクト・サイクル（product cycle）理論とダニングのOLI（Ownership Location Internalization）理論である。

⑴　プロダクト・サイクル理論

プロダクト・サイクル理論は，1960年代までのアメリカ企業の海外展開過程を踏まえて，企業はなぜ海外展開していくのかについて，製品のライフサイクル，貿易，海外直接投資の関係から明らかにしたものである（Vernon [1966]）。

それによると，アメリカ企業の生産活動のサイクルは，まず新製品の国内開発，国内生産，国内市場への導入から始まる。これによって先発者利益を享受する。そして規模の経済を獲得するために大量生産を行う。やがて類似品が出回り国内市場が成熟する。これに伴って製品の輸出が開始される。しかし輸出先市場での競争が熾烈化し，輸出が思うようにいかなくなると，コストダウンを狙った現地生産に踏み切る。生産活動の拠点は先進国をひと回りしてから発展途上国へと移っていく。この段階では発展途上国が輸出国となり，アメリカは輸出国から輸入国へと転じる。

このように，プロダクト・サイクル理論は，製品の導入期，成長期，成熟期，衰退期という製品のライフサイクルの流れに沿って，ある新製品が先進国で開発・生産されてから発展途上国に生産が移るまでの貿易と海外直接投資の動的な変化を説明している。

ところが昨今の国際環境は，グローバル化とボーダレス化が同時に進行している。そのため，新製品の世界規模での同時販売，複数国をまたぐ製品の共同開発などのため，製品のライフサイクルが短縮化し，製品の開発から販売までのプロセスの，ある段階を飛ばしたりするだけでなく，それらの段階のフラット化現象さえ生じている。また海外直接投資の優先順序が先進国から新興国へ入れ替わるなど，プロダクト・サイクル理論により提起された段階的展開が常識から非常識となっており，アメリカがイノベーション発信地としての独占状態は終焉している。それゆえ，この理論では昨今のグローバル化現象は説明できなくなってきている。

⑵ OLI理論

OLI理論は，企業の国際展開，とくに海外直接投資について，企業の所有特殊的優位，海外の立地特殊的優位，および市場の内部化インセンティブ優位の視点から説明する理論である。まず，企業の国際化は企業の「所有優位」(ownership-advantages)，つまり現地企業に対抗しうる有形・無形の資産をどの程度持っているかを前提にする（Dunning［1993］）。しかし，企業の所有優位だけでは直ちに海外直接投資にはつながらない。なぜなら，その企業の所有優位が確認されながらも，それらを海外企業に売却するのではなく，企業自らが内部で使用することによって，その優位を強化しうる（これを「内部化優位」(internalization-advantages）という）と企業が判断するのはいかなる場合か，また海外のどこに進出すれば所有優位と内部化優位を最大限に活かせるのか（これを「立地優位」(location-advantages）という），という３つの優位性を同時に持たなければ，海外直接投資に踏み切る企業の行動は説明できないとした（図表10-3）。

OLI理論は折衷パラダイムともいわれ，企業の対外直接投資の必要条件を包括的に説明し，企業にとって国際化戦略を策定するためのフレームワークとして広く使われている。一方，この理論は所有優位を前提とした企業の海外直接投資を強調するあまり，企業が新しい所有優位を獲得する動機について関心が

図表10-3　ダニングのOLIパラダイム

所有優位	企業の海外直接投資のための前提条件を揃えているかどうか
内部化優位	なぜ海外直接投資であって経営資源の売却ではないのか
立地優位	企業の優位を強化しうるロケーション選択の基準は何か

出典：Dunning［1993］.

払われていない。それゆえ，自国・自社の所有優位を前提としない経営資源獲得型の海外直接投資や，海外拠点をベースに競争優位を構築するための海外直接投資については十分な説明ができない，という批判がある。

これらの課題に焦点を合わせ，近年，技術的に遅れた国々の企業が，先進国に拠点を置くことによってそこからの知識や技術を吸収する，という経営資源獲得型の海外進出が注目されている。ここには所有優位を前提としない，企業に特殊な優位がないからこそ海外進出を通じて優位性を獲得するという理論も出てきている。

2　経営のグローバル化とグローバル企業

2.1　多国籍企業とグローバル企業

ところで，従来，グローバル市場で活動する企業を「多国籍企業」（Multinational Corporation：MNC）ととらえて研究がなされてきた。これは複数の国にまたがって事業を行う企業を指しているが，この定義をめぐってさまざまに議論されてきた。

例えば，前述のバーノンは，大企業を前提にしながら，多国籍企業の定義について，「海外直接投資の遂行」「海外子会社は地理的にかなり広範囲に分布」のほかに，「多数の海外子会社」を「共通した経営戦略のもとで統括」などの条件を付けている（バーノン［1973］）。これに対しダニングは，「海外直接投資を行い，1ヵ国以上において付加価値活動を所有もしくはコントロールする企業」であると説明している（Dunning［1993］）。また吉原は，日本企業の実情を踏まえて，多国籍企業を「海外に子会社や合弁会社を持って国際的に経営活動をしている企業」と定義している（吉原［1997］）。

これらの定義に基づけば，多国籍企業は，グローバル経営を展開する企業と同義である。それゆえ，本章で取り上げる**グローバル企業**とは，多国籍企業の定義を踏まえて，「海外に拠点を持ち国際的に付加価値活動を行う企業」と定義して話を進めることにする。ここで改めてグローバル企業に定義を設ける意味は，昨今の絶え間なく進展するグローバリゼーションのなかにあって，企業の規模にかかわらず，国をまたがって付加価値活動を行う企業が増え，グローバル経営の内容もかつてないほど多様で複雑になってきたことによる。そのため多国籍企業の定義を少し広げて解釈する必要が出てきたからである。

グローバル企業と同義に解釈した多国籍企業の発展過程を，経営者の考え方（姿勢基準）という視点から整理したのはヒーナン（Heenan, D.A.）とパールミュッター（Perlmutter, H.V.）である。彼らは，世界的な経営活動に対する親会社の経営者の基本姿勢を，本国志向型（Ethnocentric：E），現地志向型（Polycentric：P），地域志向型（Regiocentric：R），世界志向型（Geocentric：G）に分類した。そしてこの頭文字を取って「E-P-R-Gプロフィル」と名づけた（ヒーナン＆パールミュッター［1982］）。

図表10-4　ヒーナンとパールミュッターの経営志向類型

本国志向型	•本社主導による意思決定 •本社から派遣された社員が海外子会社の主要ポストを占める
現地志向型	•本社の権限委譲を受け，現地スタッフが組織の主要ポジションを占め，独自の意思決定をする
地域志向型	•グローバルと国家の中間に位置するリージョン（地域）規模の経営志向性を意味する
世界志向型	•各拠点間が複雑な相互依存関係で結ばれ，普遍的な経営基準を採用し，世界から有能な人材を集める

出典：ヒーナン＆パールミュッター［1982］。

ヒーナンとパールミュッターによると，多国籍企業の多くは，図表10−４に示した本国志向型から現地志向型へ，さらに地域志向型，世界志向型へと経営者の志向性が変化し，E-P-R-Gプロフィルを形成していく。しかし，現実的には世界志向型までの経路は必ずしも一致したものとはならない。本国志向型から地域志向型ないしは世界志向型に直接移行することもある。この理論は，グローバル展開する企業の志向類型としては，現在でも企業のグローバル化の度合いを示すフレームワークとして重要な意味を持っている。

2.2　多様な外部環境と環境創出

企業がグローバル経営活動を展開するにあたり，それぞれの国の固有の環境に直面する。これはグローバル企業の共通した宿命であり，複雑性と多様性がグローバル経営環境の基本的な特徴である。それぞれの国の法律や制度だけでなく，これらの執行システムおよびその効率性に示唆された「常識」が非常識になる可能性もある。例えば，根回しを重んじる日本に対して，アメリカはややもすると裁判になりがちである。また，中国においては，「上に政策があれば下に対策がある」といわれるほど，政策や制度とその執行の間に微妙な関係が存在する。

また，産業によって環境の複雑さと多様さの度合いも異なる。製品の性能や品質さえ良ければ，国や地域を問わず，どこでも受け入れられる傾向の強い産業もあれば，特定の文化や習慣に強く影響される産業もある。自動車産業，家電産業が前者に属し，過度の国家ごとの対応が必要ではないのに対して，食品や嗜好品は後者に属し，ある国で爆発的に売れた商品が他国では売れるとは限らず，きめ細かな国家ごとの対応が必要とされる。

グローバル経営は，１つの側面のみならず，政治，経済，文化といった基本的な側面に加えて，産業・機能といったビジネスの側面も複合的にとらえたうえで柔軟に適応することが求められる。

企業を取り巻く環境への適合を実現させる方法はさまざまである。外部環境の変化に合わせて戦略や組織を変化させる受身的な考え方がある半面，外部環境へ働きかけることで環境を戦略的に変更させる能動的な考え方もある。さらに，不適合から適合へのプロセスに焦点を合わせた，適合より不適合の状態こそがイノベーションの可能性が高いという考え方もある。

そこで，グローバル環境への有効な対応はいかなる場合か，という課題に解答を提示してくれるのが，マイルズ（Miles, R.E.）とスノウ（Snow, C.C.）の環境対応パターンの分析である（Miles & Snow［1978］)。このフレームワークでは，分析型（analyzer)，防衛型（defender)，攻撃型（prospector)，受動型（reactor）の４つに分けて，企業の外部環境対応を分析している（図表10-５参照)。

本国市場でのポジションと環境対応パターンについて，売上や利益率の高い企業がグローバル環境の変化をいち早く察知しつつも，その行動に関しては慎重な分析型になる場合が多い。これに対して，フォロワー的な立場にある企業の一部や，より弱い立場にある企業は，環境の変化をチャンスにしようとして，他者に先駆けて行動する攻撃型になるケースが多い。また，本国の力にかかわらず，現地市場でのポジションが極めて強い場合と逆の場合とでは，環境対応の基本的パターンも異なる。前者が防衛型，後者は攻撃型になると一般的には考えられている。

グローバル経営は，国ごとに異なる政治的，経済的，文化的といった壁を乗り越えるために，受け身的に現地国の環境に適応するだけでなく，現地市場に働きかけたりもして環境を創出する必要がある。また，これらの対応は静態的なものではなく，動態的なものでなければならない。

図表10-５　マイルズとスノウの環境対応４タイプ

分析型 市場の変化に敏感でありつつも行動に関しては慎重である。	防衛型 強いポジションに安住し外部の変化には敏感に反応せず，現状の論理で戦い抜こうとする。
攻撃型 環境の変化を敏感に察知し他者に先駆けて新たな行動へ果敢に挑戦する。	受動型 いかなる場合にも確固たる戦略を持たない。

出典：Miles & Snow［1978］，浅川［2003］。

類型別国家間の環境対応については，先進国市場への環境適応と後発国市場での環境創出という標準的な考え方がある。だからといって先進国での環境創出が必要とされないわけではない。先進国であっても，一国で成功した経験を他国と共有することがあるし，製品のライフサイクルにより他国で創り出されたイノベーションの成果を導入することもある。

さらに，国ごとの重要度の違いによって環境対応の選択肢も異なってくる。自社にとって運命が左右されうるほど重要な市場であれば，現地適応に徹する選択になるが，その重要度が落ちるにつれて，過度の現地対応が必要でなくなり，極端な場合には現地市場からの撤退を視野に入れた選択も考えられる。

ところで，外部環境に対する適応と相まって，企業内部にもグローバル化に向けたさまざまな変化が起こっている。第1に，ビジネスの内包化現象，つまり世界各地に展開するビジネス拠点間の経営資源の移動と企業内貿易活動の拡大がある。かつて典型的な国際貿易といえば，相対優位に基づいたモノとサービスの産業間の国際移動であった。しかし近年，グローバル競争の熾烈化と産業内分業体制の細分化によって，産業内ひいては企業内取引は増大し続けている。これらの貿易はそもそも海外拠点と本国を中心にしていたが，本国と関係せず，第三国相互間の企業内貿易もますます増大している。

第2に，グローバル環境に適応し，戦略に組織を従わせるための企業内組織の再編成である。これについては次節で細述する。

第3に，企業内組織の人的構成のグローバル的取り組みがある。グローバル組織間の人的交流と相互学習は，新たなイノベーションを生み出すものと期待される。これをメカニズムとして機能させるためには，グローバルな人的資源の確保と活用が欠かせない。このほかに，英語を公用語として社内に導入することや，関係する諸外国の歴史，文化，宗教などを理解する社内教育に取り組むケースも顕著である。

2.3　BOPとグローバル・ビジネスの新しい局面

日米欧というトライアングルのビジネスは，長期にわたって国家・地域間経済やビジネスの中心を占めてきた。しかしここ20年の間に，新興国の台頭とともに，世界で40億人から50億人とも推定される貧困層を対象にする**BOP**（Base of the Economic Pyramid)[2] ビジネスが注目され始めた。これを受けて，グローバル化の方向性は大きく転換し，グローバル・ビジネスの新しい局面を迎えている。

もともとBOPビジネスは，発展途上国の貧困を撲滅するという理念のもとで始められた。当初は，企業の収益源とみなされずに，貧困市場援助の意味合いが強かった。しかし，先進国の資金や技術，経営ノウハウといった資源と，貧困市場の人的要素を結合させることで，労働集約型生産の大規模化を実現し，確実に収益を上げられるようになった。さらに，貧困市場に合わせた新しい製品やサービスを投入すると同時に，それらを機能化させるためのビジネスモデルやイノベーションを起こしている。

このように，貧困市場はビジネス拠点としてステップアップするのと相まって，市場としての規模も段階的に拡大してきた。例えば，エレクトロニクス製品の多くは，EMS（Electronics Manufacturing Service）による後発国での現地生産，そして主に後発市場での販売体制の強化によって収益を上げている。アメリカのアップルや韓国のサムスンは，BOPビジネスを効果的に活かした代表的な企業である。

先進国市場が成熟するなかで，どのようにBOPビジネスを企業成長のチャンスに活かせるかは，グローバル経営の勝敗を左右する極めて重要なポイントになりつつある。

3　グローバル経営の組織・ヒト・文化

3.1　グローバル企業の組織形態

「組織は戦略に従う」というチャンドラーの命題に基づけば，戦略が同じなら同一の組織形態をとることになる。また戦略が変われば組織にも変化が生まれる。企業のグローバル化の過程では，組織においても段階的な発展過程がある。ストップフォード（Stopford, J.M.）とウェルズ（Wells, L.T.）は，グローバル企業の組織変化を以下のように説明した（図表10-6参照，ストップフォード&ウェルズ［1976］）。

図表10-6　グローバル企業の組織構造の変遷

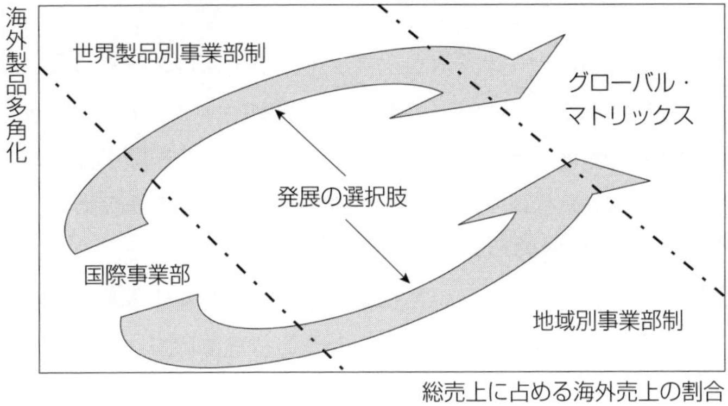

出典：ストップフォード&ウェルズ［1976］42頁。

(1)　国際事業部を設置することによる海外事業を束ねる段階

企業は製品別事業部制組織に**国際事業部**を加えることにより，国内事業と海外事業の管理が分離される。国際化の進展に伴い，海外事業が軌道に乗り始めたが，国内中心，海外付属という構図を完全に脱したとはいえない。ストップフォードらの調査によると，機能部門制ないし国際事業部制を採用する企業はいずれも海外多角化率が10%以内，海外売上が総売上の50%以内である。

また，それまでに各製品別事業部に分散された小規模な海外事業を国際事業部で束ねると，大きな規模になるという集約効果も期待される。国際事業部の統一的管理によって，海外事業の経験が共有化されやすくなったというメリットもある。

(2)　世界的製品別事業部制か地域別事業部制かを選択する段階

海外多角化と海外売上のいずれか，あるいは両方が国際事業部の能力を超えると，企業は国際事業部を廃止して世界的製品別事業部制あるいは地域別事業部制のいずれかを選択する方向へと組織構造を変えていく。どちらの組織構造をとるかは，グローバル成長戦略によって異なる。

多角化した国内の製品ラインを海外に広げ，海外での多角化比率が10%を超えると，国際事業部という単一の組織構造ではグローバル多角化戦略の複雑さと多様性に対応しきれなくなり，製品単位別でグローバル事業を管理する必要が生じてくる。国際事業部に代わった組織構造として世界的製品別事業部制が採用される。

これとは逆に，グローバル多角化をせず主力事業だけを海外に広げ，海外での売上が50％を超えるか，あるいは国際事業部が国内の事業部と同規模に達した場合，国際事業部を分割するプレッシャーが高まる。国際事業部から地域別事業部へと組織構造を転換するのは，この流れに沿ったものである。

(3) グローバル企業の組織の進化モデル

世界製品別事業部制と地域別事業部制は，あくまで国際事業部から脱皮したグローバル企業の組織構造の発展段階の１つとして位置づけられる。グローバル統合・標準化に偏り過ぎるか，現地適応に過度に傾斜するかといった違いはあるが，グローバル経営の複雑さからすると，そのいずれも極めて単純な組織形態であるといえる。こうした偏りを矯正したのが，**グローバル・マトリックス組織**である（図表10-7参照）。

この組織モデルは，地域軸と製品軸を50％ずつ掛け合わせることで，両方の軸にバランスのとれたマネジメントを可能ならしめるとともに，偏った局部の利益ではなく，全社の利益の最適化を実現する可能性が秘められる。その反面，両方の軸を調整するコストが大きく，コンフリクトを組織に内包するため，意

図表10-7　グローバル・マトリックス組織構造

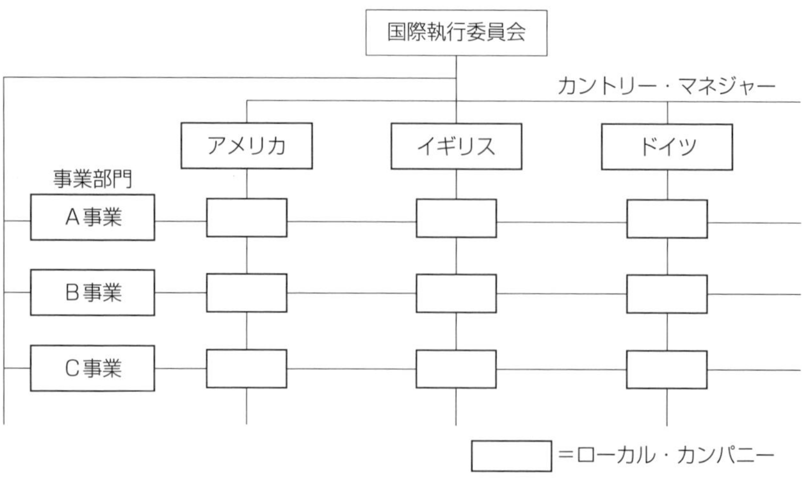

思決定はまとまらない場合もある（浅川［2003］）。

グローバル企業は，ローカル適応による差別化を促進しつつもそれを内包した形でグローバル統合による効率化を追求する。これを「差別化された統合ネットワーク」と呼ぶが，これこそが今日のグローバル企業組織の構造的特徴である。

3.2　環境・戦略・組織の適合モデル

ところで，グローバル統合とローカル適合は，どちらか一方を優先するといったトレードオフ（二律背反）の関係ではなく，むしろ両立すべき次元のものである。例えば製品開発においては両者を同時に追求する戦略が必要である。また，顧客自体がグローバル化していれば，グローバル統合型マーケティングが考えられるし，各国特有の流通チャネル，プロモーションなどにも配慮しなければならない。

バートレット（Bartlett, C.A.）とゴシャール（Ghoshal, S.）は，グローバル企業の組織的特徴を図表10−8に示す4つに類型して説明している（バートレット&ゴシャール［1990］）。この類型は，グローバル統合（Integration：I）とローカル適合（Responsiveness：R）を軸にして現状の企業をプロットするもので，個々の企業がいずれの類型に属するか，それぞれの企業の特徴が何か，

図表10−8　I-Rグリッド上の４類型と類型ごとの企業組織の特徴

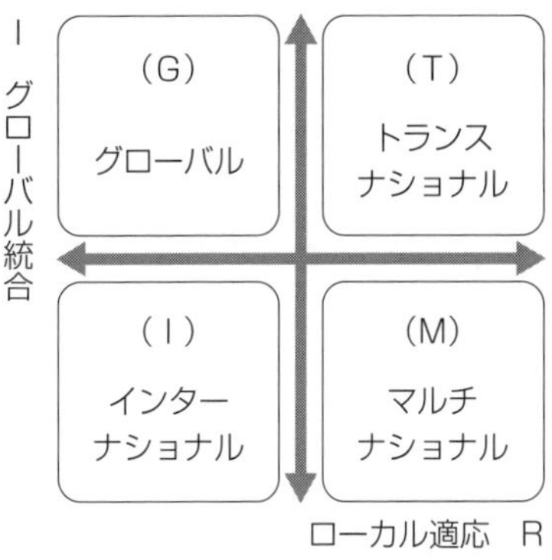

G
- 資産・能力は本国集中，海外で活用
- 親会社の戦略を海外子会社は貫徹
- 中央による知識の開発・保持

I
- 能力の中核は集中，その他は分散
- 海外子会社は親会社の能力を活用
- 中央による知識の開発，海外に移転

M
- 資産・能力は分散，国ごとに自給体制
- 海外子会社は現地の好機を察知・活用
- 海外の各ユニットで知識を開発・保持

T
- 資産・能力の分散，相互依存，専門化
- 海外子会社は役割分担による統合
- 本社と子会社とともに知識を開発，共有

出典：バートレット&ゴシャール［1990］。

という点を整理するのに適している。また，既成の企業組織のモデルの欠点を補うという意味で，新しい**トランスナショナル**という組織のモデルを組み込んでいる点に特徴がある。

その後，ノーリア（Nohria, N.N.）とゴシャール（Ghoshal, S.）は，グローバル統合とローカル適応の優先順位や重要度に応じて，図表10-9に示す分類でグローバル企業の直面する環境とそれに該当する業界を分析した（Nohria & Ghoshal［1997］）。

それによると，①グローバル統合は高くローカル適応が低いグローバル環境では，建設・採鉱機械，非鉄金属，化学，科学計測器，エンジンなどが相当し，②グローバル統合は低いが，ローカル適応が高いマルチナショナル環境では，飲料・食品，ゴム，日用品，タバコといった業界が相当する。そして，③その両方とも低いインターナショナル環境では，非鉄以外の金属，機械，製紙，繊維，印刷，出版，④そのいずれも高いトランスナショナル環境では，製薬，写真機器，コンピュータ，自動車などが相当する。

一方，これらの環境と戦略に対応しうる組織構造は，①構造的統合は強く構造的分化が低い「構造的均一性」，②その逆の「差別化された適合性」，③構造的統合と構造的分化とも弱い「アドホックな変化」，および④両方とも強い

図表10-9　ノーリアとゴシャールの戦略と組織の適合

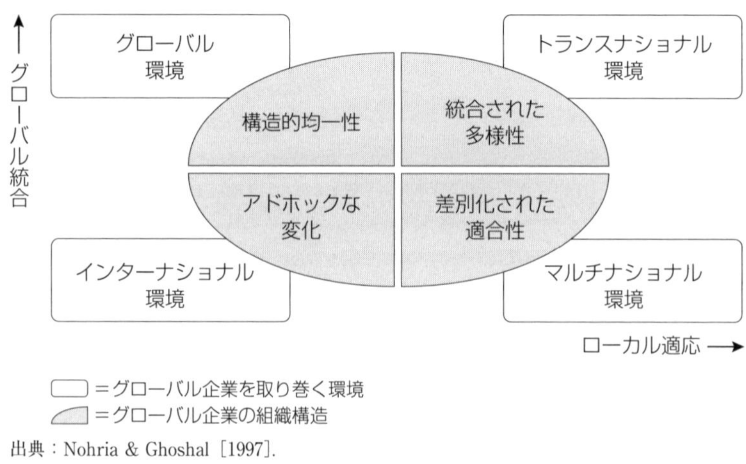

出典：Nohria & Ghoshal［1997］.

「統合された多様性」にあるとした。

3.3　海外拠点の人的資源管理

企業のグローバル化が進むと，海外子会社の重要度が高まり，本社と海外子会社は上下関係から限りなく対等関係へとフラット化していく。ここでは，海外拠点組織のコントロールだけでなく，組織の効率化と絡んだ現地人材の活用もますます重要になってくる。

戦略のいかんにかかわらず，一般的に欧米企業においては海外拠点を設置する当初から現地人材を中間管理職に起用することが多いのに対し，日本企業の伝統的な海外でのヒトの管理は「日本人支配体制」があげられる。現地管理者は日本人駐在員がなり，一般事務などは現地採用スタッフが担うというのが，日本企業の人的資源管理の特徴である（石田［1999］）。

この日本型の人的資源管理では，現地採用スタッフは補助労働力としかみなされず，経営上の重要な意思決定から隔離された状態にある。そのため，現地特有の情報やノウハウなどの経営資源の有効活用や，現地市場への適応といった面において支障をきたし，有能な現地採用スタッフの離職率が高い現象を生み出す要因ともなっている。そこで日本企業は，現地採用スタッフを対象にした複線昇進，職能部門間のローテーション，中間管理職に対する教育・訓練などの制度を導入して，日本人駐在員と現地採用スタッフからなる基幹人材の形成に注力している。

この基幹人材が海外子会社を支配する体制が，伝統的モデルと区別される新しいモデルとして石田によって提起された。今日の日系海外子会社の組織構造は伝統的モデルから新しいモデルへと移行する過程にある。

3.4　グローバル経営における異文化

文化は，経験を解釈したり，社会的行動を起こす際の知識として，「価値観を形成し，態度を創出し，そして行動に影響を与える」（Hodgetts & Luthans［2000］）。ひと口に文化といっても，人々の態度や行動の違いなど目に見えるものと，その背後にある信条や価値観，理念など目に見えないものがある。前者が形式知化されやすく，外国人にもわかりやすいが，後者はなかなかわから

図表10-10　ホフステッドの異文化類型

権力格差	• 組織や集団の中の権力的に弱い立場の構成員たちが不平等に配分されていることを受け入れる度合を指す。 • 権力格差が高い国では，上司の命令は無条件で受け入れる傾向が強い。
不確実性の回避	• 人々が曖昧な状況を恐れ，それを回避するための信条や制度をつくる度合を指す。 • 不確実性回避の高い国では，専門知識を有するエキスパートを尊び，規制に基づく行動が要求される。
個人主義	• 各自が自分自身や家族だけのことを優先的に考える傾向を指す。 • それに対し，コレクティビズム（collectivism：集団主義）では，人々が集団や共同体に属し，忠誠心と引き換えにお互いに助け合う傾向を指す。
男性度	• 社会における支配的な価値観が成功やお金や物質（もの）である状況を指す。 • 反対にフェミニニティー（femininity：女性度）とは社会での支配的な価値観が他者への思いやりや生活の質である状況を指す。

出典：ホフステッド［1984］。

ない。グローバル経営において目に見えないものに注意を払うべきである。

ホフステッド（Hofstede, G.J.）は，**異文化経営**の代表的な研究者である。彼は世界70ヵ国，11万人余りにおよぶIBMの従業員を対象にアンケート調査を行った。その結果，図表10-10で示した①権力格差，②不確実性の回避，③個人主義，④男性度という４つの異文化類型を用いて世界各国の文化の違いを説明している。その後，儒教の精神を加えて，忍耐，秩序，肩書の重視，倹約，恥などを中心に，長期指向が導き出された（ホフステッド［1995］）。

また，グローバル経営と直結する組織文化は，極めて重要な文化レベルにある。トロンペナールス（Trompenaars, F.）とハムデン-ターナー（Hampden-Turner, C.）は，各国文化のコンテキストに根づいた組織文化の違いを４つに分類し，そのタイプごとの特徴および該当対象国を説明した（図表10-11参照，トロンペナールス＆ハムデン-ターナー［2001］）。

それによると，①家族型文化：階層の強調とヒト志向を特徴とし，トルコ，パキスタン，中国などがこれに該当する。②エッフェル塔型文化：階層の強調とともに仕事への指向性も高いものとされ，北米，カナダ，デンマーク，フラ

図表10-11　トロンペナールス＆ハムデン-ターナーの組織文化類型

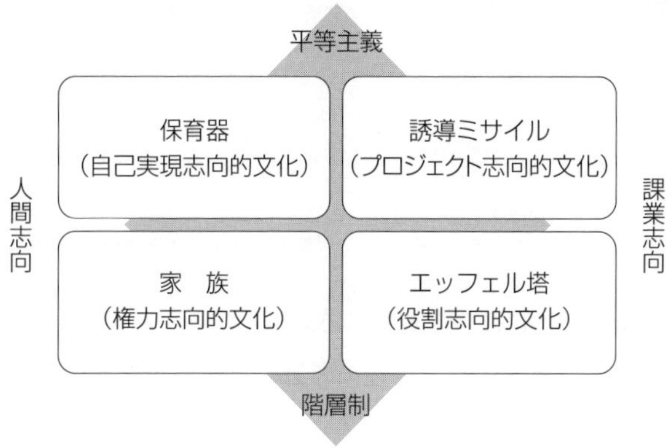

出典：トロンペナールス＆ハムデン-ターナー［2001］274頁。

ンス，ノルウェー，イギリスなどがその代表国である。③誘導ミサイル型文化：職場での平等に対する強調と仕事への志向を併せ持ち，アメリカ，イギリスなどがその対象国としてあげられる。④保育器型文化：職場での平等に対する強調と仕事への志向であり，アメリカのシリコンバレーやスコットランドのシリコングレンなどに立地するスタートアップ企業がこれに該当する。

異文化環境での経営にはさまざまな困難が伴う。先進国のマネジャーは途上国に行くと自分たちの文化のすべてが良いと信じ込んで，これらをそのまま現地で押し通そうとするがゆえにさまざまな軋轢が生じる。グローバル経営では異文化の中身と特徴を理解するだけでなく，多様な文化を理解する包容力と柔軟なアプローチが必要である。

【注】

1）三河モンロー主義とは，創業者の豊田家を求心力としながら濃密な人間関係をつくり上げ，三河にある本社を中心に工場も部品サプライヤーも愛知県下に集積する「内向き」の企業風土を表したもの。

2）BOP層の算出は，１人当たり年間所得が3,000ドル以下の階層を指し，世界人口の約７割に相当する40億人が属し，日本の実質GDPに相当するとされる。

Let's Try !

□①グローバル経営で直面する環境と，国内経営で直面する環境を整理・比較してみよう。

□②グローバル化が進むことで組織の形態にどのような変化が起こるのかを，その理由とともに説明してみよう。

さらに深く学ぶためにお薦めの本

- 浅川和宏［2003］『グローバル経営入門』日本経済新聞社。
- アマトーリ＆コリー［2014］『ビジネス・ヒストリー―グローバル企業誕生への道程』ミネルヴァ書房。
- 伊丹敬之・加護野忠男［2003］『ゼミナール経営学入門（第３版）』（第６章：国際化の戦略）日本経済新聞社。

第11章 ビジネスモデルとイノベーション

Topic

ネスレ日本のビジネスモデル・イノベーション

世界を代表する食品・飲料会社に，スイスに本社を置くネスレ社がある。この会社の日本進出は1913年で，日本での事業は食品・飲料・菓子・ペットフードと多岐にわたるが，そのなかでも代表的な商品は「ネスカフェ」である。

ネスカフェは日本の家庭にコーヒー文化を普及させた商品で，多くの消費者を獲得して売上を伸ばしてきた。しかし競争企業の参入や味と香りへの高い要求によって，コーヒー粉を販売するだけの方法に限界がみえてきた。

そこでネスレ日本は，コーヒーマシンを低価格で販売して専用のコーヒーを直販サイトで販売，美味しいコーヒーを消費者に届けることにした。これが1杯当たりの安さも加わって市場を獲得し，2012年の発売開始早々で200万台の普及に成功した。

ネスレ日本はこの流れを家庭からオフィスに展開して，オフィス向けにコーヒーマシンを無料で貸し出し，専用コーヒーを直販サイトで受発注する態勢を構築した。オフィスでのサービスには貸出先のアンバサダー（世話人）を募って業務委託，アンバサダーを組織化してネスレと顧客の双方のメリットを作り上げた。2013年のサービス開始早々に14万人のアンバサダーを組織化し，2020年目標で50万人を計画している。

ネスレ日本のネスカフェ事業は，従来の小売店を介したリテール・モデルを直接販売するダイレクト・モデルに転換することで，ビジネスの仕組みを根底から作り変えることに成功している。

1　ビジネスモデルの概念

1.1　ビジネスモデルとは何か

今日，各方面において「**ビジネスモデル**」の議論が活発に行われている。しかしこのビジネスモデルの言葉について，確定した定義が与えられているわけではない。そのため論者によって使われ方もさまざまである。いくつかの例を示せば次のようなものである。

ビジネスモデルとは，「その企業がどのようにして一定層の顧客に価値を提供し，利益を得るかを定義するもの」である（ジョンソン［2011］27頁)。

ビジネスモデルとは，「ビジネスシステムと収益モデルという２つの構成要素からなる事業の仕組み全体を指す概念である。ビジネスシステムとは製品やサービスを顧客に届けるための仕事の仕組みのことで，収益モデルとはそうした仕事の中でどのように収益を上げるかといった仕掛け全体のこと」である(伊丹［2013］５-６頁)。

ビジネスモデルとは，「１つの事業活動全体の仕組みであり，それには少なくとも次の３つの要因を明らかにしなければならない。すなわち，ある事業が働きかけの対象や標的とする顧客はだれか，次にその顧客に提供すべき価値は何か，さらにその顧客価値を顧客に適切に提供するための購買，製造，営業，物流などの業務プロセスをどのように設計するかの３つである」(寺本［2011］24-25頁)。

またビジネスモデルについて研究した国内外16件の文献をレビューして導き出した川上によれば，ビジネスモデルとは，「顧客に満足をもたらしながら，利益を生むために調整された仕組み」であるという（川上［2011］21頁)。

こうしたビジネスモデルに関わる議論が必要なのは，厳しく変化する経営環境にあって，企業が持続的成長を果たしていくためには事業の仕組みや仕事のあり方を環境に適合できるように変化させていかなければならないからである。この将来に向けた事業のあり方を作ることこそが，まさにビジネスモデルに関わる議論である。しかしこの議論を発展させていくためには，ビジネスモデルについての共通理解が必要である。本節では，多くの論者によって支持されているオスターワルダー（Osterwalder, A.）とピニュール（Pigneur, Y.）の考えを紹介していくことにする。

ビジネスモデルに対する彼らの定義は，「ビジネスモデルとは，どのように価値を創造し，それを顧客に届けるかを論理的に記述したもの」というものである。この定義によって新しい戦略立案も可能になるし，その評価も可能になると主張している（オスターワルダー＆ピニュール［2012］15頁）。

1.2　ビジネスモデルの構成要素

オスターワルダーとピニュールは，ビジネスモデルを扱うためには9つの要素について説明できるものでなければならないとしている（図表11-1参照）。すなわち，①顧客セグメント，②価値提案，③チャネル，④顧客との関係，⑤収益の流れ，⑥経営資源，⑦主要活動，⑧パートナー，⑨コスト構造である。彼らはこれを「ビジネスモデル・キャンパス」と呼んでいる。その要点は以下のものである（オスターワルダー＆ピニュール［2012］20-31頁）。

(1)　顧客セグメント

顧客セグメントとは，企業が事業を通して関わろうとする顧客を明らかにす

図表11-1　ビジネスモデルの構成要素

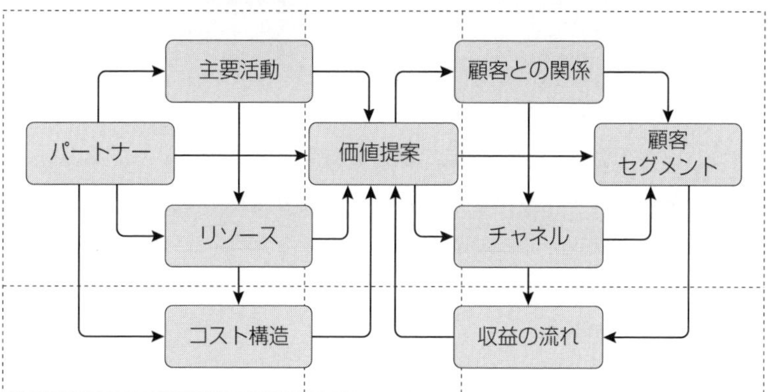

出典：チェスブロウ［2012］140頁（原典はOsterwalder＆Pigneur［2010］で，この図はチェスブロウが図解したものである）。

ることである。例えば大くくりのマス市場か競争の少ないニッチ市場か，１つの顧客領域に絞り込むか複数の顧客領域に幅を持たせるかによって，価値提案や流通チャネルは異なってくる。

⑵　価値提案

価値提案とは，特定の顧客に企業が特徴的に提供する製品やサービスである。どんな価値を提供するのか，どんなニーズを満たすのか。企業は顧客のニーズに対応する新しい価値を創造的に生み出して，顧客への働きかけを行うことになる。

⑶　チャネル

顧客の満足を獲得するために，製品やサービスを評価して認知度を高め，購入できるように顧客とのコミュニケーション方法や費用対効果の高い流通チャネルを築くことである。ここでは購入後の顧客サービスも重要な要因になる。

⑷　顧客との関係

顧客との間につくられる関係の持ち方は事業の進め方に大きな影響を与える。専任の顧客担当者がつくのか（パーソナルアシスタント），顧客が自分でできるように必要な手段を提供するのか（セルフサービス），さらに進めて自動化するのか（自動サービス），あるいは潜在顧客の開拓を図って顧客同士のつながりができるような仕組みを作るのか（ユーザーコミュニティ），さらには企業と顧客が一緒になって価値を共創できるようにするのか。こうした顧客との関係性をいかに作るかは，顧客の経験に深い影響を与える。

⑸　収益の流れ

顧客がお金を払う価値をどこに見出すかはビジネスモデルの構築に極めて重要である。顧客の払うお金は企業の収益であり，そこからコストを引けば利益になる。収益の流れを生み出す方法には，商品を売却する方法，ホテルのような使用料による方法，オンラインゲームのような会費による方法，知的財産を保持しながら収益を得るライセンスによる方法，不動産会社のような仲介手数料による方法などがある。

⑹　経営資源（リソース）

ビジネスモデルの実行に必要な資産が経営資源である。経営資源がなければ企業は価値を生み出すことも，顧客との関係を維持することもできない。経営資源には，工場や建物，車両や機械，資金や人材，情報システムが含まれる。とくにブランドや知的所有権，特許や著作権，顧客データベースなどの知的財産はますます重要性を高めている。

(7)　主要活動

主要活動とは，企業がその責任を果たして事業を成功させるために必ず行わなければならない仕事である。市場への価値提案を作り，顧客との関係を維持して収益を上げていく基本的な仕事の流れである。製造業なら原材料を仕入れて製品を生み出す活動が，流通業なら商品を仕入れて販売する活動が主要活動になる。そこからは流通チャネル，顧客との関係性，収益の流れが確認されるものでなければならない。

(8)　パートナーシップ

今日の激変する環境のなかで，すべてを自己完結して事業を行うことは現実的ではない。そのためにはビジネスモデルにパートナーとの関係性を組み込むことは極めて重要である。パートナーシップは，環境適合のスピード，過大コストの低減，不確実性の高い競争環境でのリスク対応という面で極めて重要である。パートナーと共同して課題を克服することは，優位性を高める重要な手法になっている。

(9)　コスト構造

事業を進めるうえでコストをどのように考えるかは企業経営にとって大きな課題になる。通常はコストが小さいほど良いということになるが，価値を志向する事業ではコストよりもプレミアムを重視することもある。格安航空会社はコスト主導のビジネスモデルになるが，最近のプライベートブランド（PB）では多少コストは高くなってもより高い品質と価値を提供できる商品を供給して業績を高めている。

1.3　ビジネスモデルの環境と評価

構築されるビジネスモデルは特定の環境において実行される。それゆえ競争力あるビジネスモデルにしていくためには，モデルを囲む環境変化を理解しておくことは重要である。そうした環境は，①市場における圧力，②産業における圧力，③重要なトレンド，④マクロ経済の圧力の４つである。これらの変化は，ビジネスモデルに与える外部からの圧力となって影響を及ぼしてくる（オスターワルダー&ピニュール［2012］200-211頁）。

市場からくる圧力としては，例えばどんな変化が水面下で起こっているのか，市場はどこへ向かっているのかといった，市場を動かし変革している重要な論点を見極めることである。また市場の成長可能性を見極めるために，市場セグメントを確認することや顧客のニーズを分析して需要と供給の関係をみることは，市場からの影響を知るうえで避けて通れない。ほかにも収益の可能性をみておかなければならないだろう。

同じ意味において，産業からくる圧力にも注意が必要である。競合他社の強みと弱み，新規に参入を狙っている他社の動向，代替されるかもしれない製品やサービス，他のサプライヤーやバリューチェーン企業の動向，社員や政府の圧力にも注意した検討が求められる。また技術や規制のトレンド，社会的・文化的トレンド，人口動態や消費パターンといった社会経済のトレンドも新しいビジネスモデルの実行に影響を及ぼすものとなる。さらには経済動向やグローバル市場の状況，必要とする資金の調達，原料の供給や人材の確保，事業を行う市場での経済インフラなどもビジネスモデル構築の影響要因である。

ビジネスモデルは変化する環境のなかに置かれていることから，市場でのポジションを確認し，適応行動をとれるようにビジネスモデルを改善し，必要によって根本的な改革が行われなければならない。そのためにはビジネスモデルの強みと弱み，機会と脅威について適切な評価を繰り返していかなければならない。

オスターワルダーとピニュールは，自社のビジネスモデルを構成する９つの要素を評価する方法として，伝統的ではあるがSWOT分析の有効性を主張している。SWOT分析は，組織の強みと弱み，置かれている環境の機会と脅威を分析する手法であるが（第４章参照），この分析によってビジネスモデルのイノベーションを考える際の基礎と将来の方向性を見極める有効な手段になる。最終的には新しいビジネスモデルの設計を可能にする（オスターワルダー&ピニュール［2012］212-223頁）。

2　ビジネスモデルのイノベーション

2.1　ビジネスモデル・イノベーション

イノベーションの議論は決して新しい話題ではない。経営研究の領域においてはシュンペーター（Schumpeter, J.A.）のイノベーション理論に始まって，これまでも多くの研究者によって議論されてきた。シュンペーターによれば，経済の発展は企業のイノベーションによって生み出されるという。そして企業が担うイノベーションとして，①新しい財貨の生産，②新しい生産方法の導入，③新しい販路の開拓，④新しい供給源の獲得，⑤新しい組織の実現を指摘して，こうしたイノベーションには既存の仕組みを破壊して新しい仕組みを創造することが求められるとしている。

その後，イノベーションの議論は主にモノづくりの領域において展開されてきた。その典型がプロダクト・イノベーションとプロセス・イノベーションである。プロダクト・イノベーションとは，新たな顧客価値を生み出せる画期的な製品やサービスを開発することをいう。例えばブラウン管テレビから液晶テレビへの革新，携帯電話からスマートフォンへの革新，ガソリン車からハイブリッド車への革新などにみることができる。ここには消費者の生活態様や社会の様相をも変える可能性を持っている。

プロセス・イノベーションは，製品の生産過程や流通過程，業務の処理過程を刷新することでコストや品質を飛躍的に改善することをいう。例えば製造工程を人から機械に置き換えて人件費やヒトによるミスを削減することや，店舗販売をネット販売に切り替えることで対象顧客を変えたり販売経費を圧縮することなどである。プロセス・イノベーションは製品そのものに革新性はないが，サプライチェーンを合理化することで多くのメリットを生み出すことになる。

イノベーションの議論のなかで新しく登場してきたのが「**ビジネスモデル・イノベーション**」（Business Model Innovation：BMI）である。すでにみたように，ビジネスモデルは事業を継続的に遂行していくために必要な事業活動の全体的な仕組みである。この仕組みは将来の環境適合を果たすことができるように変化させていかなければならない。この変化をどのように作り変えていくかを全体的にとらえたのがビジネスモデル・イノベーションである。

ビジネスモデル・イノベーションで重要なことは，社会に役立つ新しい価値をいかに創出するかである。なぜならそこにこそ企業の持続的発展の根源があるからである。オスターワルダーとピニュールは，ビジネスモデル・イノベーションを「企業，顧客，そして社会のために，価値を生み出すこと」と定義し，それは古いモデルの交換であるとしている（オスターワルダー＆ピニュール［2012］5頁）。

ビジネスモデルにイノベーションを起こすものは，リーダーたちの未来創造への執念が引き金になっている。小倉昌男によるヤマト運輸の宅急便は，既存物流のあり方に反旗を翻して小口物流のビジネスモデルを形成した。鈴木敏文によるコンビニエンスストア事業は，日本の商習慣に改革を挑んで新しい小売事業のビジネスモデルを形成した。樋口廣太郎によるアサヒスーパードライは，キリンビール独り勝ちの市場に全く新しいビジネスモデルを構築してビール市場での大逆転を演じてみせた。

ビジネスモデル・イノベーションは，社会に役立つ新しい価値を創出して，その価値を顧客に届けるために全く新しい事業の仕組みを根本から作り直し，企業が持続的に成長していける収益の構造を完成させる挑戦のプロセスである。ここには，高度な組織能力が問われることになる。なぜなら，「現実の背後に潜む関係性の洞察こそがビジネスモデル・イノベーションの核」だからである（野中・徳岡［2012］19頁）。

このように，企業が活力を失わず成長を続けるためには，激変する経営環境に危機感を持って，変化する顧客のニーズに対応できるビジネスモデルを構築していくことが不可欠である。そして，ビジネスモデルの変革で最も重要なことは，経営者がその必要性を理解し，その意義を関係者に認識させる努力を怠らないことである。経営者が新しい取り組みに消極的であっては，組織メンバーの積極的取り組みを期待できない。

2.2 モノの優位性からサービスの優位性へ

第2章でみたように，日本の就業者構成はすでに70％以上が何らかのサービス産業に関わっている。また製造業においても，その事業の内容は単にモノを製造・販売するという役割を超えて，製品の価値を顧客に提案し，顧客のニーズを製品に反映させるという両者の相互作用のなかでモノづくりが行われている。ここには製造業であっても，サービスによる製品の付加価値化が進んでいる。モノづくりに強みを持って経済を牽引してきた日本の製造業ではあるが，今日では高品質・低価格というビジネスモデルを変容させて，多様なニーズへの適合を目指して顧客との「**価値共創**」を図っているのである。

顧客との価値共創は，企業の製品開発プロセスや製品の利用方法にユーザーが関わることで，モノづくりに新たな価値を組み込むものである。すなわち，メーカーと顧客との相互作用によって情報交換が行われ，そこに製品とサービスを統合した価値を顧客に提供するものである。このプロセスでは，企業は製品を生産するだけの主体ではなく，顧客と共同で価値を創造する主体に変わっている。

これについて南・西岡は，「先進国においては，現実的には製造物が持つ性能や機能だけで市場に受け入れられるという時代は終わっており，消費者が企業から提供されるその製品やサービスに価値を感じ，価値を自ら創り出そうということが起こらない限りその製品やサービスは市場で成功しない。だとすると，企業としては消費者に意味のある製品・サービスを提案できる力，すなわちナレッジを提供していくべきであるということになる。ここでこの提案力のもとになるナレッジや資源が，『サービス』として概念化されるのである」（南・西岡［2014］52頁）と説明している。この論点は昨今においてS-Dロジック（Service-Dominant Logic）として議論されている。

S-Dロジックは，製品そのものの価値に優位性の視点を置いたG-Dロジック（Goods-Dominant Logic）に対応する用語である。S-Dロジックでは，製品そのものの価値から，顧客がその製品を使う使用現場で生み出される価値に視点を移している。つまり顧客が製品を使って独自の価値を生み出していくプロセスに，メーカーが知識や資源を提供して顧客の価値づくりをサポートしていくものである。

例えば，建機製造の小松製作所は，建設機械に装備した車両管理システムで稼働状況などをリアルタイムでモニタリングして，稼働率の向上や故障が起きて停止する前に保守を行う態勢を築いて顧客価値を高めている。また鉱山で使う大型ダンプトラックにはGPSを搭載して，中央管制室とインターネットで結ぶことで自動運転を可能にして顧客の求める価値を引き出している。日立製作所は納入した鉄道車両や医療機器などの製品に稼働状況を読み取るセンサーを取り付けて保守の必要性を事前に取得して保守費用の低減と便宜を顧客に提供している。ここでは顧客の製品使用にメーカーが関わって，顧客にとっての価値を最大化できるようなサービス価値創出の態勢を作り上げている。

こうした動きは，IoT（Internet of Things）の流れのなかにもみることができる。IoTは，インターネットの普及を受けて，人間と身の回りのあらゆるモノをインターネットで接続して自動認識や遠隔操作を高度化しようというものである。これまでもインターネットに接続した情報家電の流れは進んできたが，IoTはさらに多くの生活用品や生活設備，さらには部材から製品，生産ラインから産業機械までもインターネットに接続して，あらゆるものとコミュニケーションのとれる環境を目指すものである。

例えば，スマートフォンでドアの解施錠を確認したり，家電の稼働を確認したり，またそれらの操作も行う。ペットの居場所や体調を確認したり，観葉植物の状況をチェックしたり，またその対応もとる。あるいは子供や高齢者の見守りサービスにIoTを活用するなどである。ここには従来発展してきた情報機器との接続対応を超えて，生活環境のあらゆるものに対応できる状況が想定されている。

この構想の産業領域での活用は，部品工場と組立工場をインターネットで接続して部品単位，製品単位で状況をとらえて効率的な生産を行う。また商品の動きを単品単位でインターネットに接続して，物流や販売の動向を生産や出荷に反映させる。販売された製品は利用者のもとでの稼働状況を常時チェックして必要な保守や利用状況を確認する。さらにそこでのデータを解析して新たな需要の開拓や製品の開発に活用していく，といったことが考えられている。

こうした流れは，生産，流通，消費のあらゆる場面で，可能な限りのモノにセンサーを組み込んで，その情報をインターネットでつなぐことで産業の個別領域を越えた自動化・効率化を図ろうとするものである。それはまた，高度な安全とサービスを可能にするとともに，資源の無駄をなくすことにもつながる。

新しいイノベーションの流れのなかにあるS-DロジックやIoTには，人とモノのあらゆる世界に通信手段やサービスを持たせて，生活と産業のあり方そのものに変革を生み出そうとしている。そこにはまた膨大に吸い上げられたビッグデータを解析することで，新しい製品やサービスを生み出す可能性を秘めている。こうした流れにある企業や産業の変革は，企業単独では実現できない。複数の企業や異なる業界が技術やサービスで連携し，新しいビジネスモデルを生み出せるかが問われることになる。

2.3　サービス・イノベーションの論理

イノベーションの議論は経営領域の基本課題として常に関心を引き続けてきた。しかし従来のイノベーションに向けた関心は，どちらかというとモノづくり中心のイノベーションであった。モノのイノベーションが経済成長を牽引してきたといえる。しかし社会の成熟は，モノの価値を超えてサービスの内容と質に関心が向けられるようになった。経済システムもサービスを中心とした問い直しが進んでいる。

こうしたなかにあっては，モノを中心としたイノベーションはサービスの観点から考え直さなければならない。モノは単にモノとして提供するのではなく，それを使う生活者と共創しながら価値を生み出していく視点が重要になってきたのである。なぜならサービスは，顧客に価値のある体験を提供することだからである。

『オープン・サービス・イノベーション』を著したチェスブロウ（Chesbrough, H.）は，「ビジネスをサービスという枠組みに入れると，ビジネスに対する考え方が変わる。顧客との関係の築き方，ビジネスの構築法，差別化や価値創出の手段といった，すべてのものがサービス志向になる」と指摘して，サービスのイノベーションを新たなビジネス・イノベーションとしてとらえた（チェスブロウ［2012］55頁）。

新しいサービスを生み出すビジネスモデルを作り上げていくためには，いくつかの視点をとらえておくことは重要なことである。チェスブロウは，**サービス・イノベーション**に向けたビジネスモデルの変革視点として５つをあげている。第１に価値提案を変えることである。例えば顧客の代金支払いに顧客にとってのメリットになる仕組みをつくることで，顧客にとってはランニングコストを低く抑えることができるかもしれない。第2はターゲットとなる顧客を変えることである。例えば顧客へのアプローチを仲介者経由から直接の方法に変えることで対象になる顧客が変わってくるであろう。第3はバリューチェーンを再設計することである。これは効率的にサービスを生み出して提供できるように活動の流れを工夫することである。第4は請求方法を変えることである。例えば提供するサービスを分割して個別販売にすることで新しい有料サービスが生み出される。第5はより大きなネットワークを活用することである。これはより大きなネットワークとつながることで，他社のサービスを活用できるし，それによって自社の優位性を作り直すことができる（チェスブロウ［2012］131-135頁）。

今日，多くの産業や市場において，企業は製品やサービスの提供だけで持続的な発展を図ることはできない。顧客は製品やサービスを単に消費・利用するのではなく，「製品やサービスを活用できるサービス」を期待している。このサービスは顧客の活動やそのプロセスにおける「価値創造」をサポートするなかにおいて生み出される。したがって製品やサービスの提供者は，このサポートを創り出すためのサービスを，製品やサービスに融合させていかなければならない。しかも企業が競争力を持つためには，競合他社よりも顧客が価値を創造する側面において，はるかに優れたサポートをしなければならないのである（グルンルース［2013］）。

次節では，サービス産業の典型的な事業である3つの領域について，業界のダイナミズムとそこで機能するサービスの変革を紹介する。

3　サービスの深化とイノベーション

3.1　観光・旅行サービスの深化とイノベーション

人は，非日常の時間・空間のなかに身を置きたい，心身を癒したい，あるいは美味しい食事を食べたい等の欲求から旅に出る。旅行者がその目的を達成するために，移動や宿泊のサービス，食事，案内，物販等のサービスを連続的に受けることが旅行である。古くは人は商業や信仰，また療養などのために旅行をしたが，現代では余暇活動として専ら楽しみのために旅行をする。

国連世界観光機構（UNWTO）によれば，現在（2017年），地球上で年に13億人以上が国外へ宿泊観光旅行をしており，2030年にはこれが18億人まで拡大すると予測されている。すなわち，現在地球人口の約7人に1人が1年に一度海外旅行をしており，これがさらに増えていくであろうという予測である。

またわが国でも，「内閣府の国民生活に関する世論調査（2019）」によれば，今後の生活の力点を「レジャー・余暇生活」に置く人々が全体で衣・食・住よりも多い28%あり，レジャー志向が強いことを示している。1983年の調査開始以来続くこれらの傾向が今後も継続すれば，これからも旅をする人はさらに増えていくと考えられる。

観光・旅行サービスを提供する旅行業は蒸気機関車の商業運転が始まったのちの19世紀のイギリスで興り，以来，輸送機関や観光関連施設の発展や人々の前記ニーズの強まりとともに産業として飛躍的に拡大してきている。UNWTOの発表によると，今や観光旅行サービス業は地球上の雇用の10人に1人を生み出し，直接，間接，誘発的影響を含む付加価値は全世界のGDPの約10%，また国際観光は全サービス輸出の30%を占めるに至っている。

わが国の観光産業は，全世界に比べるとまだ小ぶりではあるものの，波及効果を含めるとそれでも雇用で全体の6.5%，付加価値で日本経済全体の5.2%を占めるまでに成長している。とくに近年ではインバウンドと呼ばれる訪日外国人観光客が急増し，日本経済に与える好影響に注目が集まっている。

旅行業とは輸送，宿泊，飲食等のサービスを旅行者が受けられるように手配や決済などを行う生業（なりわい）である。その基本業務は，旅行者と観光サービスの提供者との間を取り持つような仲介的な業務である。しかしこの業務は，旅行者や航空会社・バス会社などのサービス提供機関が，希望すればとくに旅行業の仲介を受けなくとも直接のやりとりができる点に特徴がある。

にもかかわらず旅行会社を介して観光サービスを受けようとするのは，旅行会社の利用により，時間が節約できて手間がかからない，旅行会社が推薦してくれるという安心感がある，関連の旅行情報が入手できる，また直接手配するよりも安く上がる，などのメリットが旅行者側にあるからである。一方，航空，バス，宿泊などサービス提供側にもメリットがある。旅行会社の仲介を受けることにより，販売チャネルが拡大する，需要が喚起される，季節波動が緩和される，予約が確実になるなどのメリットが得られるのである。

旅行業務は，主としてサービスの提供プロセス分野でいくつかのイノベーションをみてきた。例えば，旅行者が大きな現金を持ち歩かず観光サービスの決済が可能となる旅行のクーポン券制度の導入は，戦後に誕生した旅行業のイノベーションの１つである。これには旅行会社側にとって事前の入金や宿泊機関やレジャー施設などの組織化が可能になるなどのメリットもあった。

また1964年に海外旅行が自由化されると，セット旅行としての旅行の「商品化」が始まり，旅行会社はあらかじめ行程を組み，旅行者が確定する前に手配を済ませるという旅行業務のパラダイムシフトをみた。このイノベーションはまた旅行会社が自ら旅行の価格設定ができるという新たな時代を創り出した。続く新聞媒体による募集手法も旅行産業のイノベーションであろう。

1990年代のバブル経済崩壊は旅行業界に大きな変革をもたらした。旅行商品のコモディティ化による価格競争の激化とインターネットの普及による旅行会社の役割や機能の変化である。セット旅行の拡大は旅行地や旅行施設の均一性を求め，結果それぞれの個性は失われ，ひいては旅行そのものの魅力の減少につながった。またインターネットの普及は情報コストを激減させ，サービス提供者と旅行者のつながりを容易にし，さらに旅行者と旅行会社の情報の非対称性をなくし，結果として旅行会社の存在価値を失わせている。

このような状況下で観光旅行サービス産業には，あらためて新商品の開発やコスト引き下げにつながるイノベーションが求められており，またサービス業としての人的サービスレベルの向上をもって付加価値を増大させることが求められている。

3.2　宿泊サービスの深化とイノベーション

2020年には，東京でオリンピック・パラリンピック競技大会の開催が決定している。2003年から始まったビジット・ジャパン・キャンペーン等の施策も功を奏し，訪日外国人旅行者数も増加傾向にある。日本文化に興味を持って旅館に泊まる外国人や，ライフスタイルの欧米化により旅館よりホテルを好む日本人も多い。

宿泊サービスを提供する旅館やホテルについては，厚生労働省所管の旅館業法や国土交通省所管の国際観光ホテル整備法によって定義されている。洋式の構造や設備を主とするホテルは増加傾向にある一方で，和式の構造や設備を主とする旅館は減少傾向にあり，その客室数は2010年に逆転し，現在（2017年度）では，ホテルが約１万軒・約90万室，旅館が約３万８千軒・約68万室となっている[1)]。

1964年に東京でオリンピックが開催され，1960年代から1970年代にかけて，首都東京の都市整備や日本の国際化が進展し，都心部で大型のホテルの開業が相次いだ。1970年代から1980年代にかけては新幹線の開通や博覧会の開催などがあり，地方の中核都市においてホテルが開業し，ビジネスホテルのチェーン化も進んだ。

1980年代後半から1990年代前半にかけては，リゾート開発や大都市における再開発が進み，東京ディズニーランドの開園とともに，そのオフィシャルホテルや都心部に外資系ホテルオペレーターによるホテルが開業した。バブル経済の終焉とともに，1990年代後半からは宿泊に特化した低価格帯のホテルや外資系ホテルオペレーターによるラグジュアリーなホテルが開業し，価格やサービスにおいて二極化が進んでいる。外資系ホテルオペレーターによるラグジュアリーホテルの進出に対して，既存の国内大手ホテルも2000年代には数十億円から数百億円の設備投資を行い，施設のリニューアルを行っている。日本の「ホテル御三家」（帝国ホテル東京，ホテルオークラ東京，ホテルニューオータニ）の１つであるホテルオークラ東京は，本館の建て替えを行い，2019年に最上級ブランドを新設し，『The Okura Tokyo』を開業した[2)]。

ホスピタリティ産業でもある宿泊業は，人的対応を不可欠な要素とするサービス業であり，その生産性が課題となる。IT化は宿泊サービスにおいても進んでおり，2015年夏にはメインとなるスタッフはロボットで，先進技術を駆使した世界初の新しいホテルが九州のハウステンボスで誕生している。変わり続けることを約束する「変なホテル」という名称のこのホテルが目指すものは究極の生産性である[3)]。

サービスは，個人や組織にとって何らかの便宜（ベネフィット）をもたらす活動そのものが，市場取引の対象となるものである。サービスには，①無形性，②異質性，③不可分性，④生産と消費の同時性，⑤消滅性といった特性がある（近藤［1999］56-67頁，ラブロック＆ライト［2002］16-22頁）。サービスは物財を使用する権利であって，所有する権利はなく，持ち帰ることのできない無形な行為（パフォーマンス）に価値が求められる。そして，顧客はその生産に対して深く関わり，部分的に加担することもあり，提供される場にいることも求められる。

また，サービスは生産されたその瞬間に消費されるため，生産性を高めながら品質を管理し，標準化されたサービスの集合となる商品を提供することが難しくなる。そして，それぞれの顧客が持つ期待にも幅があり，そのニーズや好みに対応しながらサービスを提供することも可能となる。サービスは無形であり，通常在庫が存在せず，顧客の存在がなければその生産・供給能力も無駄になるため，需要と供給のバランスを考慮した方策が求められる。

宿泊サービスの提供には，そのための装置（ハード）とサービス（ソフト）が必要となり，宿泊業は装置産業でもありサービス業でもある。資本の固定化度は高く，その回転率が低く，回収期間が長いこともこのビジネスの特徴である。また，宿泊・料飲・宴会等の部門が，ホスピタリティ・マインドを有する多様な職種のスタッフにより24時間営業している労働集約型の産業である。そして，高度な運営ノウハウも求められ，宿泊施設の所有・経営・運営が同一企業であったり，そうでなかったりもする。

このように，宿泊業では，ホスピタリティ・マインドを有し，サービスに対する高付加価値や差別化など，顧客満足やレベルの高いおもてなしを実現すると同時に，効率化や従業員満足，営業・投資・財務のバランスを追求するマネジメント能力を有する人材が求められる。

3.3 エンターテインメント・サービスの深化とイノベーション

エンターテインメントとは，狭義にショービジネスのことをいう場合があるが，広義には人を楽しませるサービス全般を指し，レジャー，観光，ホスピタリティなどの類似語とビジネス分野が重複して用いられることが多い。典型的な業界として，映画，演劇，演芸，テレビ番組，ラジオ番組，音楽コンテンツ，音楽興行，カラオケボックス・ルーム，遊園地・テーマパーク，ゲームセンター，ゲーム機・ゲームソフト・ゲームアプリ，書籍・雑誌，スポーツ観戦があげられる。人を楽しませるサービス要素は，昨今ではさまざまなビジネスに必要とされ，その重要性は向上している。エンターテインメント・サービスの既存市場は成熟し，分野によっては縮小傾向にあるが，その周辺の新たな市場は拡大している。

そして，エンターテインメント・サービスの深化が進んでいる。とくに顕著にみられる傾向は，参加性・対話性向上，ICT活用，パーソナル化である。例えば，遊園地・テーマパーク業界では，アトラクションの参加性・対話性がますます向上している。アトラクションに最新技術を応用し，できるだけ多くのコミュニケーションが生まれるよう工夫され，インターネットによる事前の利用予約が可能となっている。ICT技術を用いて個人を特定することで，スタッフが名前を記憶していなくても，名前を呼びながら接客サービスができるようになっている。何度も繰り返し利用するリピーターになると，独自の楽しみ方を確立し，一般利用者とは異なる深い楽しみ方がみられる。

映画業界では，鑑賞しながら歌うことのできる参加型映画の特別興行が行われた。3D，4Dといった映像技術や体感型の演出は高度化している。映画館で，映画以外のデジタル映像を上映する「ODS（Other Digital Stuff）」が大きく拡がりをみせ，音楽ライブコンサート，サッカー等のスポーツ中継が人気を呼んでいる。歌舞伎，バレエ，オペラ，演劇，寄席，お笑いなど多様なプログラムがみられ，上映コンテンツに変化をもたらしている。

ライブコンサートでは，会場の一体感を盛り上げる演出が巧みになり，出演者とファンの1対1のコミュニケーションが生まれる工夫も拡がっている。ライブ会場でのグッズ販売は収益に大きく寄与するようになり，販売戦略は高度になっている。スポーツ観戦でも，観客の臨場感を高める空間設定がなされ，観客を盛り上げ楽しませるさまざまな取り組みがみられるようになった。

音楽コンテンツは，従来のパッケージから有料音楽配信，さらには，ストリーミングで定額聴き放題のサブスクリプションサービスへと進化している。個人の好みにあった曲が自動的に提供される仕組みが備わっている。高音質コンテンツ販売も進み，生演奏に近い音楽の楽しみ方も拡がっている。

また，カラオケボックス・ルーム業界では，カラオケ特化とカラオケ以外の機能強化，さらに，高機能化と省力化の相反する方向に業態が多様化している。業界全体としてサービスの選択肢が増えることも，サービス深化の１つといえる。

一方，個々の業界企業がそれぞれ単独でビジネスを成立させるだけでなく，複数の業界の企業が同一のコンテンツを共有し，複数のメディアを効果的に関連させながら広く深くサービスを展開する，いわゆる“**クロスメディア**”戦略も成功事例が増えている。ちなみに，同じように複数のメディアを組み合わせる足し算の概念が“**メディアミックス**”であるのに対し，クロスメディアはかけ算の概念であるとする見方もある。テレビゲーム，マンガ，テレビ，映画，カード，玩具などの多様なビジネスを関連させるクロスメディア戦略は，昨今のエンターテインメント・サービスにおける重要な視点となっている。

別の見方として，国内市場においては，インバウンドの取り込みが重要課題となっている。外国人旅行者を観光地だけでなくエンターテインメント・サービスに取り込むことは，今後の重要な課題といえる。逆に，消費者の目の厳しい日本市場で培ってきたエンターテインメント・サービスを，海外市場に展開しようとする動きが顕著になっている。とくに，経済成長の著しいアジアに進出しようとするケースが目立つ。その際，音楽興行，テレビ番組，テレビゲーム，音楽コンテンツ，ゲームセンター，映画館，カラオケ，スポーツ観戦，演劇など，日本のエンターテインメント・サービスを組み合わせ，一体的にグローバル展開することで，より大きな成長が期待されている。

【注】

1）平成29年度衛生行政報告例［2019年９月15日閲覧］
2）株式会社ホテルオークラホームページ（PRESS RELEASE）［2019年９月15日閲覧］
3）変なホテルホームページ［2015年10月20日閲覧］

Let's Try !

□①ビジネスモデルの９つの要因を使って，関心のある企業を分析してみよう。
□②日本の“おもてなし”を外国の人に理解してもらえるように説明してみよう。

さらに深く学ぶためにお薦めの本

- ドラッカー［2015］『イノベーションと企業家精神（エッセンシャル版）』ダイヤモンド社。
- 延岡健太郎［2011］『価値づくり経営の論理―日本製造業の生きる道』日本経済新聞社。
- ポーター・竹内弘高［2000］『日本の競争戦略』ダイヤモンド社。

第12章 経営の深化と経営学の学び方

Topic

不易流行：旅館「加賀屋」の“おもてなし”

「プロが選ぶ日本のホテル・旅館100選」に35年連続で総合日本一の評価を得ている旅館がある。日本海に面した石川県七尾市の和倉温泉にある「加賀屋」である。創業は1906年（明治39年）である。究極の「おもてなし」を経営理念に，110年以上の歴史を刻んできた好業績企業である。

初代女将が志した「お客様の要望に“ありませんできません”は言わない」をモットーに，究極のおもてなしを追求し続けている。加賀屋のおもてなしを説明する概念は「笑顔で気働き」である。「気働き」とは“客の立場になって気を働かせてサービスする”ことをいう。しかもそのサービスを笑顔で実践することとしている。そこから客の満足と感動を引き出しているのである。

客と接する客室係にはプロとしての高い資質が要求される。そのため，客室係としての基本の習得に厳しい勉強が重ねられる。おもてなしはマニュアルをこなせて60点，それ以上は客と接する本人の感性次第，臨機応変の対応が必要，基本のできていないところに客を満足させられる対応は生まれないという。

加賀屋のおもてなしは，日本の文化に根ざした“和”のしきたり（礼儀・作法）を踏まえている。そこには和の精神を表した「形」と「心」がある。形は“所作”（和室での座り方や挨拶の仕方など）で表され，心は“道”（華道や茶道など）として表される。美しい所作はおもてなしの基本であり，相手をうやまう心の表出である。

ここでみるように，経営には「不易流行」，変えてはならないものと変えるべきものがある。経営学の深化の道は，経営現象から不易流行を識別し，そこから論理性を導き出して理論化へと進むのである。

1　日本の経営者と経営持論

本章では，日本を代表する経営者を紹介して，彼らがいかにして企業を立ち上げ，そして発展させたのか，そこにはいかなる経営者としての考えがあったのかを概観する。そのうえで，経営者が実践的に学びそして作り上げてきた企業経営の考え方が，広く経営の理論を導く基礎になっており，それを深化させ，また進化させることで経営理論が精緻化され，発展してきていることを明らかにする。それはまた経営を学ぶ者にとっての道程を示唆するものとなる。

1.1　モノづくりの経営者と経営持論

(1)　本田宗一郎（本田技研工業株式会社創立者）

本田宗一郎（ほんだそういちろう）は1906年，鍛冶職人・本田儀平の長男として静岡県天竜市に生まれた。少年時代から車や飛行機に夢中になった宗一郎は，15歳で自動車修理を自分の天職と決めて上京した。東京の自動車修理工場で奉公をしながら技術者としての経験を積み，腕に磨きをかけていった。

東京での修業後，浜松に帰った宗一郎は，自動車修理店を開業した。軌道に乗った自動車修理店ではあったが，修理から製造への発展を目指して店を閉鎖，ピストンリングの製造会社を立ち上げた。苦難の月日を経ながらも，トヨタ自動車に納品できるまでになった。

敗戦で先の見えなくなったこともあって，ピストンリングの事業から身を引いた宗一郎は，新しい織物機械の開発に取りかかった。このとき立ち上げたのが「本田技術研究所」であった。しかし織物機械をつくるには資金が乏しく，手っ取り早い事業として目をつけたのが，当時比較的入手しやすかった小型エンジンを自転車に取りつけた「補助エンジン付き自転車」であった。

これが評判になって売れるようになると，宗一郎は自前のエンジンの製造に取りかかった。これが Honda のオートバイエンジンの起点になる。宗一郎はエンジン付き自転車では飽き足らず，馬力の出るオートバイづくりに向かい始めた。そして1949年に完成したのが「ドリーム号」である。ここからバイクメーカー，Hondaの歴史が始まることになる。

宗一郎は先見の目を持った技術者ではあったが，販売には疎かった。そこに盟友として加わったのが藤澤武夫（ふじさわたけお）である。宗一郎は藤澤と面会して即断している。自分と同じ性格の者はいらない。自分と違う性格で仕事のできる者が必要だ。そうでないと企業は伸びない。藤澤は宗一郎の考え方に合致していた。藤澤もまた，宗一郎が技術屋に専念できるように，資金繰りや営業面，管理面を担ってバックアップした。

事業は順調に進み，1958年にはスーパーカブの大ヒットで躍進し，日本一のバイクメーカーとしての地位を確立した。自動車分野では1962年にモーターショウに出展して四輪車市場に参入した。同時にＦ１への進出を世界に向けて宣言し，四輪自動車世界一へ向けて踏み出した。

宗一郎は技術者としてひと筋の道を追い続けた。Hondaには今も宗一郎の「人間尊重」「パイオニア精神」「物事を根本から解決する精神」「チームの和を尊ぶ」遺伝子が受け継がれている。

(2)　稲盛和夫（京セラ株式会社創立者）

稲盛和夫（いなもりかずお）は1932年に鹿児島県に生まれた。地元鹿児島の高校，大学を卒業したものの，就職活動は順調にはいかず軒並み失敗する。つてを得て京都の松風工業に入社したが，この会社は給料の遅配は毎度のことでいつ潰れてもおかしくない経営状況であった。会社の同僚は次々と辞め，稲盛もいつ辞めようかと覚悟を決めていた。しかし鹿児島の兄の反対もあってそのまま留まることになった。

稲盛は，松風工業で研究開発に関わるなかで研究者・技術者としての力が認められ，会社からの評価も次第に高まった。しかし外部から来た新しい上司とそりが合わずに退職した。そこで稲盛は，松風工業で身につけたセラミック技術で新しい商品の開発を目指した。そしてセラミック製品を事業とした会社を立ち上げた。

会社設立に必要な資本金の300万円は，松風工業の元の上司が自分の家を抵当に入れて銀行から借り入れ出資してくれた。実績のない創業会社に入社した若手社員からは給料の補償を求められたが，稲盛は彼ら社員の要求を受け入れて創業の難局を乗り切った。こうして稲盛は，わずか７人でスタートした京都セラミック（現・京セラ）を年商１兆6,000億円の大企業に育ててゆく。

稲盛の経営哲学は，「成功の方程式」と「アメーバ経営」に集約される。成功の方程式とは，成功＝能力×意欲×正しい考え方，のかけ算によるというもので，このなかで最も大切なものとして，正しい考え方が置かれている。またアメーバ経営とは，単に全体で利益が出ればよいというのではなく，各部分・各単位がそれぞれ収支をとって責任を明確にするというものである。

この２つの考え方の活用によって，稲盛は経営者として不動の名声を獲得した。アメリカでの企業合併も成功させ，また日本航空の再生も成功させてきた。中国においても稲盛の経営方式は評判である。世界一の家電企業ハイアールの創業者張瑞敏（チャンエルミン）も，稲盛のアメーバ経営を採用している。稲盛は郷土の英雄西郷隆盛を尊敬し，西郷が好んで用いた「敬天愛人」（天をうやまい人を愛する）の考えを，「動機に私心無かりしか」と解して経営に生かしている。

稲盛は78歳のときに民事再生法の適用を受けた日本航空の再生を委嘱され，その再建を果たしているが，稲盛が日本航空の再生を引き受けた理由は，①日本航空３万人の雇用を守る，②日本経済への影響を防ぐ，③競争による活性化，の３つの大義を果たすためであった。稲盛は現在，自らの経営哲学に共鳴する経営者の会「盛和会」の活動に専念するとともに，稲盛財団を通じて「京都賞」という平和学術団体を立ち上げてノーベル賞に匹敵する副賞を設け，日本と世界に対して社会貢献活動を行っている。

1.2　販売の経営者と経営持論

(1)　中内㓛（ダイエー株式会社創立者）

日本が戦後の復興と経済力の回復に立ち向かい，戦前並みの経済水準に達した1957年，経済白書は「すでに戦後ではない」と謳って経済の回復ぶりを解説した。そうしたなかで，小売業界にスーパーマーケット理論を持ち込んで，経営革新者として登場した人たちがいた。そのうちの１人である中内㓛（なかうちいさお）は，流通業界の革命児といわれるほどの抜きん出た存在感を示した。

中内は1930年大阪に生まれ，神戸商業高校（現・神戸商科大学）を卒業する。青年時代には中国大陸で軍隊生活を送り，戦争末期にはフィリピン戦線に送られ，敗戦までの期間，筆舌に尽くしがたい飢餓体験を味わった。このときの体験が，「良い商品を大量に安価に提供」して国民を豊かにするという，中内のその後の人生を方向づけるものとなった。

復員後しばらくは大阪と神戸で親族の仕事を手伝いながらさまざまな仕事を手掛けるが，1957年に大阪千林駅前に「主婦の店・ダイエー」を開店した。そののち神戸に本拠地を移して地歩を固め，徐々に規模の拡大を目指して全国へと店舗網を広げた。1972年には売上高で百貨店の三越を抜いて流通業界のトップとなり，1980年には業界で初の売上高１兆円を達成した。

中内は「お客様のためにより安く」をモットーとして，店舗用の不動産取得と店舗開発を急ぎ多角化を図った。ダイエーは最盛期には５兆円規模の巨大な流通グループ企業となり，傘下に多くの企業を抱えた。中内は，常に小売業界の代表的経営者として君臨し，海外展開にも積極的であった。しかしバブル景気の崩壊と阪神・淡路大震災の直撃は，金融面の脆弱であったダイエーに大きな打撃を与え，経営は急速に悪化して，中内は経営責任を取る形で辞任した。

その後は流通業の発展と青少年の育成・個性尊重教育を唱え，私費を投じて神戸に「流通科学大学」を設立，理事長となって新しい活動を進めた。自身も教壇に立って流通論の講義をした。

中内は必ずしも家庭や出自に恵まれたわけではなく，戦場では飢餓戦線を彷徨して九死に一生を得ている。身内とのトラブルにも多くのエネルギーと時間を費やした。しかしいずれも事業活動の踏み台としてダイエーの成長発展に結びつけた。中内は日本の流通業界の革新者として，その役割を果たした功労者である。

(2)　鈴木敏文（セブン－イレブン・ジャパン株式会社創立者）

コンビニエンス・ストア事業を展開するセブン－イレブンは，1971年に第１号店を江東区豊洲にオープンした。その後，競合他社も加わって，コンビニ業界は急速に成長を遂げ日本社会に適合してきている。日本の流通業界のみならず，日本を代表するビジネスモデルとして海外へも急速に拡大している。

コンビニの誕生と発展の歴史はセブン－イレブンの歴史でもある。セブン－イレブン・ジャパンの創業者である鈴木敏文（すずき としふみ）は，1932年に長野県上田市に生まれた。地元の上田東高校を卒業し，中央大学経済学部を卒業する。大学卒業後は転職を繰り返すが，出版取次店大手の東販（トーハン）時代に社内報を成功させて敏腕ぶりを発揮した。映像・宣伝に関心を持ち，その分野への転身を考えているときに，イトーヨーカ堂の伊藤雅俊（いとうまさとし）社長と出会い，それが鈴木の人生の転機となった。鈴木30歳のときである。

39歳でイトーヨーカ堂の取締役となり，アメリカに流通業視察に出掛ける。この視察中にコンビニ店が目に留まり，日本でもこれははやるのではないかと考えた。帰国後すぐに企画書を提出するも当時の役員には受け入れられなかった。当時は大型スーパー全盛時代で，小さなコンビニ店が受け入れられる時代ではなかった。それでも役員を説得して日本でのセブン－イレブンはスタートした。

セブン－イレブンが店舗展開で採用した，地域に集中して出店するドミナント方式は，商品配送の合理性にもかなっていた。またフランチャイズ方式の採用は，本部が宣伝，商品構成，販売促進などの実質的な店舗運営を行い，店舗内の精算はPOSシステムを導入していった。そしてこのPOSデータをもとに単品管理を行い，顧客のニーズを的確につかんだ販売戦略を展開した。毎月１回は全国の店舗指導員を本社に集め，情報交換と経営の徹底を図った。

セブン－イレブンは常に市場の変化に対応する「変化対応」を理念に掲げて，たゆまぬ経営革新を図ってきた。酒類を中心とした専門店からの業態転換，弁当・惣菜類の扱い，銀行業務への参入，おでんの開始，公共料金の取り扱いなど，いずれも当初は業界だけでなく社内からも反対されていたサービスである。

鈴木の経営に対する基本姿勢は，「お客様視点に立って」行うサービスの徹底にある。POSによる数値管理の徹底と顧客目線のサービス姿勢の２つが，きめの細かい店舗運営に生かされている。最近ではインターネットを取り入れたネット通販にも参入を果たした。鈴木は今も経営革新の陣頭指揮にあたっている。

1.3　サービスの経営者と経営持論

(1)　小林一三（阪急グループ創立者）

小林一三（こばやしいちぞう）は1873年に山梨県韮崎市に生まれた。生家は「布屋」と呼ばれる裕福な商家であった。15歳で慶應義塾大学に入り19歳で卒業する。学生時代には文学に傾倒し，地元新聞にも小説が連載されている。小説家になることが当時の小林の夢であった。

小林は新聞社への就職を希望したがかなわず三井銀行に入社した。三井銀行には14年勤務している。この期間中も作家志望の夢は捨てられず，小説を書きつつ芝居見物や芸者遊びをするという生活ぶりであった。

三井銀行大阪支店時代の小林は仕事熱心な社員ではなかった。しかしこの大阪時代に１人の野心的な人物と出会う。大阪支店長として赴任してきた岩下清周（いわしたきよちか）である。岩下は在任中の丸１年の間に精力的に業務を拡大したものの，日清戦争後の反動不況に見舞われ，本社との関係が悪化して三井銀行を退職して北浜銀行を創立した事業家である。

この岩下との出会いが小林の人生を変えることになった。小林は岩下の誘いに応じて銀行生活に終止符を打つ。小林が最初に手掛けた事業は有馬電鉄であった。大阪から当時の行楽地であった有馬温泉までの電車事業から小林の企業家人生が始まることになる。

小林は有馬電鉄としての輸送業を出発としつつも，アイデアと創意工夫で事業を発展させてゆく。人と物の移動手段としての輸送業から地域開発業へと転換したのである。沿線地区の土地を購入して住宅地を造成，宅地開発を進めた。また当時の労働者には高嶺の花であった一戸建て家屋を購入できるように，住宅資金の銀行借入制度を設けた。

有名な宝塚歌劇団の創設も小林のアイデアから生まれた。小林は当時，寒村であった宝塚周辺にお客を誘致するために，少女のみによる歌劇興行（レビュー）を開始した。歌と踊りとお芝居の歌劇は評判を呼び，100年を経た現在も日本を代表するエンターテインメントとして続いている。小林の娯楽事業は，その後も東宝，帝国劇場，新宿コマ劇場を創業させている。

さらに小林は，阪急グループを立ち上げて成長発展させてゆく。当時，百貨店は一般人の憧れの場所であり大都市の中心地に立地していた。そんななかで小林は，鉄道ターミナル駅に百貨店を設置した。現在の梅田・阪急百貨店である。大衆を相手に日銭を稼ぐ現金商売が，小林の経営の基本であった。小林の残した事業は今も多くの人々に夢と希望とドラマを与え続けている。

⑵　大橋洋治（全日本空輸株式会社会長）

大橋洋治（おおはしようじ）は1940年に旧満州のチチハルで生まれた。５歳の年に敗戦となり，母親に手を引かれて親戚が住む岡山県高梁市にたどり着く。高梁では武家屋敷の離れで５年間を過ごした。この高梁での生活は郷里の偉人，山田方谷を知ることになり，のちの大橋の生涯に大きな影響を与えている。

大橋は山田の教えから，経営に通じる指針を多く得ている。「義を明らかにして義を計らず」は，正しい理念を持って経営にあたることが長期的には結局は利益につながる，などはその一例である。

大学は慶應義塾大学法学部に入学し，ゼミの指導教官は後に塾長になる石川忠雄で，研究テーマは日中貿易論であった。この頃から運輸業に関心を持つことになる。大橋が卒業時に全日空に入った直接の動機は，同郷岡山の岡崎嘉平太の知遇による。岡崎は運輸省退官後全日空に入り，当時は社長であった。

大橋は全日空に入社後，管理部門を歩き，1995年にニューヨーク支店長，1997年に本社人事担当常務となる。そして2001年に社長に就任している。大橋は社長就任直後にアメリカの同時多発テロ，国内では日本航空と日本エアシステムの経営統合，イラク戦争やSARS（感染症）騒動と相次ぐ逆風に見舞われた。

大橋はこの危機に全日空を１から立ち上げる覚悟で経営改革に取り組み，全グループ社員が共有する３つの経営理念を制定し断行した。すなわち，①「価値ある時間と空間の創造」，②「いつも身近な存在であり続ける」，③「世界の人々に夢と感動を届ける」である。この経営理念と「クオリティで一番」「顧客満足で一番」「価値創造で一番」の経営ビジョンを策定して経営の刷新を目指したのである。

また国際線戦略においては，総花的なミニJALになっては将来生き残れない，との判断から選択と集中を進め，全日空が強みを発揮できる中国を中心としたアジア路線に特化する戦略を推し進めた。具体的な目標として，「アジアを代表するナンバーワンの航空会社グループに飛躍する」を掲げ，全社員との信頼関係を促進して成果につなげる「ダイレクトトーク」を始めた。また「ひまわりプロジェクト」を立ち上げ，「安心，安全，あったか」をモットーにして，「世界で最もきれいなトイレにする」サービスを始めた。

大橋のこうした経営努力は実を結び，全日空は国際便では長らく日本航空の後塵を拝していたが，2015年にはついに首位に躍り出た。今や全日空は就職人気も売上高，収益力においても，業界ナンバーワンの地位を確実にしている。

2　経営理論の成立と発展

2.1　経営理論とマネジメント

前節でみたように，社会に大きな影響を及ぼしてきた経営者は，崇高な理念と哲学を持って起業し，人類に新しい価値を提供する仕事を重ねてきた。経営理論は，こうした経営者の取り組んできた経験を体系的にまとめることで，後世に人類の知識遺産として残す意義を持っている。経営者の知識遺産が長い時間を超えて応用力と説明力を持ったとき，それは普遍的な考え（理論）として人類に大きな影響力を与え続けるものとなる。

企業の経営に関わる出来事（現象）は，人間の行い（行為）によって生まれたものである。それは自然の出来事から生じたものとは大きく異なる。自然の出来事（自然現象）の理論的説明は，自然科学の領域においてその解明が行われている。それに対して，人間の行為によって生じた出来事（社会現象）は社会科学の領域においてその解明が行われている。企業経営に関わる現象は，社会科学として政治学や経済学の流れのなかにある。

社会現象を明らかにする社会科学は，解明の方法として理論・政策・歴史の視座を拠り所としてきた。経営現象の解明も基本的には社会科学の一分野であるので，経営理論・経営政策・経営史が経営研究の方法になる。経営理論は，経営活動の諸現象における因果関係を見つけ出して，一般的な法則性を説明するものである。経営政策は，経営に役立つ知識を体系的に説明して，目的達成のための応用可能性（実践性）とその論理を提供するものである。経営史は，企業の歴史的発展を説明して，変化の過程を明らかにする。

こうして発展してきた経営学は，日本では主にドイツとアメリカの研究成果を学びつつ高度化させてきた。ドイツでは「経営経済学」として研究が進められ，経済学の研究成果を踏まえた商品の生産過程に焦点を当ててきた。アメリカでは「経営管理学」として研究され，生産現場における実践的な問題解決の方法に焦点を当ててきた。日本の経営学は主に両国の研究成果を統合しつつ日本企業の経営実態を説明するなかで研究が進められ，「経営組織学」として発展してきた。ここでは企業経営の組織や働く人間の問題，社会との関係に焦点を当てた総合的研究が図られた。

経営学はこうした研究の過程で，経営問題の多様性と研究の深化を受けて，関連する研究領域の成果も取り込みながら研究の幅を拡大させている。例えば経営学の関連領域として，経営科学，情報科学，システム科学，行動科学，経営心理学，会計学，経営法学，さらには環境学などをみることができる。最近では観光学やホスピタリティ学，日本文化論，比較文化論も日本企業のグローバル化のなかで重要な研究課題になっている。

次項では，経営研究の発展に最も大きな影響をもたらしている経営管理学，すなわち「**マネジメント**」（management）についてさらに説明を加えることにする。

2.2　マネジメント理論の変遷

企業は，目的を達成するために多くの人が集まって協働で仕事をする場である。協働で仕事をするために組織が作られる。組織のあるところではマネジメントが必要になる。マネジメントは組織を構成する人々を目的の達成に向けてまとまりのある行動を取らせることを目指している。そうしたマネジメントは，企業の発展と人間の仕事への貢献のあり方によって変遷してきた。本項ではマネジメントの変遷をたどって，マネジメント理論の進化の過程を確認する。

マネジメントの始まりはアメリカの生産現場であるといわれている。エール・ロック・マニュファクチャリング社の共同創業者であったタウン（Towne, H.R.）は，当時の経営慣行をひとくくりにして「マネジメント」としてとらえ，その研究や改善の必要性を主張した。そこでは限られた経営資源を使って最大限の効率を実現して高い成果を生み出すことを課題としていた。1880年代のことである（キーチェルⅢ世［2013］）。

当時，ミッドヴェール・スティール社の機械工・技師であり，のちに管理者になったテイラー（Taylor, F.W.）は，マネジメントは科学であり，明瞭な法則，ルール，原理に基づいて行われる必要があるとして，『科学的管理法』を著した。主要点は，労働者は意図的に怠けようとするので，１日になすべき作業量に科学的に根拠づけられた基準を設けて，労働者にとっての高賃金と経営者にとっての低工賃を同時に達成できるようにする，というものである。そのためには，作業の基準が労働者を納得させられる科学的分析によって導き出されなければならないので，その役割を担う経営者の仕事が重要になることを示した。マネジメントの実践と研究は，このテイラーの「科学的管理」を受けて進化の過程が始まったといえる。

しかし科学法則を基調にしたテイラーの志向は，労働者の「疲労」や「単調」という現象を解決できなかった。その課題に取り組んだのがメイヨー（Mayo, E.）らであった。彼らは1924年から1932年にかけて，ウェスタン・エレクトリック社（AT&Tの備品供給子会社）のホーソン工場で照明の明るさと労働者の生産性の関係について実験を試みた。その結果，照明度は生産性に影響しないことがわかった。むしろ照明以外の要因が生産性に影響していることが判明したのである。それは職場における人間関係や思いやりのある監督者，楽しい作業状況といった集団力学が動機づけとなって業績を向上させるというものである。これは「人間関係論」（Human Relations）として経営研究の重要な側面をなしている。

メイヨーの人間関係論に限界を提起したのがドラッカー（Drucker, P.F.）であった。ドラッカーは企業のあるべき姿を示した。企業は社会組織であって，関係者すべての能力と可能性を尊重すべきだとした。そこでは「上司」「職長」「労働者」という概念を超えて，「マネジャー」や「従業員」という言葉を用いて組織運営を議論した。マネジメントは社会組織であって，その均衡を保つのが経営者の仕事である。マネジメントとは状況に適応するための実践的挑戦であって，目標を立てて事業の成長を目指すものであるとしたのである。

ドラッカーの志向は「企業戦略」への関心を引き起こした。ヘンダーソン（Henderson, B.）は1963年に企業戦略の策定を業務としてボストン・コンサルティング・グループ（BCG）を設立した。企業戦略という概念の登場は，生産の物質的側面に関心を持っていた人々に全く新しい経営の領域を目覚めさせた。BCGの基本コンセプトである経験曲線や成長－シェア・マトリックスの考え方は，競合他社との比較を通して自社が優位に立つ方法を見極めるというものであった。それはマネジメントに革新的な影響をもたらすことになった。

企業戦略の研究は，アンゾフ（Ansoff, H.I.）の『企業戦略論』［1965］やアンドリュース（Andrews, K.R.）の『経営戦略論』［1971］によって進化をたどり，ポーター（Porter, M.E.）によって『競争戦略』［1980］，『競争優位の戦略』［1985］へと発展してきた。こうした企業戦略の研究は，主に企業を取り巻く外部環境とその分析に目を向けたものであった。

これに対して，企業内部の組織的な資源に目を向けて，そのダイナミックな活用に関心を移したのがバーニー（Barney, J.B.）の『企業戦略論』［2002］である。ここでは「異質性」と「非移転性」を持つ組織資源の蓄積が企業の持続的優位性をもたらすとしている。この議論はさらに組織学習や知識の役割に焦点を移して，知識ベースの経営研究に発展している。

激変する環境の変化のなかで，企業は常に顧客に対して新しい価値を生み出し提供し続けていかなければならない。それこそが企業の持続的成長の源泉であり，企業が継続して担わなければならないイノベーションである。イノベーションを生み出すマネジメントが問われている。

2.3　経営の深化と経営学のこれから

経営学は，理論的であるとともに実践的であり，実践的であるとともに理論的である。企業経営に関わる現象の科学性は，企業経営において経験的に行っているリアリティを理論的に説明しているのであり，それはまた人類が経験を重ねて築き上げてきた理論を学ぶことによって有効な実践を可能にしている。

経営の理論は，組織で行動するところにはすべて適用される。例えば人が集まって組織的に教育を行う大学は，マネジメントの知識を活用して有効な教育成果を目指している。患者を迎え入れて治療を行う病院は，高度な専門技術者の集団を機能的に整合性を図りながら患者の要求と心のケアにあたる複雑な関係性を持っている。ここにはマネジメントの蓄積された経験があってはじめて可能になっている。この例のように，経営の理論は学校，病院，福祉施設，行政機関，協同組合，労働組合等，組織の広がりに対応して適用され，またそれによって経営理論はさらに深化している。

本書は経営学の対象を企業において議論を進めてきてはいるが，本来経営学が対象としているのは広く組織として認識されるものすべてを含んでいる。ここには営利を目的としない非営利組織（Non-Profit Organization：NPO）や非政府組織（Non-Government Organization：NGO）も含まれる。また社会的なネットワーク組織（ソーシャル・ネットワーク）も経営学の対象である。

昨今の経営研究の流れは，モノの生産に主軸を置いた研究からサービスに視点を移している。第11章で検討したオープン・サービス・イノベーションの議論はその流れのなかにある。サービス・イノベーションの特徴は，競争優位性を自社で完結しようとするのではなく，顧客や関係企業と情報を共有してサービス分野の開拓やサービス価値の向上を拓くことにある。そのためには，関連諸科学を含めた多くの知識分野の学際的な協力が不可欠である。ここには縦割り型の研究方法から横への関係性を持つ学際的研究の必要性が求められている。

また広く関心を集めているIoT基盤の第４次産業革命は，企業のあり方，組織のあり方，そしてマネジメントのあり方を，新しい次元で問い直す可能性を内在させている。

3　経営学を学ぶということ

「優れた理論は，わたしたちを……人生でも賢明な決定に導いてくれる」。

クリステンセン（Christensen, C.M.）は著書のなかでこう述べている（クリステンセン［2012］19頁）。人生には経験を通して学ぶことが許されない状況が多々あるので，経営学の理論は人生の状況に応じて賢明な選択をする手助けとなるツールになるという。他方で，経営学の理論と聞くと「役に立つわけがない」とか，経営学の理論を構築したり検証する「経営学者は本当に役に立つのか」[1）] と言われることもめずらしくない。

本書の読者として主に想定しているのは大学で経営学をこれから学ぼうとしている人である。本書を必修科目のテキストとして薦められた人のなかには「経営学なんて関係ないし……」と思っている人がいるかもしれない。第６章で取り上げた期待理論によれば，経営学を学んで得るものが魅力的でなければ学ぶ動機づけは大きくならない。企業との関わりはますます切っても切れないものになっていくのだから（４年後に企業に就職しているかもしれない），企業とは何か，どのように運営されているのかを理解するために経営学をぜひ学んでほしい。と言われても果たして学ぶ気になるだろうか。本節では，経営学とは何か，なぜ経営学を学ぶのかを改めて考えることにしたい。

3.1 経営者の経営持論と経営学の理論

前節で述べたように，経営理論とは経営者の経験を体系的にまとめたものであり，時間を越えた応用力と説明力を持った普遍的な考えである。例えば第6章で登場したバーナードの『経営者の役割』の日本語版への序文には，「本書の実体は個人的体験と観察とそれに対する長い間の思索から生まれたものである」（バーナード［1956］33頁）とある。彼はAT&T社からペンシルベニア・ベル電話会社へ異動した後，新設のニュージャージー・ベル電話会社へ移り初代社長に就任し，約20年にわたって社長を務めた実務家である。

同書は社長在任中の1937年に母校であるハーバード大学で行った公開講座の草稿がベースになっているが，ハーバード大学の公開講座に行かなくても，居酒屋に行けばビジネスマンやビジネスウーマンが部下を相手に熱く語る，日々の仕事から導き出された仕事の流儀・極意や経営の法則のような話が聞こえてくる[2)]。

実践者の言葉で綴られた実践の理論は「持論」（金井［2005］）と呼ばれる[3)]。「実践から生まれ，実践を導いている理論」である持論は，通常経験によって導かれて実践に役立てられる実践的な知識であるため，持論を語る本人の世界には当てはまるが，どの世界でも当てはまるとは限らない。普遍的に通用する部分もあれば，特有・固有の部分もある。

それに対して経営学の理論は，多くの企業に普遍的に応用できるような一般的な法則である。そして経営学者は一般法則っぽいものを検証し，本当に正しいのかどうかを問う。より厳密にいえば，①概念化と操作化，②測定とデータ収集，③データ分析，④分析結果の解釈と理論構築という研究サイクルを通じて，既存理論から派生させるなどして創出された研究可能な理論的仮説が多くの企業に当てはまるか検証するのである。

そうして生まれたアカデミックな研究成果は，ある概念（構成概念：construct）の群，および概念と概念の関係（因果関係など）に関する言説として示される。論理的整合性と経験的妥当性を認められた「権威ある」概念と命題の集合が経営学の理論ということができる[4)]（藤本［2004］9頁）。

3.2　抽象命題と具体的指針

「理論はそうかもしれないが，うちの会社は事情が違う」。

経験的妥当性には実務家にとってのリアリティとの整合性という側面があり，経営学の理論や研究成果は経営現象の当事者である実務家からみても腑に落ちるものであることが望ましいとされるが（藤本［2004］），役に立つわけがない的論調は根強い。この役立たなさ感は，経営学の理論が概念の集合であるがゆえの抽象度の高さに起因すると考えられる[5)]。

私たちは，モノやコトを個別・具体的なレベルから一般的・抽象的なレベルにまたがって認識している（苅谷［2002］）。「うちの会社は事情が違う」という場合の「会社」は個別的なものだが，「株式会社は会社の種類の１つである」という場合の「会社」は会社一般，つまり概念でとらえられる会社を指す。個別の事情の特殊性にとらわれすぎることによる思考停止を回避すべく，抽象度を高めてものごとをとらえる方法，一般性の高いレベルに立ってものごとを認識していく方法が概念化にほかならない（苅谷［2002］）。

本書にも数多くの概念が登場してきた。例えば，事業部制組織は，製品別や地域別などの違いはあるが，自律的な組織ユニットにグルーピングされた組織形態の基本型の１つである。実際に事業部が企業に存在することも多いため，事業部制組織は理解しやすいとはいえ，うちの会社は違うと個別の事情を持ち出す人がいるかもしれない。違っていても不思議ではない。なぜなら，組織形態の基本型がそのままの形でこの世に存在するわけではないからである[6)]。概念化のメリットは，共通性を高め，個別の細かな事情を切り捨てていくことにある（苅谷［2002］）。

では，一般に製品多角化がある程度進展すると，なぜこの（製品）事業部制組織が通常採用されるのであろうか。この「なぜ」という問いに対して答えを見つけようとすること。結果となる現象と，その原因となる現象とを論理的に関係させようとすること。つまり因果関係を説明することが，経営学に限らず社会科学の中心的課題である（高根［1979］）。

経営戦略と組織形態の関係は，経営戦略が原因，組織形態が結果という関係にある。製品多角化が進むと事業部制組織が採用される。なぜそうなるのかと

図表12-1　抽象度の異なる2組の関係

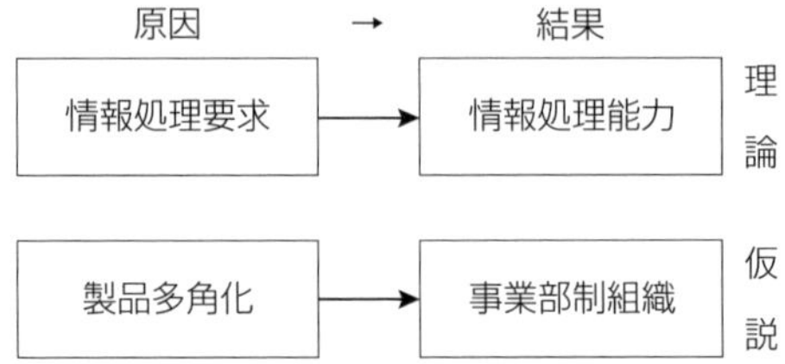

いえば，製品・市場の不確実性が高まると製品市場に対応して開発・生産・販売といった機能をひとまとめにグルーピングするほうがコミュニケーションの数を減らすことができるからである。「組織は戦略に従う」という命題は有名だが，この経営戦略と組織形態の関係の背後にあるのがコンティンジェンシー理論である。環境バラエティの増大によって企業に課される情報処理負荷が高まり，それに組織がどの程度うまく対応できるかによって高いパフォーマンスを達成できるかどうかが決まってくる。図表12-1に示したように，理論と仮説という抽象度の異なる２組の関係が対応している[7]。

ここでも，他社に先駆けて事業部制を1933年に導入したパナソニック（当時松下電器産業）は事業部制を廃止したではないか（その後復活）と「役に立つわけがない」という声が聞こえてきそうである。しかし，事例を多数掲載した見本集を作ることには限界がある。沼上が指摘するように，組織デザインはゼロから特注品を作り上げられるほど単純ではなく，基本原則を深く理解したうえでカスタマイズしていくしかないのである（沼上［2004］）。

3.3　理論と現実の往復

「プリントを全部暗記すればいいですか」。

定期試験が近づくと，このような質問を受ける。概念はサーチライトとして経験的世界を照らし出し，切り取られた一部を事実として認識させてくれるけれども，概念が照らし出した先には個別のことがらが待っている。事業部制組織という概念を暗記しただけでは，照らし出す力は弱いに違いない。捨象すべき個別のことがらの違いばかりに目が向いてしまうであろう。

概念は人間の思考によって，また経験的世界の人間への働きかけによって修正される。この概念の修正，さらには新しい概念の創出こそ，人間の知的創造にとって極めて重要な働きであり（高根［1979]），経営学者の使命でもある。しかしながら，考えるという営みが具体的な個別のことがらと一般的なことがらとの往復運動のなかで行われるのであれば（苅谷［2002]），本書を手にしている読者のみなさんにとっても他人ごとではないのである。

カッツ（Katz, R.L.）は，優れた管理者とはどのような人か（先天的な性格や特徴）ではなく，何をするか，すなわち育成可能なスキルに基づくとして，①テクニカル・スキル，②ヒューマン・スキル，③コンセプチュアル・スキルの３つにスキルを分類した[8)]（カッツ［1982]）。このうち，最上階層の管理職になるほど重要になるコンセプチュアル・スキルとは組織を全体として見る能力と定義され，このスキルによって管理者は組織内のユニット間にどのような相互作用が存在するか，システムのある部分の変化がいかなる影響を及ぼすかを理解する。このスキルを開発する方法として，異動や部門をまたがる問題を処理するような任務があげられている。コンセプチュアル・スキルを生まれつきの能力とみるべきかもしれないとも述べているが，カッツは人生の早い段階で学ぶ必要性を説く。

その名が示すように，コンセプチュアル・スキルの開発に概念化が有効であると思われる。目の前にある具体的な個別のことがらを手がかりにしながらもそれにとらわれず，少しでも一般的な形でものごとを理解していくこと，すなわち考えるということこそ，大学で身につけるべきことではなかろうか。

授業を聴いていても興味のある会社や業界の話題が出てこないという理由で経営学に興味を失っている人がいるかもしれない。少しでも早く夢への一歩を踏み出すべく，業界のことを知りたいと焦る気持ちもわからなくもない。しかし，その業界は一般的な法則とは異なるユニークなルールが支配しているのだろうか。その業界なり企業がユニークであるかどうかも，原理原則を知らなければわからないのである。本書を手に取ったみなさんが，経営学の理論を通じて，抽象度を高めてものごとをとらえる方法，一般性の高いレベルに立ってものごとを認識していく方法を身につけ，これから遭遇する人生の個別の状況に応じて賢明な選択を行い，よりよい人生を歩んでいくことを願うばかりである。

【注】

1）「たった1日でわかる経営学の教科書」『週刊東洋経済』2015年9月12日号，69頁。
2）経営学と居酒屋トークとの違いについては入山［2012］を参照されたい。
3）金井［2005］は，実践家の理論（セオリー）には誰もが抱く「素朴理論」と実績のある達人が信じて使用している，内省しないと気づかない「内省的実践家の持論」の2通りあり，後者を持論と呼ぶ。
4）経験的妥当性とは現実をリアルに再現している程度である。換言すれば，測定された現実と整合的であるということである。一般法則を目指す以上，本当に知りたいのは世の中のすべての企業の行動だが実際は難しい。そこで，母集団の一部を標本として抽出し，その標本についてのさまざまな行動を測定し，そこから母集団の行動を推測することになる。「現実」から創り出した「測定された現実」と整合的な命題であるという意味である（藤本［2004］）。
5）実務家にとって全く意味のない命題を厳密に検証していることに原因がある場合もある。そうならないためにも，できるだけ実務家の世界と接することが良い研究にとって不可欠だと藤本［2004］は述べている。
6）沼上［2004］は，この基本型を，うちの会社がいま採用している組織形態はどのようなものかを理解するために必要な地図に喩えている。「基本的な組織設計の論理・原理原則」（3頁）という地図である。
7）社会現象に規則的なパターンを観察することができたとしても，一般法則と呼べないと主張するのが沼上［1995］である。行為システムに注目して現象の背後に存在するメカニズムを解明しようとするメカニズム解明モデルに代わり，現象の規則性を基礎に置くカヴァー法則（個別具体的な事象を包含するような法則）モデルに基づき，より詳細な変数のシステムとしてメカニズムを読み解くことが研究作業を高度化し，進化させるという認識は誤謬に満ちていると論じている。
8）新入生に向けたエッセイのなかで，楠木は大学で学ぶ目的を自分なりの知的スキルを育成し獲得することとしている。カッツの論文はそこで引用されている（楠木建［1995］「大学での知的トレーニング―アタマがなまっている人へのメッセージ―」『一橋論叢』113/4, 399-419。）

Let's Try !

□①経営者の書いた本を読んで，当該経営者のプロフィールと経営に対する考えをまとめてみよう。

□②経営理論を勉強してきて，とくに印象に残った理論について，その理論が生まれた背景を調べてみよう。

さらに深く学ぶためにお薦めの本

- キーチェルⅢ世［2010］『経営戦略の巨人たち―企業経営を革新した知の攻防』日本経済新聞社。
- 佐々木圭吾［2013］『みんなの経営学』日本経済新聞社。
- 佐々木聡編［2001］『日本の戦後企業家史―反骨の系譜』有斐閣。

参考文献

●洋　書

Abegglen, J.C., [1958] *The Japanese Factory : Aspects of Its Social Organization*, MIT.（占部都美監訳『日本の経営』ダイヤモンド社，1958年。山岡洋一訳『日本の経営（新訳）』日本経済新聞社，2004年。）

Abegglen, J.C., [2004] *21st Century Japanese Management : New System, Lasting Values*, Nihon Keizai Shimbun.（山岡洋一訳『新・日本の経営』日本経済新聞社，2004年。）

Amatori, F. & A.Colli, [2011] *Business History : Complexities and Comparisons*, Routledge.（西村成弘・伊藤健市訳『ビジネス・ヒストリー―グローバル企業誕生への道程』ミネルヴァ書房，2014年。）

Andrews, K.R., [1971] *The Concept of Corporate Strategy*, Dow Jones-Irwin.（山田一郎訳『経営戦略論』産業能率短期大学出版部，1976年。）

Ansoff, H.I., [1965] *Corporate Strategy*, McGraw-Hill.（広田寿亮訳『企業戦略論』産業能率短期大学出版部, 1969年。）

Anthony, R.N., [1965] *Planning and Control Systems : A Framework for Analysis*, Harvard University Press.（高橋吉之助訳『経営管理システムの基礎』ダイヤモンド社，1968年。）

Aaker, D.A., [1991] *Managing Brand Equity : Capitalizing on the Value of a Brand Name*, Free Press.（陶山計介・中田善啓・尾崎久仁・小林哲訳『ブランド・エクイティ戦略―競争優位を創り出す名前，シンボル，スローガン』ダイヤモンド社，1994年。）

Aaker, D.A., [1996] *Building Strong Brands*, Free Press.（陶山計介・小林哲・梅本春夫・石垣智徳訳『ブランド優位の戦略―顧客を創造するBIの開発と実践』ダイヤモンド社，1997年。）

Aaker, D.A., [2014] *Aaker on branding:20principles that drive success*, Free Press. 阿久津聡訳『ブランド論―無形の差別化をつくる20の基本原則』ダイヤモンド社，2017年。

Abell, D.F., [1980] *Defining the Business : The Starting Point of Strategic Planning*, Prentice-Hall.（石井淳蔵訳『事業の定義』千倉書房，1984年。）

Bartlett, C. & A.Ghoshal, [1989] *Managing Across Borders : The Transnational Solution*, Harvard Business School Press.（吉原英樹監訳『地球市場時代の企業戦略―トランスナショナル・マネジメントの構築』日本経済新聞社，1990年。）

Berle, A.A. & G.C.Means, [1932] *The Modern Corporation & Private Property*, Harcourt, Brace & World.（北島忠男訳『現代株式会社と私有財産』文雅堂銀行研究社，1958年。森杲訳『新訳・現代株式会社と私有財産』北海道大学出版会，2014年。）

Barnard, C.I., [1938] *The Functions of the Executive*, Harvard University Press.（山本安次郎・田杉競・飯野春樹訳『経営者の役割』ダイヤモンド社，1956年。）

Barney, J.B., [2002] *Gaining and Sustaining Competitive Advantage, 2nd ed*, Prentice-Hall.（岡田正大訳『企業戦略論―競争優位の構築と持続（上・中・下)』ダイヤモンド社，2003年。）

Chandler, A.D.Jr., [1962] *Strategy and Structure*, MIT Press.（三菱経済研究所訳『経営戦略と経営組織』実業之日本社，1967年。）

Chesbrough, H., [2011] *Open Services Innovation : Business to Grow and Compete in a New Era*, John Wiley & Sons.（博報堂大学ヒューマンセンタード・オープンイノベーションラボ監修・監訳『オープン・サービス・イノベーション―生活者視点から，成長と競争力のあるビジネスを創造する』阪急コミュニケーションズ，2012年。）

Chesbrough, H.W., [2003] *Open Innovation : The New Imperative for Creating and Profiting from Technology*, Harvard Business School Press.（大前恵一朗訳『OPEN INNOVATION』産業能率大学出版部，2004年。）

Christensen, C.M., [2001] *The Innovator's Dilemma : When New Technologies Cause Great Firms to Fail*, Harvard Business School Press.（玉田俊平太監修・伊豆原弓訳『イノベーションのジレンマ』翔泳社，2001年。）

Christensen, C.M., J.Allworth, & K.Dillon, [2012] *How Will You Measure Your Life*, HarperCollins Publishers.（櫻井祐子訳『イノベーション・オブ・ライフ―ハーバード・ビジネススクールを巣立つ君たちへ』翔泳社，2012年。）

Csikszentmihalyi, M., [1990] *Flow*, Harper & Row.（今村浩明訳『フロー体験―喜びの現象学』世界思想社，1996年。）

Davenport, T.H. & J.G.Harris, [2011] *Competing on Analytics : The New Science of Winning*, Harvard Business School Press,（村井章子訳『分析力を武器とする企業―強さを支える新しい戦略の科学』日経BP社，2013年。）

David, A.H., [1984] *From the American System of Mass Production, 1800-1932 :*

The Development of Manufacturing Technology in the United States, The Johns Hopkins University Press.（和田一夫・金井光太郎・藤原道夫訳『アメリカン・システムから大量生産へ：1800-1932』名古屋大学出版会，1998年。）

Deci, E., [1971] 'Effects of external mediated rewards on motivation,' *Journal of Personality and Social Psychology*, 18/1, 105-115.

Drucker, P.F., [1946] *The Concept of the Corporation*, John Day Company.（岩根忠訳『会社という概念』東洋経済新報社，1966年。）

Drucker, P.F., [1954] *The Practice of Management*, Harper & Brothers.（上田惇生訳『現代の経営（上・下）』ダイヤモンド社，2006年。）

Drucker, P.F., [1965] *The Effective Executive*, Harper & Row.（野田一夫・川村欣也訳『経営者の条件』ダイヤモンド社，1966年。）

Drucker, P.F., [1985] *Innovation and Entrepreneurship*, Harper & Row.（小林宏治監訳，上田惇生・佐々木実智男訳『イノベーションと企業家精神―実践と原理』ダイヤモンド社，1985年。エッセンシャル版2015年。）

Drucker, P.F., [2008] *Management<Revised Edition>*, Jim Collins.（上田惇生訳『経営の神髄―知識社会のマネジメント（上・下）』ダイヤモンド社，2012年。）

Dunning, J.H., [1993] *Multinational Enterprises and the Global Economy*, Addison-Wesley.

Fiedler, F.E., [1967] *A Theory of Leadership Effectiveness*, McGraw-Hill.（山田雄一監訳『新しい管理者像の探究』産業能率短期大学出版部，1970年。）

Ghoshal, S. & C.A. Bartlett, [1990] 'The Multinational Corporation as an Interorganizational Network', *Academy of Management Review*, 15/4: 603-625.

Ghoshal, S. & N. Nohria, [1989] 'Internal Differentiation within Multinational Corporations', *Strategic Management Journal*, 10/4 : 323-337.

Gronroos, C., [2007] *Service Management and Marketing : Customer Management in Service Competition, 3rd ed*, John Wiley & Sons.（近藤宏一監訳，蒲生智哉訳『北欧型サービス志向のマネジメント―競争を生き抜くマーケティングの新潮流』ミネルヴァ書房，2013年。）

Hall, S. R., [1924] *Retail Advertising and Selling*, McGraw Hill.

Hamel, G. & C.K.Prahalad, [1994] *Competing for the Future*, Harvard Business School Press.（一條和生訳『コア・コンピタンス経営』日本経済新聞社，1995年。）

Hamel, G., [2000] *Leading the Revolution*, Harvard Business School Press.（鈴木主税・福島俊造訳『リーデング・ザ・レボリューション』日本経済新聞社，2001

年。)

Heenan, D.A. & H.V.Perlmutter, [1979] *Multinational Organization Development*, Addison-Wesley.(江夏健一監訳,有沢孝義・重里俊行訳『多国籍企業—国際化のための組織開発』文眞堂,1982年。)

Hersey, P. & K.H.Blanchard, [1977] *Management of Organizational Behavior* (*3rd Edition*), Prentice-Hall.(山本成二・水野基・成田攻訳『行動科学の展開』生産性出版,1978年。)

Herzberg, F., [1966] *Work and the Nature of Man*, World Publishing.(北野利信訳『仕事と人間性』東洋経済新報社,1968年。)

Hippel, E.von, [2005] *Democratizing Innovation*, MIT Press.(サイコム・インターナショナル監訳『民主化するイノベーションの時代』ファーストプレス,2006年。)

Hitt.M.A., R.D.Ireland & R.E.Hoskinsson, [2009] *Strategic Management : Competitiveness and Globalization, Concepts*, South-Western.(久原正治・横山寛美監訳『戦略経営論—競争力とグローバリゼーション』同友館,2010年。)

Hodgetts, R. & F.Luhans, [2000] *International Management*, Boston, M.A. ; Irwin.

Hofstede, G., [1980] *Culture's Consequences : Comparting Values, Behavors, Institutions and Organizations Across Nations*, Sage Publications.(万成博・安藤文四郎監訳『経営文化の国際比較—多国籍企業の中の国民性』産業能率大学出版部,1984年。)

Hofstede, G. J., [1991] *Cultures and Organizations*, McGraw-Hill.(岩井紀子・岩井八郎訳『多文化世界—違いを学び共存への道を探る』有斐閣,1995年。)

Howard, J.A., [1957] *Marketing Management : Analysis and Decision*, Richard D.Irwin.(田島義博訳『経営者のためのマーケティング・マネジメント—その分析と決定』建帛社,1960年。)

Johnson, M.W., [2010] *Seizing the White Space : Business Model Innovation for Growth and Renewal*, Harvard Business Press.(池村千秋訳『ホワイトスペース戦略—ビジネスモデルの〈空白〉を狙え』阪急コミュニケーションズ,2011年。)

Katz, R.L., [1955] 'Skills of an effective administrator,' *Harvard Business Review*, 33/1, 33-42.(「スキル・アプローチによる優秀な管理者への道」『ダイヤモンド・ハーバード・ビジネス・レビュー』1982年5-6月号。)

Kellar, K.L., [2008] *Strategic Brand Management, 3rd Edition*, Prentice-Hall.(恩藏直人監訳『戦略的ブランド・マネジメント(第3版)』東急エージェンシー,

2010年。)

KiechelⅢ, W., [2010] *The Lords of Strategy*, Robbins.（藤井清美訳『経営戦略の巨人たち—企業経営を革新した知の攻防』日本経済新聞社，2010年。）

KiechelⅢ, W., [2012] 'See the Future Management From the Past,' *Harvard Business Review*, 2012.11.（有賀裕子訳「マネジメントの世紀」『ダイヤモンド・ハーバード・ビジネス・レビュー』ダイヤモンド社，2013年5月。）

Kim, W.C. & R.Mauborgne, [2005] *Blue Ocean Strategy : How to Create Uncontested Market Space and Make the Competition Irrelevant*, Harvard Business School Press.（有賀裕子訳『ブルー・オーシャン戦略』ランダムハウス講談社，2005年。有賀裕子訳『ブルー・オーシャン戦略』ダイヤモンド社，2013年。）

Kim, W.C. & R.Mauborgne, [2015] *Blue Ocean Strategy : How to Create Uncontested Market Space and Make the Competition Irrelevant, Expanded Edition*, Harvard Business School Publishing.（入山章栄監訳，有賀裕子訳『新版・ブルー・オーシャン戦略—競争のない世界を創造する』ダイヤモンド社，2015年。）

Kotler, P., [1971] *Marketing Decision Making : A Model Building Approach*, Holt, Rinehart & Winston.

Kotler, P., [1991] *Marketing Management : Analysis, Planning, Inplementation, & Control*, Prentice-Hall.（村田昭治監訳『マーケティング・マネジメント（第7版）』プレジデント社，1996年。）

Kotler, P., [1999] *Kotler on Marketing : How to Create, Win, and Dominant Markets*, Free Press.（木村達也訳『コトラーの戦略的マーケティング—いかに市場を創造し，攻略し，支配するか』ダイヤモンド社，2000年。）

Kotler, P., H. Kartajaya & I. Setiawan, [2010] *Marketing 3.0 : From Products to Customers to the Human Spirit*, John Wiley & Sons.（恩藏直人監訳，藤井清美訳『コトラーのマーケティング3.0—ソーシャル・メディア時代の新法則』朝日新聞出版，2010年。）

Kotler, P. & K. L. Keller, [2006] *Marketing Management*（*12th ed.*）, Prentice-Hall.（恩藏直人監修，月谷真紀訳『コトラー&ケラーのマーケティング・マネジメント（第12版）』ピアソン・エデュケーション，2008年。）

Levitt.T., [2001] 'Marketing Myopia' *Harvard Business Review, November.*（編集部訳「(新訳) マーケット近視眼」『ダイヤモンド・ハーバード・ビジネス・レビュー』ダイヤモンド社，2001年。）

Lovelock, C.H. & L.K.Wright, [1999] *Principles of Service Marketing and Management*, Prentice-Hall.（小宮路雅博監訳『サービス・マーケティング原理』

白桃書房，2002年。)

Lusch, R.F. & S.L.Vargo, [2014] *Service-dominant logic : premises, perspective, possibilities*, Cambridge University Press.（井上崇通監訳，庄司真人・田口尚史訳『サービス・ドミナント・ロジックの発想と応用』同文舘出版，2016年。）

Marris, R., [1964] *The Economic Theory of 'Managerial' Capitalism*, Robin Marris.（大川勉・森重泰・沖田健吉訳『経営者資本主義の経済理論』東洋経済新報社，1971年。）

Maslow, A.H., [1970] *Motivation and Personality* (2nd *Edition*), Harper and Row.（小川忠彦訳『人間性の心理学（改訂新版）』産能大学出版部，1987年。）

Mayo, E., [1933] *The Human Problems of An Industrial Civilization*, Macmillan Company.（村本栄一訳［1951］『産業文明における人間問題』日本能率協会，1951年。新訳1967年。）

McCall, M.W., [1998] *High Flyers : Developing the Next Generation of Leaders*, Harvard Business School Press.（金井壽宏監訳『ハイ・フライヤー―次世代リーダーの育成法』プレジデント社，2002年。）

McCarthy, E.J., [1975] *Basic Marketing : A Managerial Approach*, Irwin.（栗屋義純監訳『ベーシック・マーケティング』東京教学社，1978年。）

McCauley, C.M., R.S. Moxley & E.V. Velsor (eds.), [1998] *Handbook of Leadership Development*, Jossey-Bass.（金井壽宏監訳『リーダーシップ開発ハンドブック』白桃書房，2011年。）

McDonough, A.M., [1963] *Information Economics and Management System*, McGrow-Hill（長阪精三郎訳『情報の経済学と経営システム』好学社，1966年。）

Miles, R. & C. Snow, [1978] *Organizational Strategy, Structure and Process*, McGraw-Hill.

Mintzberg, H., [2009] *Strategy Safari : The Complete Guide through the Wilds of Strategic Management*, Bruce Ahlstrand & Joseph Lampel.（斎藤嘉則監訳『戦略サファリ―戦略マネジメント・コンプリート・ガイドブック』東洋経済新報社，2013年。）

Mintzberg, H., [2013] *Simply Managing : What Managers Do and Can Do Better*, Berrett-Koehler Publishers.（池村千秋訳『ミンツバーグ・マネジャー論（エッセンシャル版）』日経BP社，2014年。）

Nohria, N. & S.Ghoshal, [1997] *The Differenciated Network : Organizing Multinational Corporations for Value Creation*, Jossey-Bass Publishers.

Nonaka, I. & H.Takeuchi, [1995] *The Knowledge-Creating Company : How*

Japanese Companies Create the Dynamics of Innovation, Oxford University Press.（梅本勝博訳『知識創造企業』東洋経済新報社，1996年。）

Osterwalder, A. & Y.Pigneur,［2010］*Business Model Generation*, John Wiley & Sons.（小山龍介訳『ビジネスモデル・ジェネレーション―ビジネスモデルの設計書』翔泳社，2012年。）

Otto, M. & C.Robert,［1981］*Yankee Enterprise : The Rise of the American System of Manufactures*, Smithsonian Institution.（小林達也訳『大量生産の社会史』東洋経済新報社，1984年。）

Paine, L.S.,［1999］*Cases in Leadership, Ethics, and Organizational Integrity*, McGraw-Hill.（梅津光弘・柴柳英二訳『ハーバードのケースで学ぶ企業倫理―組織の誠実さを求めて』慶應義塾大学出版会，1999年。）

Paine, L.S.,［2003］*Value Shift*, McGraw-Hill.（鈴木主税・塩原通緒訳『バリューシフト―企業倫理の新時代』毎日新聞社，2004年。）

Penrose, E.,［1959］*The Theory of the Growth of the Firm*, Basil Blackwell, Oxford.（末松玄六訳『会社成長の理論』ダイヤモンド社，1962年。日高千景訳『企業成長の理論（第３版）』ダイヤモンド社，2010年。）

Peters, J.T. & R.H.Waterman, Jr.,［1982］*In Search of Excellence*, Harper & Row.（大前研一訳『エクセレント・カンパニー―超優良企業の条件』講談社，1983年。）

Polanyi, M.,［1966］*The Tacit Dimension*, Routledge & Kegan Paul Ltd., London.（佐藤敬三訳『暗黙知の次元―言語から非言語へ』紀伊國屋書店，1980年。高橋勇夫訳『暗黙知の次元』（ちくま学芸文庫版）筑摩書房，2003年。）

Porter, M.E.,［1980］*Competitive Strategy*, Free Press.（土岐坤・中辻萬治・服部照夫訳『競争の戦略』ダイヤモンド社，1982年。）

Porter, M.E.,［1985］*Competitive Advantage*, Free Press.（土岐坤・中辻萬治・小野寺武夫訳『競争優位の戦略』ダイヤモンド社，1985年。）

Porter, M.E.,［1986］*Competition in Global Industries*, Harvard Business School Press.（土岐坤・中辻萬治・小野寺武夫訳『グローバル企業の競争戦略』ダイヤモンド社，1989年。）

Porter,M.E.,［1998］*On Competition Updated and Expanded Edition*. Harvard Business School Pub.,（竹内弘高訳『競争戦略論 I II』ダイヤモンド社，1999年。）

Porter, M.E.,［2011］'Creating Shared Value,' *Harvard Business Review, Jan-Feb.*（「共通価値の戦略」『ハーバード・ビジネス・レビュー』2011年６月。）

Prahalad, C.K. & Y.Doz,［1987］*The Multinational Mission : Balancing Local*

Demands and Global Vision, Free Press.

Roberto, A.M., [2005] *Why Great Leaders Don't Take Yes for an Answer : Managing for Conflict and Consensus*, Wharton School Publishing.（スカイライトコンサルタント訳『決断の本質―プロセス志向の意思決定マネジメント』英治出版，2006年。）

Schein, E.H., [1999] *The Corporate Culture Survival Guide*, Jossey-Bass.（金井壽宏監訳『企業文化―生き残りの指針』白桃書房，2004年。）

Schumpeter, J.A., [1926] *The Theory of Economic Development : An Inquiry into Profits, Credit, Interest, and the Business Cycle*, Oxford University Press.（塩野谷祐一・中山伊知郎・東畑精一訳『経済発展の理論』岩波書店，1937年。新書版（上・下）1977年。改訳版1980年。）

Simon, H.A., [1945] *Administrative Behavior : A Study of Decision-Making Processes in Administrative Organization*, Free Press.（松田武彦・高柳暁・二村敏子訳『経営行動―経営組織における意思決定プロセスの研究』ダイヤモンド社，1965年，新版1989年。）

Simon, H.A., [1977] *The New Science of Management Decision*, Prentice-Hall.（稲葉元吉・倉井武夫訳『意思決定の科学』産業能率大学出版部，1979年。）

Simon, H.A., [1983] *Reason in Human Affairs*, Stanford University Press.（佐々木恒夫・吉原正彦訳『意思決定と合理性（改題新訳）』文眞堂，1987年。佐々木恒夫・吉原正彦訳『意思決定と合理性（ちくま学芸文庫版）』筑摩書房，2016年。）

Stopford, J.M. & L.T.Wells, Jr., [1972] *Managing the Multinational Enterprise : Organization of the Firm and Ownership of the Subsidiaries*, Basic Books, Inc.,（山崎清訳『多国籍企業の組織と所有政策』ダイヤモンド社，1976年。）

Taylor, F.W., [1911] *The Principles of Scientific Management*, Harper.（有賀裕子訳『新訳・科学的管理法―マネジメントの原点』ダイヤモンド社，2009年。）

Trompenaars, F. & C.Hampden-Turner, [1993] *Riding the Wave of Culture*, Nicholas Brealey Publishing.（須貝栄訳『異文化の波―グローバル社会：多様性の理解』白桃書房，2001年。）

United Nations World Tourism Organization, [2015] *"UNWTO Tourism Highlights, 2015 Edition"*.

Vernon, R., [1966] 'International Investment and International Trade in the Product Cycle,' *Quarterly Journal of Economics*, 80-2.

Vernon, R., [1971] *Sovereignty at Bay : The Multinational Spread of U. S. Enterprise*, Basic Books.（霍見芳浩訳『多国籍企業の新展開』ダイヤモンド社，1973年。）

Vroom, V.H., [1964] *Work and Motivation*, John Wiley and Sons.（坂下昭宣・榊原清則・小松陽一・城戸康彰訳『仕事とモティベーション』千倉書房，1982年。）

Watson, T.J., [1963] *A Business and its Beliefs*, McGraw-Hill.（土居武夫訳『企業よ信念を持て―IBM発展の鍵』竹内書店，1985年。）

Womack, J., D.Jones & D.Roos, [1990] *The Machine that Changed the World*, Scribner.（沢田博訳『リーン生産方式が，世界の自動車産業をこう変える』経済界，1990年。）

●和　書

青木幸弘［2011］「ブランド研究における近年の展開―価値と関係性の問題を中心に」『商学論究』58/4，関西学院大学。

秋山隆平［2007］『情報大爆発―コミュニケーション・デザインはどう変わるか』宣伝会議。

浅川和宏［2003］『グローバル経営入門』日本経済新聞社。

浅田實［1989］『東インド会社―巨大商業資本の盛衰』講談社。

安部悦生［2010］『経営史（第２版）』日本経済新聞出版社。

アベグレン，ボストン・コンサルティング・グループ［1977］『ポートフォリオ戦略―再成長への挑戦』プレジデント社。

網倉久永・新宅純二郎［2011］『経営戦略入門』日本経済新聞出版社。

飯島淳一［1993］『意思決定支援システムとエキスパートシステム』日科技連出版社。

石川馨［1984］『日本的品質管理―TQCとは何か（増補版）』日科技連。

石井淳蔵［1999］『ブランド―価値の創造』岩波書店。

石田英夫［1999］『国際経営とホワイトカラー』中央経済社。

伊丹敬之・加護野忠男［1989］『ゼミナール経営学入門』日本経済新聞社。

伊丹敬之・加護野忠男［2003］『ゼミナール経営学入門（第３版）』日本経済新聞社。

伊丹敬之［2012］『経営戦略の論理―ダイナミック適合と不均衡メカニズム（第４版）』日本経済新聞出版社。

伊丹敬之編著［2013］『日本型ビジネスモデルの中国展開』有斐閣。

伊藤元重［2005］『ゼミナール国際経済入門（改訂３版）』日本経済新聞社。

伊藤元重［2007］『ゼミナール国際経済入門』日本経済新聞社。

稲盛和夫［2014］『京セラフィロソフィ』サンマーク出版。

井上泉［2015］『企業不祥事の研究―経営者の視点から不祥事を見る』文眞堂。

今井賢一［1992］『資本主義のシステム間競争』筑摩書房。

今井正明［2010］『カイゼン―日本企業が国際競争で成功した経営ノウハウ』マグロ

ウヒル・エデュケーション。
岩井克人・小宮山宏［2014］『会社は社会を変えられる』プレジデント社。
入山章栄［2012］『世界の経営学者はいま何を考えているのか』英治出版。
宇田川勝・佐藤博樹・中村圭介・野中いずみ［1995］『日本企業の品質管理―経営史的研究』有斐閣。
植村俊亮［1979］『データベースシステムの基礎』オーム社。
梅田徹［2006］『企業倫理をどう問うか』日本放送出版協会。
遠藤功［2011］『経営戦略の教科書』光文社。
大石芳裕［2017］『グローバル・マーケティング零』白桃書房。
大滝精一・金井一賴・山田英夫・岩田智［2006］『経営戦略（新版）』有斐閣。
大塚宗春・宮本順二郎［2003］『ビジネス・ファイナンス論』学文社。
大野耐一［1978］『トヨタ生産方式―脱規模の経営を目指して』ダイヤモンド社。
大橋洋治［2009］『経営トップに学ぶ』桜美林大学北東アジア総合研究所。
オープンイノベーション・ベンチャー創造協議会［2018］『オープンイノベーション白書（第２版）』一般財団法人経済産業調査会。
岡本大輔・古川靖洋・佐藤和・馬場杉夫［2012］『深化する日本の経営―社会・トップ・戦略・組織』千倉書房。
奥村昭博［1986］『企業イノベーションへの挑戦』日本経済新聞社。
小田真弓［2015］『加賀屋―笑顔で気働き』日本経済新聞出版社。
小野桂之介［2000］『ミッション経営のすすめ』東洋経済新報社。
恩藏直人［2007］『コモディティ化市場のマーケティング論理』有斐閣。
加護野忠男［1999］『競争優位のシステム』PHP研究所。
加護野忠男［2014］『経営はだれのものか―協働する株主による企業統治再生』日本経済新聞社。
金井壽宏［1991］『変革型ミドルの探求』白桃書房。
金井壽宏［2005］『リーダーシップ入門』日本経済新聞社。
苅谷剛彦［2002］『知的複眼思考法―誰でも持っている創造力のスケッチ』講談社。
川上昌直［2011］『ビジネスモデルのグランドデザイン―顧客価値と利益の共創』中央経済社。
岸川茂，JMRX［2016］『マーケティング・リサーチの基本』日本実業出版社。
岸川善光［2006］『経営戦略要論』同文舘出版。
グロービス経営大学院［2009］『グロービスMBAマーケティング』ダイヤモンド社。
桑田耕太郎・田尾雅夫［1998］『組織論』有斐閣。
桑名義晴・笠原伸一郎・高井透編著［1996］『図説ガイドブック国際ビジネス』中央

経済社。
経済産業省編［2017］『海外事業活動基本調査』経済産業省。
経済産業省編［2014］『持続的成長への競争力とインセンティブ―企業と投資家の望ましい関係構築（伊藤レポート）』経済産業省。
経済同友会編［2003］『企業白書―「市場の進化」と社会的責任経営』経済同友会。
藁田勝［2013］『価値創造型企業の本質』ダイヤモンド社。
小島敏宏［1986］『新経営情報システム論』白桃書房。
小林一三［1997］『小林一三・逸翁自叙伝』日本図書センター。
小松章［2000］『企業形態論（第２版）』新世社。
小山明宏［2011］『経営財務論』創成社。
近藤隆雄［1999］『サービス・マーケティング』生産性出版。
齋藤雄志［2005］『知識の構造化と知の戦略』専修大学出版局。
榊原清則［2002］『経営学入門（上・下）』日本経済新聞社。
榊原清則［2005］『イノベーションの収益化』有斐閣。
榊原茂樹・菊池誠一・新井富雄・大田浩司［2011］『現代の財務管理』有斐閣。
坂下昭宣［2000］『経営学への招待［改訂版］』白桃書房。
坂本恒夫・松村勝弘編著［2009］『日本的財務経営』中央経済社。
佐々木圭吾［2013］『みんなの経営学』日本経済新聞社。
佐々木聰編［2001］『日本の戦後企業家史―反骨の系譜』有斐閣。
嶋口充輝・内田和成・黒岩健一郎編著［2009］『１からの戦略論』碩学舎。
島田克美［1993］『系列資本主義』日本経済評論社。
下川浩一・藤本隆宏編著［2001］『トヨタシステムの原点―キーパーソンが語る起源と進化』文眞堂。
下谷正弘［1993］『日本の系列と企業グループ―その歴史と理論』有斐閣。
下谷正弘［1998］『松下グループの歴史と構造―分権・統合の変遷史』有斐閣。
鈴木敏文［2014］『挑戦 我がロマン』日本経済新聞社。
高根正昭［1979］『創造の方法学』講談社。
高橋一夫編著［2013］『旅行業の扉―JTB100年のイノベーション』碩学舎。
高橋伸夫［1995］『経営の再生―戦略の時代・組織の時代』有斐閣。
高橋伸夫［2007］『コア・テキスト経営学入門』新世社。
谷本寛治編著［2004］『CSR経営―企業の社会的責任とステイクホルダー』中央経済社。
谷本寛治［2014］『日本企業のCSR経営』千倉書房。
中小企業庁編［2014］『中小企業白書（平成25年度版）』中小企業庁。

寺本義也［1990］『ネットワーク・パワー』NTT出版。
寺本義也編著［2011］『日本型「ものがたり」イノベーションの実践』芙蓉書房出版。
十川廣國編著［2013］『経営戦略論（第２版）』中央経済社。
遠山暁・村田潔・岸眞理子［2015］『経営情報論（新版補訂）』有斐閣。
内閣府［2015］『高齢社会白書』印刷通販。
中内㓛［2000］『私の履歴書―流通革命は終わらない』日本経済新聞社。
中島真志［2015］『入門企業金融論―基礎から学ぶ資金調達の仕組み』東洋経済新報社。
中村瑞穂ほか［2007］『日本の企業倫理―企業倫理の研究と実践』白桃書房。
日本交通公社編［2015］『旅行年報』日本交通公社。
日本生産性本部編［2015］『レジャー白書2015』（毎年８月発行）日本生産性本部。
日本旅行業協会編［2015］『数字が語る旅行業2015』日本旅行業協会。
沼上幹［2003］『組織戦略の考え方―企業経営の健全性のために』筑摩書房。
沼上幹［1995］『行為の経営学』白桃書房。
沼上幹［2004］『組織デザイン』日本経済新聞社。
沼上幹・加藤俊彦・田中一弘・島本実・軽部大［2007］『組織の“重さ”―日本的企業組織の再検討』日本経済新聞社。
野中郁次郎・徳岡晃一郎［2012］『ビジネスモデル・イノベーション―知を価値に転換する賢慮の戦略論』東洋経済新報社。
野中郁次郎・遠山亮子・平田透［2014］『流れを経営する』東洋経済新報社。
延岡健太郎［2011］『価値づくり経営の論理―日本製造業の生きる道』日本経済新聞社。
花崎正晴［2014］『コーポレート・ガバナンス』岩波書店。
林倬史・關智一・坂本義和編著［2006］『経営戦略と競争優位』税務経理協会。
原田保・三浦俊彦・高井透編著［2012］『コンテクストデザイン戦略―価値発現のための理論と実践』芙蓉書房出版。
藤田英樹［2009］『コア・テキスト ミクロ組織論』新世社。
藤田誠［2015］『経営学入門（ベーシック＋）』中央経済社。
藤本隆宏［2004］『日本のもの造り哲学』日本経済新聞社。
古川浩一［1998］『財務管理』放送大学教育振興会。
ベンチャーエンタープライズセンター編［2013］『企業家精神と成長ベンチャーに関する国際調査』ベンチャーエンタープライズセンター。
細井勝［2006］『加賀屋の流儀―極上のおもてなしとは』PHP研究所。
ポーター・竹内弘高［2000］『日本の競争戦略』ダイヤモンド社。

本位田祥男［1966］『経営史―企業発展の方向』日本評論社。
本田宗一郎［2001］『私の履歴書―本田宗一郎・夢を力に』日本経済新聞社。
前川良博［1981］『経営情報管理』日本規格協会。
三菱総合研究所編［2013］『国内外のメザニン・ファイナンスの実態調査』三菱総合研究所。
南千恵子・西岡健一［2014］『サービス・イノベーション―価値共創と新技術導入』有斐閣。
宮下幸一［1991］『情報管理の基礎』同文舘出版。新版2000年。
宮本文幸［2016］『商品パッケージの消費者効果（改訂版）―化粧品におけるイメージ・モチーフ効果の実証研究』静岡学術出版。
村田和彦［1999］『市場創造の経営学』千倉書房。
守島基博・島貫智行・西村孝史・坂爪洋美［2006］「事業経営者のキャリアと育成―「BU長のキャリア」データベースの分析」一橋大学日本企業研究センター編『日本企業研究のフロンティア（第２号）』有斐閣。
森本三男［1982］『経営学入門』同文舘出版。
森本三男［1994］『企業社会責任の経営学的研究』白桃書房。
門田安弘［2006］『トヨタ・プロダクションシステム―その理論と体系』ダイヤモンド社。
安田雪［2001］『実践ネットワーク分析―関係を解く理論と技法』新曜社。
矢作敏行［1991］「小売競争の進展と流通系列化―家電流通構造論」『経営志林』法政大学経営学会。
山倉健嗣［1993］『組織間関係論―企業間ネットワークの変革に向けて』有斐閣。
山本安次郎［1977］『日本経営学50年―回顧と展望』東洋経済新報社。
吉田和夫［1996］『解明・日本型経営システム』東洋経済新報社。
吉原英樹［1997］『国際経営』有斐閣。
吉原英樹・岡部曜子・澤木聖子［2001］『英語で経営する時代―日本企業の挑戦』有斐閣。
吉村典久［2007］『日本の企業統治―神話と実態』NTT出版。
若林直樹［2009］『ネットワーク組織―社会ネットワーク論からの新たな組織像』有斐閣。
渡部直樹編著［2010］『ケイパビリティの組織論・戦略論』中央経済社。
和田充夫［1998］『関係性マーケティングの構図―マーケティング・アズ・コミュニケーション』有斐閣。
和田充夫［2002］『ブランド価値共創』同文舘出版。

索　引

◉人名・社名索引

■あ　行

■か　行

■さ　行

■た　行

◉事項索引

■あ　行

■か　行

■さ　行

■や　行

■ら　行

編著者紹介

桑名　義晴（くわな　よしはる）

元桜美林大学ビジネスマネジメント学群教授，同大学院経営学研究科教授。現桜美林大学名誉教授。

元担当科目：経営戦略論，国際経営研究他

主な著作：『最新・現代企業論』（共著），『地球環境問題と各国・企業の環境対応』（共著），『最新・国際経営論』（共著），『国際ビジネス研究の新潮流』（共編著），『多国籍企業と新興国市場』（共監修），『異文化組織のマネジメント』（共監訳），『異文化経営の世界』（共編著），『ケーススタディ・グローバルHRM（人的資源管理）』（共著）など。

宮下　幸一（みやした　こういち）

桜美林大学ビジネスマネジメント学群教授，同大学院経営学研究科教授。

担当科目：現代経営入門，経営政策特論他

主な著作：『外資企業イン・ジャパン』（共著），『日本企業のグローバル・ネットワーク戦略』（共著），『国際化社会の経営学』（共著），『21世紀型企業』（共著），『日本型グループ経営の戦略と手法』（共著），『現代の規制緩和と経営戦略』（共著），『経営学の多角的視座』（共著），『実証分析 英国の企業・経営』（共著）など。

執筆者紹介（執筆順）

宮下　幸一（みやした　こういち）　　1章，2章，11章［1・2］，12章［2］

編著者紹介参照。

掛川　真市（かけがわ　しんいち）　　3章

桜美林大学ビジネスマネジメント学群教授。

担当科目：ビジネス倫理，グローバル経営論他

主な著作：「キリングループの海外事業―異文化経営の現状と課題」『異文化経営研究』第6号，2009年12月

桑名　義晴（くわな　よしはる）　　4章，5章

編著者紹介参照。

齋藤　泰浩（さいとう　やすひろ）　　6章，12章［3］

桜美林大学ビジネスマネジメント学群准教授，同大学院経営学研究科准教授。

担当科目：現代経営入門，経営管理論他

主な著作：「日系自動車部品メーカーの対中進出と相互依存的立地選択行動」（共著）『多国籍企業研究』第10号，2017年

坂田　淳一（さかた　じゅんいち）　　7章

桜美林大学ビジネスマネジメント学群教授，同大学院経営学研究科教授。

担当科目：経営情報システム論，情報戦略論他

主な著作："Business Method Patent Strategy Portfolios; Analysis of the Japanese Main Information Providers," *The International Journal of Intellectual Property Management* (IJIPM), Vol.5, No.2，2012年6月

宮本　文幸（みやもと　ふみゆき）　　8章

桜美林大学ビジネスマネジメント学群准教授，同大学院経営学研究科准教授。

担当科目：ブランド論，マーケティング研究他

主な著作：『商品パッケージの消費者効果―化粧品におけるイメージ・モチーフ効果の実証研究（改訂版）』静岡学術出版，2016年

境　睦（さかい　むつみ）　　9章

桜美林大学ビジネスマネジメント学群教授，同大学院経営学研究科教授。

担当科目：財務管理論，グローバル・コーポレートファイナンス他

主な著作：『日本の戦略的経営者報酬制度』中央経済社，2019年

劉　敬文（りゅう　けいぶん）　10章

桜美林大学ビジネスマネジメント学群教授，同大学院経営学研究科教授。

担当科目：現代経営入門，グローバル企業戦略論他

主な著作：「中国企業の国際化に関する三つの視角」『桜美林大学産業研究所年報』第31号，2013年３月

渡邉　康洋（わたなべ　やすひろ）　11章［3.1］

桜美林大学ビジネスマネジメント学群教授，同大学院経営学研究科教授。

担当科目：旅行業経営論，観光振興研究他

主な著作："Rediscovering the Racket Theory; the Relation between the Trunk Transportation Distance and the Touring Area," *International Journal of Culture and Tourism Research*, Vol.15, No.3，2013年

五十嵐　元一（いがらし　げんいち）　11章［3.2］

桜美林大学ビジネスマネジメント学群教授，同大学院経営学研究科教授。

担当科目：ホテルビジネス論，ブライダルビジネス論他

主な著作：「サービスとマーケティング」『現代マーケティングの理論と応用』同文舘出版，2009年

山口　有次（やまぐち　ゆうじ）　11章［3.3］

桜美林大学ビジネスマネジメント学群教授，同大学院経営学研究科教授。

担当科目：レジャー産業論，テーマパーク論他

主な著作：『新 ディズニーランドの空間科学』学文社，2015年

川西　重忠（かわにし　しげただ）　12章［1］

元桜美林大学ビジネスマネジメント学群教授，同大学院経営学研究科教授，現桜美林大学名誉教授。

元担当科目：現代経営入門，日本の経営者他

主な著作：『中国の経済文化』（共著）エルコ社，2002年

テキスト現代経営入門（第２版）

2016年５月10日　第１版第１刷発行
2019年２月20日　第１版第２刷発行
2020年３月１日　第２版第１刷発行
2024年２月15日　第２版第４刷発行

編著者　桑　名　義　晴
　　　　宮　下　幸　一
著　者　桜　美　林　大　学
　　　　ビジネスマネジメント学群

発行者　山　本　　継
発行所　㈱　中　央　経　済　社
発売元　㈱中央経済グループ
　　　　パ　ブ　リ　ッ　シ　ン　グ
〒101-0051　東京都千代田区神田神保町1-35
電話　03（3293）3371（編集代表）
　　　03（3293）3381（営業代表）
https://www.chuokeizai.co.jp
印　刷／㈱堀内印刷所
製　本／誠　製　本　㈱

Ⓒ 2020
Printed in Japan

＊頁の「欠落」や「順序違い」などがありましたらお取り替えいたしますので発売元までご送付ください。（送料小社負担）

ISBN978-4-502-33711-6　C3034

JCOPY〈出版者著作権管理機構委託出版物〉本書を無断で複写複製（コピー）することは，著作権法上の例外を除き，禁じられています。本書をコピーされる場合は事前に出版者著作権管理機構（JCOPY）の許諾を受けてください。
JCOPY〈https://www.jcopy.or.jp　e メール：info@jcopy.or.jp〉

ベーシック＋プラス
Basic Plus

いま新しい時代を切り開く基礎力と応用力を兼ね備えた人材が求められています。
このシリーズは，各学問分野の基本的な知識や標準的な考え方を学ぶことにプラスして，一人ひとりが主体的に思考し，行動できるような「学び」をサポートしています。

教員向けサポートも充実！

ベーシック＋専用HP

中央経済社